Obauer

© Verlag Zabert Sandmann
München
1. Auflage 2004
ISBN 3-89883-108-6

Grafische Gestaltung Kuniko Taguchi
Fotos Christian R. Schulz (Food),
Alexander Haselhoff (Aufmacher und Reportage)

Konzeption und
Rezeptbearbeitung Werner Meisinger
Redaktion Kathrin Ullerich, Eva Abenstein, Bärbel Schermer
Herstellung Karin Mayer, Peter Karg-Cordes
Lithografie inteca Media Service GmbH, Rosenheim
Druck & Bindung Officine Grafiche De Agostini, Novara

Besuchen Sie uns auch im Internet unter www.zsverlag.de

RUDI & KARL

Obauer

UNSERE

ÖSTERREICHISCHE KÜCHE

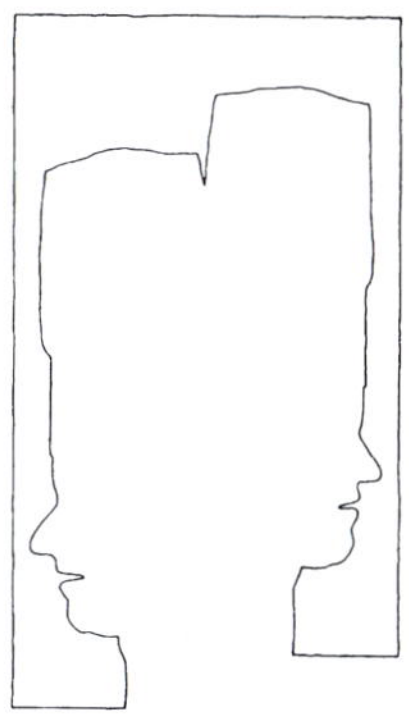

ZABERT
SANDMANN

Inhalt

Die österreichische Küche der Obauers

Karl und Rudi Obauer: geprägt von der Region und prägend für die Küche.

Kochbüchern ist zu misstrauen. Man darf sich nicht darauf verlassen, dass sie die Wahrheit und nichts als die Wahrheit enthalten. Und man wird als versierter Kochbuchleser gern in Zweifel ziehen, ob das, was außen auf dem Buchdeckel steht, auch wirklich drin ist.

Beim Wahrheitsgehalt ist der Sachverhalt ganz einfach. Er erweist sich an jedem einzelnen Rezept. Wahre und gute Rezepte lösen ein Versprechen ein, das von den Bildern und den Texten abgegeben wird. Wenn ein Rezept ein schnittfestes Mus in Aussicht stellt, dann sollte danach bei sorgfältiger Ausführung auch ein solches entstehen, und keine Creme und auch kein fester Stoff, aus dem sich Brücken bauen ließen.

Das darf von wahren Kochrezepten eingefordert werden, wenngleich man dabei die unvermeidbare Unschärfe durch die Beschränktheit unserer Sprache und die unterschiedlichen Talente für die schwierigeren Übungen des Küchenhandwerks mit berücksichtigen muss. Auch das wahre und gute Kochrezept führt nicht in jeder Küche und bei jedem Benutzer zum selben Resultat. Das Kochen ist ein lebendiger und abenteuerlicher Prozess, der sich auch durch die grammgenauesten Angaben zu keiner chemisch-physikalischen Versuchsanordnung verfestigt. Jenseits von Millilitern und Celsiusgraden erstreckt sich die Meta-Ebene der sensorischen Wahrnehmung, also des Gefühls. Da gibt es nichts mehr abzumessen, da geht ein jeder seinen eigenen Weg und gelangt nach dem wahren Kochrezept zu einem – wenn auch nicht immer demselben – befriedigenden Resultat nach der persönlichen Art.

>

Seewolf oder Seeforelle

Obauers Küche ist eine

Rudi Obauer ist Koch aus Berufung, die zentrale Kraft in der Brigade des Restaurants Obauer und bei der Entwicklung neuer Kochideen.

Mit den Gefühlen hat es aber eine eigene Bewandtnis. Sie brauchen auch beim Liebesdienst des Kochens Zeit zur Entfaltung. Der versierte Kochbuchnutzer weiß das und lastet nicht den Rezepten an, was an Vollkommenheit des Resultats eigentlich dem Gefühl gestiftet ist. Das eine wird sofort in voller Pracht gelingen, einen anderen Gipfel der kulinarischen Handwerkskunst wird man auf mühseligem Weg ersteigen müssen. Rudi Obauer sagt es anders: »Wer glaubt, dass er den Forellenstrudel auf Anhieb z'sammbringt, der ist eh mehr als optimistisch.«

Von Gebirgswermut und Sojasauce

Mit dem Bild vom Erklimmen der Gipfel sind wir auch atmosphärisch bei den Brüdern Rudi und Karl Obauer angekommen. Im Herzen des Salzburger Landes, in Werfen, das zwischen Tennen- und Hagengebirge liegt und sich in trauter Nachbarschaft mit dem Hochkönig befindet, sind sie aufgewachsen und verwurzelt. Von den Mühen des Bergsteigens – und noch mehr von den Freuden der Talfahrten – könnten sie genug erzählen, weil es sie quasi magnetisch in die Berge zieht und weil sie auch dem Skifahren ergeben sind. Mit ihrer Küche hat die Neigung der Brüder Obauer zum Bergsport nicht viel zu tun, obwohl das Bild von den höchsten Gipfeln der Kochkunst gern bemüht wird. Die Berge an sich, das Revier, in dem sie diese Küche nun seit mehr als zwanzig Jahren kontinuierlich entwickelt haben, sind aber von Bedeutung. Weidelamm

Butter oder Olivenöl – Melange der Kulturen

Karl Obauer sorgt für das Wohlbefinden der Gäste in Restaurant und Hotel und hat auch nach mehr als 20 Jahren seinen Platz am Herd nicht aufgegeben.

und Almochsen, Saibling und Alpenlachs, frischer und gereifter Käs, Schwammerln und Beeren bevölkern ihre Speisekarten, und manche für Obauers Küche typische Würze kommt von so landschaftstypischen und andernorts eher ungebräuchlichen Mitteln wie Gebirgswermut oder Schabziegerklee.

Aber nicht nur. In der Küche von Rudi und Karl Obauer sind die Produkte und Kochtraditionen der Region mit denen von allerlei anderen kulinarischen Kulturen aufs Innigste verwoben. Die Zutaten der mediterranen Küche finden bei Obauers reichlich Verwendung. Seewolf ist ihnen genauso recht wie Seeforelle, Hummer ebenso lieb wie Flusskrebs, und Olivenöl wird noch häufiger eingesetzt als die alpenländischen Fette Butter und Schmalz. Und es wäre nicht Obauers Küche, würde darin nicht auch ein entspannter Umgang mit Ingredienzien fernöstlicher Herkunft gepflegt. »Pak Joi und Mangold sind nicht dasselbe«, konstatiert Rudi Obauer und nimmt zum gedämpften Waller lieber Ersteren als Beilage, wenn nämlich auf den Waller eine kleine Sauce aus Ingwer, Knoblauch, Sojasauce und Olivenöl geträufelt wird. Zu chinesischer Oystersauce oder koreanischem Zitronengras greifen die Obauers genauso hemmungslos wie zu Zitronensaft, Pfeffer und Salz.

Diese Offenheit in alle Richtungen wurde den Brüdern Obauer in jenen Zeiten, in denen man eine Küche gern dann als eine »ehrliche« bezeichnete, wenn sie sich ausschließlich auf regions-

Die österreichische Küche zeigt sich als
aus aller Herren Länder. Rudi und Karl

Im Sommer oder Winter nach Werfen? – Das ist nicht die Frage. Einerseits speist man idyllisch unter alten Obstbäumen im Garten, andererseits bieten sich bezaubernde Ausblicke auf die verschneite Bergwelt.

typische Zutaten stützte, nicht selten angekreidet. Wozu die ferngereisten Hummer, wenn doch im Alpenbach vor der Haustür die Forelle schwimmt? Die Obauers hatten dazu immer eine klare Meinung: Was zählt, sind Frische und Geschmack. Dass sich nach dieser Maxime eine stark regionsspezifische Komponente ergab, war nur natürlich. Dass Rudi und Karl Obauer auf Austern und Trüffeln nicht verzichten wollten, aber auch.

Ist Obauers Küche also keine österreichische Küche? Wäre das vorliegende Buch eines, das im Titel etwas anderes verspricht, als zwischen den Buchdeckeln enthalten ist?

Das Land und seine Küchen

Um das zu beurteilen, wäre die Frage nach der Eigenart der österreichischen Küche zu klären. Es gibt sie gar nicht, sagen seriöse Küchentheoretiker. Was man in Österreich als einzige Küche von überregionaler Bedeutung vorfindet, ist die so genannte »Wiener Küche«. Denn am Bodensee wird unter alemannischem Einfluss definitiv anders gekocht als in Kärnten, für dessen Küche eine Melange aus alpinen und norditalienischen Elementen typisch ist, oder in Oberösterreich, wo sich das Bayerische und Böhmische in Biersaucen und der Knödelvielfalt niederschlägt. Die Wiener Küche wiederum ergab sich aus einem Sammelsurium der levantinischen und magyarischen, der böhmischen und oberitalienischen, der französischen und sogar der spani-

Sammelsurium von kulinarischen Einflüssen Obauer erweitern ihre Vielfalt noch nach Kräften

Im Restaurant-Hotel der Brüder Obauer darf man in allen kulinarischen Belangen absolute Glanzlichter erwarten. Kleinkunstwerke der großen Küche gibt es auch zum Frühstück oder zum Kaffee.

schen Küche, wie es eben in einem Vielvölkerstaat und an einem Hof wie dem »Wiener Hof«, der seine Interessen und Verbindungen über den ganzen Kontinent erstreckte, zu erwarten ist. Mit der Wiener oder – wenn man es großzügiger benennen will – mit der österreichischen Küche liegt also eine »fusion cuisine« im besten Sinne vor. Wer wollte inspirierte Köche tadeln, wenn sie ein vielfältiges Repertoire erweitern, das ohnehin in seiner gesamten Entstehungsgeschichte nach allen Seiten offen war?

Das vorliegende Buch enthält zum allergrößten Teil Rezepte, die mit der klassischen Küche in Österreich in enger Verbindung stehen. Da darin »Obauers österreichische Küche« dargelegt wird, sind aber Überraschungen und unkonventionelle Interpretationen inbegriffen.

Die Grundlage dieses Buches bildet »Das neue österreichische Kochbuch«, das in erster Auflage 1996 in diesem Verlag erschienen ist. Die daraus bezogenen Rezepte wurden überarbeitet, hinzu kam eine Vielzahl neuer Kochideen von Rudi und Karl Obauer, die vor allem die Kapitel »Kulinarische Miniaturen« und »Feines aus der Backstube« bereichern, sodass nun eine noch reizvollere und ausgewogenere Präsentation der österreichischen Küche nach Art der Brüder Obauer vorliegt. Ist doch das Spiel mit kulinarischen Miniaturen ein besonders beliebtes und die süße Küche für viele Österreicher und zahlreiche Freunde der österreichischen Küche (es sei hier Escoffier bemüht) »das Fundament des wahren Glücks«.

Wo Genießer gern zu Gast sind

Die Karte zum Buch. Im Restaurant Obauer wird sie täglich neu geschrieben.

Das Restaurant-Hotel Obauer zählt für Reisende mit Geschmack zu den attraktivsten Adressen in Österreich und wird seit vielen Jahren in den Guides für Gourmets mit Höchstwertungen ausgezeichnet. Dabei ist das Haus in Werfen gleichermaßen bekannt für seine unverwechselbare Küche wie für seine Gästezimmer mit Stil, Flair und Vier-Sterne-Komfort.

Rudi und Karl Obauers Zugang zur Kochkunst ist bestimmt von den regionalen Traditionen und Produkten, der mediterranen Leichtigkeit und der französischen Art der Genusskultur. Letztere hat Rudolf Obauer in Frankreich ausreichend studiert, etwa bei den Brüdern Troisgros in Roanne, bei Emile Jung in Straßburg oder bei Alain Chapel. Diese Schule ist beispielsweise bestimmend für die große Zuwendung, die man in Obauers Küche auf die Verfertigung feinster Saucen verwendet.

Wer bei Obauers logiert, kommt übrigens in den besonderen Genuss des unter Genießern weithin bekannten Frühstücks, das allerlei unerwartete Aufmerksamkeiten umfasst, wie marinierte Saiblingsfilets, Rührei mit Trüffeln oder Gänseleber, je nach Saison.

Karl und Rudi Obauers Haus ist ein adäquater Rahmen für ihre inspirierte Küche. Mit viel Stilgefühl wurde das historische Gebäude über die letzten Jahrzehnte behutsam umgestaltet, sodass es sich heute als spannendes Ensemble aus alter Bausubstanz und moderner Innenarchitektur präsentiert.

Obauer

Kulinarische Miniaturen

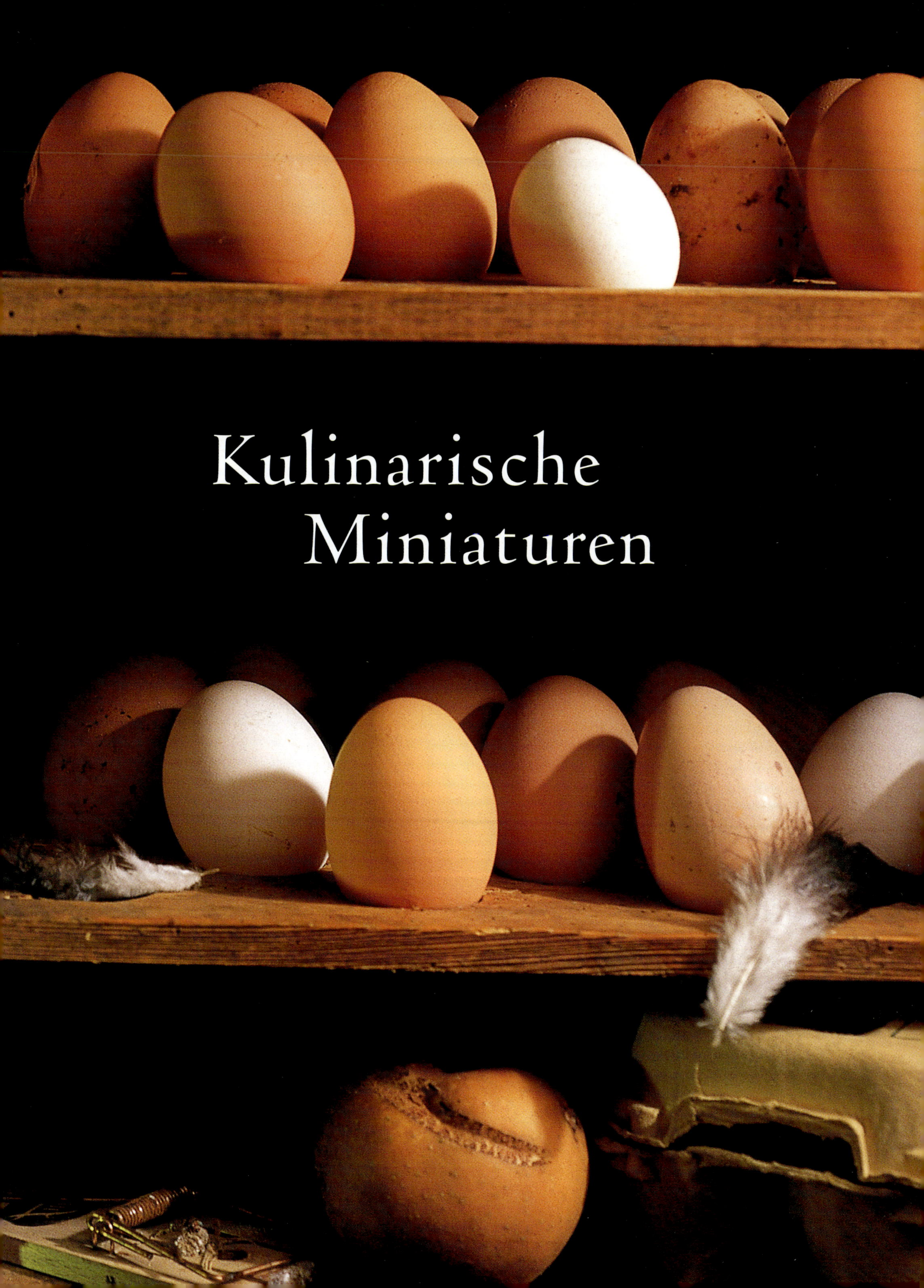

ORANGEN-AVOCADO-SALAT MIT FORELLE

ZUTATEN FÜR 4 PORTIONEN

2 Orangen
4 reife Avocados
Saft von 2 Zitronen
1 EL Minze- oder Melisseblätter
Salz · Cayennepfeffer
4 Forellenfilets
Olivenöl für die Form
gemischte Kräuter zum Bestreuen
(z. B. Kresse, Kerbel, Estragon)
Honig · Chiliöl
Pfeffer aus der Mühle

BILD RECHTS

1. Die Orangen so großzügig schälen, dass auch die weiße Haut mit entfernt wird. Die Fruchtfilets aus den Trennhäuten schneiden, dabei den austretenden Saft auffangen. Den Rest der Orangen ebenfalls ausdrücken.
2. Die Avocados längs halbieren und den Stein entfernen. Das Fruchtfleisch mit einem Teelöffel in kleinen Stücken aus den Schalen stechen. Drei Viertel des Fruchtfleischs mit den Orangenfilets vermischen. Die Hälfte des Orangen- und Zitronensafts sowie die Minze- oder Melisseblätter dazugeben und untermischen.
3. Die restlichen Avocadostücke mit dem restlichen Orangensaft sowie je 1 Prise Salz und Cayennepfeffer mit dem Stabmixer pürieren.
4. Die Forellenfilets jeweils in drei gleich große Stücke schneiden und mit dem restlichen Zitronensaft beträufeln.
5. Einen Dämpfeinsatz mit Olivenöl einfetten, die Forellenstücke hineingeben und im heißen Wasserdampf zugedeckt etwa 3 Minuten garen.
6. Die Avocadocreme mit dem Orangen-Avocado-Salat auf Tellern anrichten. Die Forellenstücke darauf legen, mit den Kräutern, etwas Honig und Chiliöl sowie Salz und Pfeffer bestreuen bzw. beträufeln. Nach Belieben mit getoastetem Vollkornbrot servieren.

KARFIOLSALAT MIT RÄUCHERLACHS

ZUTATEN FÜR 4 PORTIONEN

1 Karfiol · Salz
150 g Räucherlachs
(in dünnen Scheiben)
2 EL Crème fraîche · 1 Ei
Saft von ½ Zitrone
gehackter Dill und
gehackte, gesalzene Erdnüsse
zum Garnieren
Pfeffer aus der Mühle

1. Den Karfiol putzen, waschen und in kleine Röschen zerteilen. Den Strunk in Scheiben schneiden. Alles in reichlich Salzwasser garen.
2. Den Karfiol in ein Sieb abgießen, dabei den Kochsud auffangen. Den Karfiol abtropfen lassen und auf Suppenteller verteilen. Die Räucherlachsscheiben darauf legen.
3. Für die Sauce ⅛ l Kochsud mit der Crème fraîche, dem Ei, dem Zitronensaft und Salz mit dem Stabmixer fein pürieren.
4. Die Sauce kreisförmig um den Karfiolsalat träufeln. Den Salat mit Dill, Erdnüssen und grob gemahlenem Pfeffer bestreuen.

ARTISCHOCKENSALAT MIT POCHIERTEM EI

Zutaten für 4 Portionen

2 große Artischocken · Salz
6 EL Olivenöl · 5 Eier
Saft und abgeriebene Schale von
1 unbehandelten Limette
1 TL geriebener Kren
Pfeffer aus der Mühle
60 ml Weißwein- oder Apfelessig

1. Die Stiele der Artischocken abbrechen. Die Artischocken in reichlich Salzwasser etwa 25 Minuten garen, bis sich die Böden mit einer Nadel leicht einstechen lassen. Herausheben und abtropfen lassen. Die Blätter abzupfen und mit einem Löffel das Mark herauskratzen. Das »Heu« und die harten Blattansätze von den Böden entfernen und die Böden in Scheiben schneiden.

2. Das Olivenöl, 1 Ei und den Limettensaft mit dem Stabmixer cremig schlagen, 1 Schuss heißes Wasser untermixen. Die Limettenschale und den Kren dazugeben, mit Salz und Pfeffer abschmecken. Die Artischockenböden mit dem Mark und der Marinade auf Tellern anrichten.

3. $^1/_2$ l Wasser mit dem Essig und etwas Salz erhitzen. Die restlichen Eier in Mokkatassen schlagen, in das siedende Wasser gleiten lassen und etwa 4 Minuten gar ziehen lassen.

4. Die Eier mit dem Schaumlöffel herausheben, auf Küchenpapier abtropfen lassen und auf den Artischocken anrichten.

SCHWEINEBACKERLSALAT MIT KÄFERBOHNENCREME

Zutaten für 4 Portionen

1 Zwiebel
3–4 Knoblauchzehen
8 Schweinebacken (ausgelöste Wangen)
20 g Pökelsalz
1 Gewürznelke · 1 Pimentkorn
1 TL Rohzucker
100 g Käferbohnen
½ Kopf Friséesalat
ca. ¼ l Kürbiskernöl
Salz · Pfeffer aus der Mühle
scharfer Senf
Estragon- oder Balsamicoessig

Bild links

1. Die Zwiebel schälen und in kleine Würfel schneiden. 2 Knoblauchzehen in der Schale halbieren. Die Schweinebacken in einen kleinen Topf geben und 1 l kaltes Wasser dazugießen. Die Zwiebel, die halbierten Knoblauchzehen, das Pökelsalz, die Nelke, das Pimentkorn und den Rohzucker dazugeben. Die Schweinebacken zugedeckt 1 Woche im Kühlschrank suren (marinieren) lassen.

2. Für die Bohnencreme die Käferbohnen in kaltem Wasser über Nacht einweichen.

3. Die Schweinebacken mit der Sur (Marinade) zum Kochen bringen. Den dabei entstehenden Schaum abschöpfen und die Backen 1 bis 1 ½ Stunden köcheln lassen.

4. Die Bohnen mit 1 ungeschälten Knoblauchzehe im Einweichwasser erhitzen, nach Belieben ein Stück Schinkenschwarte hinzufügen. Die Bohnen 1 Stunde weich kochen.

5. Den Friséesalat putzen, waschen und trockenschütteln. Die Blätter in Stücke zupfen.

6. So viel vom Kochwasser der Bohnen abgießen, dass die Bohnen gerade noch bedeckt sind. Die Bohnen mit dem Stabmixer pürieren, dabei so viel Kürbiskernöl dazugeben, dass eine cremige Masse entsteht. Die Bohnencreme mit Salz und Pfeffer und nach Belieben mit durchgepresstem Knoblauch abschmecken.

7. Die Bohnencreme auf Teller verteilen. Die Schweinebacken aus dem Sud heben, halbieren, auf der Bohnencreme anrichten und dünn mit Senf bestreichen. Die Salatblätter darauf geben und mit Essig und Kürbiskernöl beträufeln. Nach Belieben mit geriebenem Kren bestreuen.

KALBSZUNGENSALAT MIT KAROTTEN

ZUTATEN FÜR 4 PORTIONEN

2 Kalbszungen (à 300 g)
4 Karotten
8 Schalotten
1 Gewürznelke
1 Msp. gemahlener Koriander
½ Lorbeerblatt
5 Wacholderbeeren
10 schwarze Pfefferkörner · Salz
1 Kopfsalat
4 EL gehackter Kerbel
und gehackte Petersilie
Pfeffer aus der Mühle
1 TL zerstoßene Korianderkörner

Für die Marinade:
60 ml Apfelessig
1–2 TL Honig
1 Eidotter
Salz · Pfeffer aus der Mühle

1. Die Kalbszungen in einem großen Topf mit kaltem Wasser bedecken und 1 Stunde wässern.
2. Die Karotten und Schalotten schälen. Das Wasser von den Zungen abgießen und das Fleisch erneut mit kaltem Wasser bedecken. Karotten, Schalotten, Nelke, Koriander, Lorbeerblatt, Wacholderbeeren, Pfefferkörner, Salz und nach Belieben eine Schinken- oder Speckschwarte hinzufügen. Die Zungen zugedeckt bei kleiner Hitze etwa 2 ½ Stunden garen, bis auch die Spitzen weich sind.
3. Die Zungen mit den Karotten und Schalotten aus dem Kochsud nehmen und in kaltes Wasser legen. Die Zungen häuten und ebenso wie die Karotten in dünne Scheiben schneiden. Die Schalotten klein schneiden.
4. Den Kopfsalat putzen, waschen und trockenschleudern, die Blätter in Stücke zupfen. Für die Marinade den Essig mit Honig, Eidotter sowie 2 EL Zungenkochsud verrühren. Mit Salz und Pfeffer abschmecken.
5. Den Salat mit Zunge, Karotten und Schalotten anrichten und die Kräuter darüber streuen. Mit der Marinade beträufeln und mit Salz, Pfeffer und Koriander bestreuen.

HÜHNERSALAT MIT BUTTERMILCHBOHNEN

ZUTATEN FÜR 4 PORTIONEN

500 g Fisolen · Salz
1 Knoblauchzehe
2 Hühnerbrustfilets
(à 150 g; ohne Haut)
Haselnussöl · Pfeffer aus der Mühle
geriebener Parmesan

Für das Dressing:
2 EL gehackte Minze
250 g Buttermilch
2 EL Zitronensaft
2 Spritzer Tabasco
2 EL Olivenöl
Salz · Pfeffer aus der Mühle

1. Die Fisolen waschen, putzen und in Salzwasser garen. In ein Sieb abgießen und eiskalt abschrecken.
2. Den Knoblauch schälen und in kleine Würfel schneiden. Die Hühnerbrustfilets mit Haselnussöl, Salz, Pfeffer und Knoblauch einreiben. Eine beschichtete Pfanne erhitzen und die Filets darin auf beiden Seiten anbraten. Das Fleisch zugedeckt bei kleiner Hitze 5 Minuten garen.
3. Die Filets aus der Pfanne nehmen, etwas abkühlen lassen und in dünne Scheiben schneiden.
4. Für das Dressing alle Zutaten miteinander verrühren.
5. Die Fisolen mit so viel Buttermilchdressing mischen, dass sie gut überzogen sind. Die Fisolen als Nester auf Tellern anrichten und die Filetscheiben darauf legen. Mit geriebenem Parmesan bestreuen.

SALAT MIT ENTENBRUST UND STEINPILZEN

Zutaten für 4 Portionen

4 Entenbrustfilets (à 150 g; mit Haut)
Salz · Pfeffer aus der Mühle
1 Zweig Beifuß
Erdnussöl (oder Entenfett) zum Braten
4 mittelgroße Steinpilze
Erdnussöl (oder Sonnenblumenöl) zum Ausbacken
1 kleiner Chinakohl
2 EL Fenchelkraut

Für die Marinade:
1 Eidotter
2 EL Apfelessig
Salz · Pfeffer aus der Mühle

1. Die Entenbrüste mit Salz und Pfeffer würzen. Etwas Erdnussöl oder Entenfett in einem Topf erhitzen. Die Entenbrüste mit der Hautseite nach oben darin anbraten, wenden und auf der anderen Seite anbraten. Beifuß hinzufügen und so viel Erdnussöl oder Entenfett dazugießen, dass das Fleisch bedeckt ist, 3 bis 5 Minuten köcheln lassen. Den Topf vom Herd nehmen und die Entenbrüste im Fett abkühlen lassen. 1 Tag im Kühlschrank ziehen lassen.
2. Die Pilze putzen und vierteln oder achteln. Reichlich Erdnuss- oder Sonnenblumenöl in einer Pfanne erhitzen. Die Pilze darin etwa 10 Minuten schwimmend backen, bis die Flüssigkeit fast völlig ausgetreten ist und das Öl nicht mehr zischt. Die Pfanne beiseite stellen.
3. Den Chinakohl putzen und waschen, die Blätter in Stücke zupfen. Für die Marinade alle Zutaten sowie 3 EL vom Steinpilz-Frittieröl mit dem Stabmixer aufschlagen.
4. Die Entenbrüste aus dem Fett heben, in dünne Scheiben schneiden und mit Salat und Steinpilzen anrichten. Mit der Marinade beträufeln und mit Fenchelkraut bestreuen.

SAURES KITZ AUF FRÜHLINGSSALAT

Zutaten für ca. 12 Portionen

1 kg Ziegenkitz (Brust, Hals oder Schulter)
150 g Karotten
300 g Zwiebeln · 3 Knoblauchzehen
50 g getrocknete Tomaten
15 g Pökelsalz
1 Msp. gemahlener Kreuzkümmel
1 Prise Safranpulver · 1 l Weißwein
80 ml Estragonessig · Salz
4 cl flüssige Suppenwürze (Maggi)
1 TL Currypulver
15 g gemahlene Gelatine
gemischte Kräuter (z. B. Kresse, Löwenzahn, Bärlauch) und junge Salate
Apfelessig · Kürbiskernöl

1. Das Fleisch in Würfel schneiden. Die Karotten, Zwiebeln und Knoblauchzehen schälen. Diese Zutaten und die Tomaten faschieren.
2. Die durchgedrehte Masse mit Pökelsalz, Kreuzkümmel, Safran, Wein, Essig, 1 EL Salz, Suppenwürze und Curry in einen Topf geben und vermischen. Unter häufigem Rühren etwa 1 Stunde köcheln lassen. Das Geleepulver unterrühren. Den Backofen auf 180 °C vorheizen.
3. Die Masse in eine ofenfeste Form oder in Einweckgläser füllen und kühl stellen.
4. Die Kräuter und Salate putzen, waschen und trockenschleudern. Mit Apfelessig und Kürbiskernöl marinieren und auf Tellern anrichten. Das saure Kitz löffelweise aus der Form oder den Gläsern stechen und darauf geben.

Das saure Kitz passt sehr gut zu Spargel oder Kohlrabi.

BLATTSALAT MIT SCHAFSFRISCHKÄSE

ZUTATEN FÜR 4 PORTIONEN

1 Spritzer Tabasco · ½ TL Senf
4 EL Apfelessig
je 4 EL Oliven- und Erdnussöl
Saft von ½ Zitrone
1 TL Kristallzucker
Salz · Pfeffer aus der Mühle
je 1 Hand voll Bachkresse, Sauerampfer, Löwenzahn und kleine Kopfsalatblätter
3 Jungzwiebeln
200 g Schafsfrischkäse
Erdnussöl zum Beträufeln

1. Für die Marinade Tabasco, Senf, Essig, Oliven- und Erdnussöl, Zitronensaft, Zucker, Salz und Pfeffer mit 1 Schuss heißem Wasser verrühren. Die Marinade abkühlen lassen.
2. Die Salate putzen, waschen und trockenschütteln. Die Zwiebeln putzen und waschen. Die Zwiebeln in sehr dünne Ringe schneiden, von 1 Zwiebel auch das Grün in Ringe schneiden. Die Salate und Zwiebeln in eine Schüssel geben und mit der Marinade mischen.
3. Den Salat auf Teller verteilen. Den Frischkäse in Scheiben schneiden und darauf anrichten. Den Käse mit grob gemahlenem Pfeffer bestreuen und mit etwas Erdnussöl beträufeln.

SPARGELTERRINE MIT RICOTTA

ZUTATEN FÜR 15 PORTIONEN

500 g Spargel
Salz · 20 g Butter
500 g Ricotta
30 Bärlauchblätter
100 g getrocknete Tomaten (in Öl)
Balsamicoessig und Olivenöl zum Beträufeln
Pfeffer aus der Mühle

Für das Gelee:
½ l Geflügelfond
60 ml trockener Wermut
3 EL gemahlene Gelatine
Salz · Pfeffer aus der Mühle

BILD LINKS

1. Den Spargel schälen und die holzigen Enden entfernen. Reichlich Salzwasser zum Kochen bringen, die Butter dazugeben und die Spargelstangen darin garen.
2. Für das Gelee den Geflügelfond mit dem Wermut aufkochen und die Gelatine unterrühren. Mit Salz und Pfeffer würzen und ein wenig abkühlen lassen.
3. Den Ricotta mit ⅛ l Gelee verrühren. Die Bärlauchblätter waschen und trockenschütteln.
4. Eine Terrinenform (30 x 10 cm) in eiskaltes Wasser stellen und etwas Gelee in die Form geben. Die Hälfte des Bärlauchs in das Gelee tauchen und die Form damit auslegen. Die Hälfte des Ricottas in die Form füllen und glatt streichen. Die Hälfte der Spargelstangen darauf legen und mit Gelee bedecken. Die Tomaten darauf verteilen. Den restlichen Ricotta, Spargel und Bärlauch einschichten, mit Gelee abschließen. Die Terrine mindestens 3 Stunden kühl stellen.
5. Die Ricotta-Spargel-Terrine aus der Form stürzen, in Scheiben schneiden und auf Tellern anrichten. Mit Essig und Olivenöl beträufeln, mit Salz und Pfeffer sowie nach Belieben mit Kräuterblättern bestreuen. Zu der Terrine passt sehr gut Paradeiserkompott (siehe Seite 112).

GABELBISSEN MIT JAKOBSMUSCHELN UND EINGELEGTEM HERING

Zutaten für 8 Portionen

350 g Matjesheringe
8 große ausgelöste Jakobsmuscheln (küchenfertig)
Olivenöl
3 Schalotten
1 TL Kristallzucker · Salz
Estragonessig
2 TL gehacktes Koriandergrün
1 Hand voll Spinatblätter
Saft von 1 Limette (oder Zitrone)
750 g Qimiq
4 cl Wodka
4 cl trockener Weißwein
2 EL Oyster-Sauce (klare Fischsauce; im Asia-Handel)
ca. 200 g Kaviar (auch Forellen- oder Lachskaviar)
Dill zum Garnieren

1. Die Matjesheringe von den Flossen befreien und in kleinfingerbreite Stücke schneiden. Die Jakobsmuscheln in einer beschichteten Pfanne in wenig Olivenöl auf beiden Seiten jeweils einige Sekunden braten. Aus der Pfanne nehmen und jede Muschel in drei Scheiben schneiden.
2. Die Schalotten schälen, in Scheiben schneiden und mit dem Zucker und 1 großen Prise Salz in einen Topf geben. Mit Wasser bedecken und 2 Minuten köcheln lassen, in ein Sieb abgießen und abtropfen lassen. Die Schalotten in einer Schüssel mit ein paar Spritzern Essig und dem Koriandergrün mischen.
3. Den Spinat verlesen, waschen, trockenschütteln, in Streifen schneiden und auf acht Souffléförmchen oder Schälchen verteilen. Die Matjesstücke und die sauren Schalotten dazugeben, jeweils 3 Jakobsmuschelscheiben darauf legen. Mit Limetten- oder Zitronensaft beträufeln.
4. Qimiq mit Wodka, Wein und Oyster-Sauce erhitzen, bis die Masse flüssig ist. Abkühlen lassen und lauwarm in die Förmchen gießen. Mindestens 1 Stunde kühl stellen.
5. Vor dem Servieren auf jeden Gabelbissen etwas Kaviar setzen. Mit Olivenöl beträufeln und mit Dill garnieren. Dazu passt Toastbrot.

AVOCADOCREME MIT THUNFISCH

Zutaten für 6–8 Portionen

2 reife Avocados
Saft und abgeriebene Schale von je 1 unbehandelten Limette und Orange
1 Msp. Cayennepfeffer
½ TL Kurkumapulver
150 g Thunfischfilet (oder Seeteufelfilet)
Oliven und Kresse zum Garnieren
Salz · Pfeffer aus der Mühle

1. Die Avocados halbieren, entsteinen und schälen. Das Fruchtfleisch sowie 1 kräftigen Schuss Orangen- und Limettensaft, Cayennepfeffer und Kurkuma in einen hohen Rührbecher geben und mit dem Stabmixer cremig pürieren.
2. Das Fischfilet in sehr dünne Scheiben schneiden.
3. Die Avocadocreme in Eierbecher, Mokkatassen oder kleine Schälchen geben. Mit dem Fischfilet belegen und mit Oliven und Kresse garnieren. Etwas Orangen- und Limettenschale darüber streuen und leicht mit Salz und Pfeffer würzen.

LACHSFORELLENSCHNITZEL MIT SARDELLENSAUCE

ZUTATEN FÜR 6 PORTIONEN

350 g Lachsforellenfilet (ohne Haut)
2 Schalotten · 1 Knoblauchzehe
3 EL Butter
1 EL Salzkapern · 1 Ei
abgeriebene Schale von
1 unbehandelten Zitrone
1 Spritzer Tabasco

Für die Sauce:
2 EL Schnittlauchröllchen
60 g Sauerrahm
60 g Crème fraîche
1 EL Sardellenpaste · Salz

Für den Salat:
1 kleiner Kopf Endiviensalat
1 EL Estragonsenf
1 Prise Kristallzucker
60 ml weißer Balsamicoessig
80 ml Maiskeimöl
Salz · Pfeffer aus der Mühle

1. Das Lachsforellenfilet sehr fein hacken. Die Schalotten und den Knoblauch schälen und in kleine Würfel schneiden. Beides in 1 EL Butter goldgelb anschwitzen und abkühlen lassen.
2. Die Kapern hacken. Das Ei verquirlen, den Fisch, die Schalotten, den Knoblauch und die Kapern untermischen. Mit Zitronenschale und Tabasco abschmecken.
3. Aus der Fischmasse kleine Schnitzel formen. In einer beschichteten Pfanne die restliche Butter erhitzen und die Fischschnitzel auf beiden Seiten bei kleiner Hitze anbraten. Zugedeckt weitere 6 Minuten fertig braten.
4. Für die Sauce Schnittlauch, Sauerrahm, Crème fraîche, Sardellenpaste, Salz sowie etwa 40 ml Wasser verrühren.
5. Den Endiviensalat putzen, in feine Streifen schneiden, waschen und trockenschleudern.
6. Den Senf mit Zucker, Essig, Maiskeimöl, Salz, Pfeffer sowie etwa 40 ml Wasser glatt rühren. Die Marinade mit dem Endiviensalat vermischen.
7. Die Sardellensauce als Spiegel auf Teller geben und die Lachsforellenschnitzel darauf anrichten. Den Salat als Beilage dazu servieren.

DATTELN MIT LACHS-VERHACKERTEM

ZUTATEN FÜR 15 STÜCK

15 Datteln · 60 g Räucherlachs
3 Sardellenfilets · 4 Salzkapern
4 schwarze Oliven (ohne Stein)
Wacholderschnaps (Gin)

1. Die Datteln häuten, halbieren und entsteinen.
2. Räucherlachs, Sardellenfilets, Kapern und Oliven fein hacken, vermischen und mit Gin abschmecken.
3. Die Lachsmasse in die Dattelhälften füllen und die gefüllten Datteln auf Teelöffeln servieren.

Die Datteln schmecken zum Aperitif, beispielsweise zu gelbem Muskateller oder trockenem Traminer.

GESULZTES BEEF-TATAR MIT SENFMAYONNAISE

ZUTATEN FÜR 10 PORTIONEN

500 g Beiried (oder Rinderfilet)
50 g schwarze Oliven (ohne Stein)
30 g Essigkapern
3 EL gemischte, gehackte Kräuter (z. B. Schnittlauch, Petersilie, Liebstöckel, Basilikum)
1 EL Dijon-Senf
1 TL Wasabi
2 Spritzer Worcestersauce
Salz · Pfeffer aus der Mühle
¼ l Rindssuppe · 1 EL Sojasauce
30 g gemahlene Gelatine
große Basilikumblätter (oder Bärlauchblätter)

Für die Mayonnaise:
2 Eier · 100 ml Olivenöl
3 EL Balsamicoessig
Saft von 1 Zitrone
1 TL Dijon-Senf · 1 TL süßer Senf
2 EL Essiggurkenmarinade

BILD RECHTS

1. Das Fleisch sehr fein schneiden und hacken. Die Oliven und Kapern ebenfalls hacken.
2. Das Fleisch mit Oliven, Kapern, Kräutern, Senf, Wasabi, Worcestersauce, Salz und Pfeffer vermischen.
3. Die Rindssuppe mit der Sojasauce erhitzen. Die Gelatine darin auflösen und abkühlen lassen.
4. Eine Terrinenform hauchdünn mit dem Gelee ausgießen. Die Basilikum- oder Bärlauchblätter waschen, trockenschütteln, in das Gelee tauchen und die Form damit auslegen. Die restliche Geleeflüssigkeit mit der Fleischmasse vermischen und in die Form füllen. Glatt streichen und kühl stellen, bis die Masse fest ist.
5. Für die Mayonnaise alle Zutaten mit dem Stabmixer cremig aufschlagen. Nach Belieben 1 Schuss heißes Wasser unterrühren – das macht die Mayonnaise leichter.
6. Das Tatar aus der Form stürzen, in Scheiben schneiden und mit der Mayonnaise auf Tellern anrichten. Nach Belieben mit Radieschen oder Radieschensprossen, würzigen Salatblättern (z. B. Rucola) und Kräutern (z. B. Schnittlauch, Bärlauch, Kresse), mit Zwiebeln oder eingelegtem Gemüse (z. B. Pfefferoni; siehe Rezept Seite 49) garnieren.

TATAR MIT KAVIAR

ZUTATEN FÜR 4 PORTIONEN

je 100 g Matjes- und Lachsfilet
2 Schalotten
60 ml Weißweinessig
1 Prise Kristallzucker
Saft und abgeriebene Schale von 1 unbehandelten Zitrone
Pfeffer aus der Mühle
2 EL Olivenöl · 1 Spritzer Tabasco
100 g Sauerrahm
80 g Beluga-Kaviar

1. Die Fischfilets in sehr kleine Würfel schneiden.
2. Die Schalotten schälen, in kleine Würfel schneiden und in einen Topf geben. 60 ml Wasser, Essig und Zucker hinzufügen und auf ein Viertel einkochen.
3. Die abgekühlten Schalotten mit dem Zitronensaft, 1 TL Zitronenschale, Pfeffer, Olivenöl und Tabasco verrühren. Den Fisch dazugeben und untermischen.
4. Das Tatar auf Teller geben. Den Sauerrahm glatt rühren und neben dem Tatar anrichten. Auf jede Portion etwas Kaviar geben. Am besten getoastetes Baguette dazu reichen.

EINGELEGTES RINDSKOTELETT MIT KNOBLAUCH

ZUTATEN FÜR 4 PORTIONEN

700 g Rindskotelett
Salz · Pfeffer aus der Mühle
2 kg Schweineschmalz
2 Knoblauchknollen
1 Zweig Rosmarin

1. Das Rindskotelett mit Salz und Pfeffer würzen. Etwas Schmalz erhitzen und das Fleisch darin rundum anbraten.
2. In einem großen Topf das restliche Schmalz erhitzen. Die ungeschälten Knoblauchknollen quer halbieren. Das Fleisch mit dem Knoblauch und dem Rosmarin im heißen Schmalz etwa 7 Minuten köcheln lassen.
3. Das Kotelett mit Schmalz, Rosmarin und Knoblauch in ein dicht schließendes Gefäß geben und mindestens 1 Tag ziehen lassen.
4. Das Fleisch aus dem Schmalz lösen und in Scheiben schneiden. Nach Belieben mit Senfsauce, Sauergemüse und krustigem Schwarzbrot servieren. Oder in feine Streifen schneiden, mit würzigen Salaten zu Rindfleischsalat verarbeiten und hart gekochte Eier darüber reiben.

EINGELEGTES RINDSFILET MIT PILZEN

ZUTATEN FÜR 4 PORTIONEN

600 g Rindsfilet
1 Selleriestange
150 g Eierschwammerln (oder andere Pilze)
¼ l Olivenöl
300 ml Weißwein · Salz
½ TL schwarze Pfefferkörner
½ TL Safranfäden
½ Sternanis
1 Gewürznelke
3 Knoblauchzehen
1 Lorbeerblatt
1 Zweig Rosmarin

1. Das Fleisch, falls nötig, von Haut und Sehnen befreien, und in zwei oder drei Stücke schneiden, damit es später in Einweckgläser passt. Den Sellerie putzen, waschen und klein schneiden. Die Pilze putzen.
2. Das Olivenöl mit Wein, 15 g Salz, Pfefferkörnern, Safran, Sternanis, Nelke, ungeschältem Knoblauch, Lorbeerblatt, Sellerie und Rosmarin in einen Topf geben. ½ l Wasser dazugeben und zum Kochen bringen. Das Fleisch und die Pilze hinzufügen und knapp unter dem Siedepunkt etwa 5 Minuten ziehen lassen.
3. Das Fleisch und die Pilze auf Einweckgläser verteilen und mit dem heißen Sud begießen. Die Gläser verschließen und das Rindsfilet mindestens 1 Tag ziehen lassen.
4. Das Fleisch aus der Marinade heben und in dünne Scheiben schneiden. Mit den eingelegten Schwammerln anrichten und nach Belieben mit Salat und Kräutern servieren. Besonders gut passt dazu eine Curry-Joghurt-Sauce.

REHSULZ MIT KAKAO UND BALSAMICO-WACHTELEIERN

FÜR 12 PORTIONEN

Für die Eier:
24 Wachteleier
einige Rosmarinnadeln
und Minzeblätter
ca. ½ l Balsamicoessig

Für die Sulz:
je 150 g Karotten und Zwiebeln
1 Knoblauchzehe
600 g faschierte Rehschulter
400 ml Rindssuppe (oder Geflügelfond) · ½ l Rotwein
4 ½ TL Kakaopulver · Salz
50 g gemahlene Gelatine
⅛ l Sojasauce · ¼ l Erdnussöl

1. Die Eier 7 Minuten hart kochen, abschrecken und schälen. Die Eier mit Rosmarinnadeln und Minzeblättern in ein Einweckglas geben. Das Glas mit Essig auffüllen und verschließen. Mindestens 1 Tag ziehen lassen.
2. Die Karotten schälen und fein reiben. Die Zwiebeln und den Knoblauch schälen und in kleine Würfel schneiden. Das Gemüse mit dem Rehfleisch, Suppe oder Fond, Wein, 4 TL Kakaopulver und 20 g Salz in einen Topf geben und 1 Stunde köcheln lassen. Die Gelatine unterrühren und alles weitere 5 Minuten köcheln lassen. Die Masse in eine Terrine füllen und kühl stellen, bis die Masse fest ist.
3. Für die Sauce die Sojasauce mit dem Erdnussöl und dem restlichen Kakao verrühren.
4. Die Sulz aus der Terrine stürzen und in Scheiben schneiden. Mit je 2 Wachteleiern auf Tellern anrichten und mit der Sauce beträufeln. Nach Belieben mit Salat garnieren.

REHMOUSSE MIT DATTELSAUCE

ZUTATEN FÜR 4 PORTIONEN

Für die Mousse:
150 g Rehfilet
50 g Preiselbeeren
250 g Schlagobers
2 Wacholderbeeren
Salz · 2 Blatt Gelatine
40 ml Rindssuppe
1 EL Krenpaste

Für die Sauce:
10 Datteln (ohne Stein)
Süßwein (weiß; z. B. TBA von Alois Kracher, Illmitz)
Krenpaste
Orangensaft

1. Das Rehfilet klein schneiden. Die Preiselbeeren waschen, abtropfen lassen und mit 100 g Schlagobers, den zerdrückten Wacholderbeeren und 1 kräftigen Prise Salz in einen Topf geben und etwa 3 Minuten köcheln lasen. Mit dem Stabmixer cremig pürieren und abkühlen lassen.
2. Die Gelatine in kaltem Wasser einweichen. Das restliche Schlagobers steif schlagen.
3. Die Rindssuppe erwärmen. Die Gelatine ausdrücken und in der Suppe auflösen. Den Kren unterrühren. Die Suppe mit der Rehfiletcreme verrühren. Die Masse in eine Terrinenform füllen und etwa 3 Stunden kühl stellen.
4. Die Datteln in einem Topf mit so viel Süßwein übergießen, dass sie gerade bedeckt sind. 5 Minuten köcheln lassen, pürieren und durch ein Sieb streichen. Mit Kren und Orangensaft abschmecken.
5. Von der Mousse mit einem Esslöffel Nocken abstechen und mit der Dattelsauce auf Tellern anrichten.

OCHSENMAULTERRINE

Zutaten für 4–8 Portionen

Für die Terrine:
½ l Rindssuppe
4 g gemahlene Gelatine
3 Scheiben Milchbrot
1 EL fein geschnittenes Liebstöckel
250 g Sauerkraut
70 g Crème fraîche
125 g Sauerrahm
Salz · Pfeffer aus der Mühle
500 g Ochsenmaul
(vom Fleischhauer in dünne Scheiben geschnitten)

Für die Sauce und Garnitur:
30 g Crème fraîche
60 ml Sauerkrautsaft
1 Spritzer Estragonessig
Schnittlauchröllchen und geriebenen Kren zum Garnieren

1. Die Rindssuppe mit der Gelatine aufkochen und abkühlen lassen. 2 EL davon im Kühlschrank gelieren lassen. Die Masse muss innerhalb von 15 Minuten schnittfest werden, falls nicht, nochmals erwärmen und noch etwas Gelatine unterrühren.
2. Das Milchbrot in Würfel schneiden. Mit Liebstöckel, Sauerkraut, 3 EL Crème fraîche und dem Sauerrahm vermischen. Mit Salz und Pfeffer würzen.
3. In eine Terrinenform so viel lauwarmes Gelee gießen, bis der Boden gut bedeckt ist. Im Kühlschrank erstarren lassen. Den Boden und die Wände der Terrinenform mit Ochsenmaul auslegen.
4. Die Sauerkrautmischung in die Terrine geben, mit Ochsenmaul bedecken und mit warmem Gelee begießen. Nach Belieben auch in die Mitte der Sauerkrautmischung eine Schicht Ochsenmaul legen (falls Ochsenmaul übrig bleibt, kann man dies sehr gut als Garnitur verwenden). Die Terrine mindestens 1 Stunde kühl stellen.
5. Die Terrine stürzen, in dicke Scheiben schneiden und auf Tellern anrichten.
6. Für die Sauce die Crème fraîche mit dem Sauerkrautsaft und dem Essig mixen.
7. Die Terrine und das Ochsenmaul mit der Sauce beträufeln und mit Schnittlauch und Kren bestreuen. Dazu passen Schwarzbrot, Laugengebäck oder Brezen.

Das Ochsenmaul selbst zu kochen ist eine aufwändige Angelegenheit. Doch leider bieten auch immer weniger Fleischer die traditionelle Delikatesse an. Nach diesem Rezept lässt sich auch eine köstliche Terrine zubereiten, wenn man statt des Ochsenmauls dünn geschnittenen Beinschinken verwendet.

MARINIERTES RINDSFILET MIT SPARGEL UND LIMETTEN

Zutaten für 4 Portionen

12 daumendicke Stangen Spargel
Salz · 1 TL Kristallzucker
400 g Rindsfilet
60 ml Olivenöl
Saft von 3 Limetten
2 EL Sojasauce
Salatblätter (z. B. Rucola oder Löwenzahn)
Honig zum Beträufeln
50 g geriebener Bergkäse
Pfeffer aus der Mühle

1. Den Spargel schälen und die holzigen Enden entfernen. Die Stangen in Salzwasser mit Zucker bissfest kochen, eiskalt abschrecken und abtropfen lassen.
2. Das Rindsfilet in feine Scheiben schneiden – das gelingt am besten, wenn es sehr gut gekühlt ist.
3. Das Olivenöl mit dem Limettensaft und der Sojasauce verrühren. Das Rindsfilet kurz in der Marinade wenden.
4. Die Salatblätter waschen und trockenschütteln. Den Spargel und das Rindsfilet auf Tellern anrichten und mit der Marinade beträufeln. Mit den herb-würzigen Salaten garnieren und mit etwas Honig beträufeln. Mit dem Bergkäse bestreuen und Pfeffer grob darüber mahlen.

PAPRIKA MIT HENDLFÜLLE

Zutaten für 4 Portionen

2 Semmeln
Schlagobers · Milch
2 Hühnerbrustfilets (à 150 g)
1 große Jungzwiebel
1 Knoblauchzehe
2 EL gemische, gehackte Kräuter (z.B. Petersilie, Basilikum, Salbei)
Salz · Pfeffer aus der Mühle
12 kleine Paprikaschoten

Für den Steinpilzsud:
2 Steinpilze
1 EL Butter
200 ml Geflügelfond

1. Von den Semmeln die Rinde abreiben. Die Semmeln in Würfel schneiden, mit so viel Schlagobers und Milch zu gleichen Teilen beträufeln, dass sie gut durchfeuchtet sind.
2. Das Hühnerfleisch in feine Streifen schneiden. Die Zwiebel putzen, waschen und in dünne Ringe schneiden. Den Knoblauch schälen. Hühnerfleisch, ausgedrückte Semmeln, Zwiebel und Kräuter vermischen, mit Salz, Pfeffer und durchgepresstem Knoblauch würzen.
3. Von den Paprikaschoten jeweils einen Deckel abschneiden. Die Paprika entkernen, waschen, trockentupfen und mit der Fleischmasse füllen. Die Deckel wieder aufsetzen. Den Backofen auf 200 °C vorheizen.
4. Die Steinpilze putzen, in dünne Scheiben schneiden und in der Butter anschwitzen. Den Geflügelfond hinzufügen, aufkochen lassen und in einen Bräter gießen. Die Paprikaschoten dicht an dicht in den Bräter setzen und zudeckt im vorgeheizten Backofen garen, bis sich die Paprika mit einer Gabel leicht anstechen lassen.

GEFÜLLTE PAPRIKARINGE MIT FLUSSKREBSEN UND BERGKÄSE

Zutaten für 4 Portionen

Salz · 1 Schuss Essig
1 TL ganzer Kümmel
20 Flusskrebse
1 Karotte
1 Selleriestange
2 Knoblauchknollen
1 Paradeiser
2 Stiele Estragon
1 EL Olivenöl
6 cl Cognac
1 TL Tomatenmark
1 Msp. Kümmelpulver
1 Msp. Cayennepfeffer
1 Prise Meersalz
2 große rote Paprikaschoten
125 g Schlagobers (oder Crème double oder Mascarpone)
kalte Butter zum Binden
Pfeffer aus der Mühle
⅛ l Fischfarce (siehe Forellenstrudel, Seite 67)
100 g milder Bergkäse (in 8 dünnen Scheiben)

1. Reichlich Wasser zum Kochen bringen, Salz, Essig und Kümmel dazugeben. Die Flusskrebse darin zugedeckt 1 Minute kochen. Die Krebse aus dem Wasser heben, kalt abspülen und die Krebsschwänze ausbrechen. Dafür die Köpfe mit einer Drehbewegung abtrennen und die vorderen Ringe der Schwanzteile aufbrechen und entfernen. Das Krebsfleisch aus der Schale drücken.
2. Die Karotte schälen, den Sellerie putzen und waschen. Beides in Stücke schneiden. Den ungeschälten Knoblauch halbieren. Die Schalen der Krebse klein hacken oder im Mörser zerstoßen. Den Paradeiser waschen und halbieren, den Stielansatz entfernen und das Fruchtfleisch in Stücke schneiden. Den Estragon waschen und trockenschütteln.
3. In einem Topf das Olivenöl erhitzen und die Krebsschalen darin anrösten. Sobald sie ein wenig Farbe angenommen haben, die Karotte, den Sellerie sowie die Knoblauchknollen dazugeben und mitdünsten. Mit dem Cognac ablöschen. So viel kaltes Wasser hinzufügen, dass die Schalen bedeckt sind, und das Tomatenmark unterrühren. Die Paradeiserstücke, Estragon, Kümmel, Cayennepfeffer und Meersalz dazugeben und alles etwa 30 Minuten köcheln lassen.
4. Den Backofen auf 200 °C vorheizen. Die Paprika entkernen, waschen und jeweils quer in vier etwa 2 cm breite Ringe schneiden. Die Ringe auf ein mit Backtrennpapier ausgelegtes Backblech legen. Im vorgeheizten Backofen etwa 8 Minuten garen und abkühlen lassen.
5. Das Schlagobers zum Krebsfond geben und weitere 15 Minuten köcheln lassen. Den Fond durch ein Sieb gießen und köcheln lassen, bis er auf ein Viertel der ursprünglichen Menge reduziert ist. So viel kalte Butter unterrühren, dass eine sämige Sauce entsteht. Mit Salz und Pfeffer abschmecken.
6. Die Krebsschwänze mit der Fischfarce und 1 EL erkalteter Krebssauce vermischen. Die Krebsschwänze in die Paprikaringe füllen, jeden Ring mit 1 Scheibe Käse bedecken. Die Paprikaringe im vorgeheizten Backofen bei 200 °C 10 Minuten überbacken. Die Paprikaringe in tiefe Teller setzen und mit erwärmter Krebssauce umkränzt servieren.

RICOTTA-PAPRIKA MIT RÄUCHERLACHS

Zutaten für 4 Portionen

8 große rote Paprika
ca. 600 ml Olivenöl
2 Knoblauchzehen
200 g Ricotta
50 g Magertopfen
1 EL gemischte, gehackte Kräuter (z. B. Minze, Kerbel, Basilikum, Sauerampfer, Fenchelkraut)
abgeriebene Schale von 1 unbehandelten Zitrone
Salz · 1 Spritzer Tabasco
250 g Räucherlachs (in Scheiben)
einige Weintrauben
1 Jungzwiebel
Balsamicoessig zum Beträufeln

Bild rechts

1. Die Paprika halbieren, entkernen, waschen und trockentupfen. In einem Topf reichlich Olivenöl mit dem ungeschälten Knoblauch erhitzen. Die Paprikahälften dazugeben und im Öl schwimmend etwa 20 Minuten garen. Die Paprikaschoten sollten ihre Form behalten, sich aber leicht mit einer spitzen Gabel einstechen lassen. Die Schoten aus dem Öl nehmen, abkühlen lassen und häuten.

2. Den Ricotta mit Topfen, Kräutern, Zitronenschale, Salz und Tabasco verrühren. 100 g Räucherlachs klein schneiden und untermischen. Die Ricottamasse in die Paprika füllen. Die Trauben waschen und halbieren. Die Zwiebel putzen, waschen und schräg in Ringe schneiden.

3. Die Paprikaschoten auf Teller setzen. Mit Essig beträufeln und jeweils mit einem Faden Paprika-Bratöl überziehen. Mit Räucherlachsscheiben, Weintrauben und Zwiebelringen bestreuen. Nach Belieben mit Blüten und Fenchelkraut garnieren.

GORGONZOLA-PARADEISER MIT SCHWAMMERLN

Zutaten für 4 Portionen

40 Cocktailtomaten
250 g Gorgonzola
150 g Magertopfen · 2 Eier
Salz · Pfeffer aus der Mühle
100 g Eierschwammerln
ca. 4 EL Olivenöl
3 EL Schwarzbrotbrösel
1 Zweig Rosmarin
1 Apfel
Apfelessig zum Beträufeln

1. Die Cocktailomaten waschen und auf der dem Stielansatz gegenüberliegenden Seite jeweils einen Deckel abschneiden. Die Tomaten aushöhlen und das Fruchtfleisch durch ein Sieb streichen. Dabei den austretenden Saft auffangen und die Kerne entfernen.

2. Den Gorgonzola mit Topfen, Eiern, Salz, Pfeffer und Tomatensaft verrühren. Die Tomaten mit der Masse füllen.

3. Den Backofen auf 220 °C vorheizen. Die Pilze putzen und zerkleinern. Das Olivenöl in eine Auflaufform träufeln, die Pilze und die Brotbrösel hineinfüllen. Die Tomaten und den Rosmarin darauf setzen. Die gefüllten Tomaten im vorgeheizten Backofen 10 Minuten garen.

4. Den Apfel schälen, vierteln und entkernen, die Apfelviertel in feine Streifen schneiden.

5. Die Tomaten mit den Schwammerln auf Tellern anrichten, mit Apfelessig beträufeln, mit Apfelstreifen und nach Belieben mit Fenchelkraut bestreuen.

GEFÜLLTE PARADEISER
MIT MATJES UND KALBSFILET

ZUTATEN FÜR 4 PORTIONEN

12 mittelgroße Paradeiser
50 g Champignons
1 Knoblauchzehe
1 EL schwarze Oliven (ohne Stein)
1 EL Essigkapern
100 g Kalbsrücken (oder Kalbsfilet)
100 g Matjesfilet (oder Putenbrust)
2 EL gemischte, gehackte Kräuter
(z. B. Minze, Bärlauch, Liebstöckel,
Verbene, Sauerampfer)
1 EL Pesto
6 EL Olivenöl
1 unbehandelte Zitrone
Salz · Pfeffer aus der Mühle
Balsamicoessig zum Beträufeln
Parmesanspäne zum Garnieren

1. Von den Paradeisern die Stielansätze entfernen. Die Paradeiser kurz in kochendes Wasser tauchen, dann eiskalt abschrecken. Die Paradeiser häuten und auf der dem Stielansatz gegenüberliegenden Seite einen Deckel abschneiden. Die Paradeiser mit einem Löffel aushöhlen und das Fruchtfleisch durch ein Sieb streichen. Dabei den austretenden Saft auffangen und die Kerne entfernen.
2. Die Champignons putzen, den Knoblauch schälen. Champignons, Knoblauch, Oliven und Kapern fein hacken. Das Kalbfleisch und das Matjesfilet oder die Putenbrust ebenfalls fein hacken. Den Backofen auf 200 °C vorheizen.
3. Champignons, Knoblauch, Oliven, Kapern, Kräuter, Fleisch und Fisch sowie den Paradeisersaft, das Pesto und 2 EL Olivenöl vermischen. Die Masse in die Paradeiser füllen, jeweils den Deckel auflegen und die Paradeiser in eine Auflaufform setzen.
4. Die Zitrone waschen, abtrocknen und die Schale über die Paradeiser reiben. Die Paradeiser mit Salz und Pfeffer würzen und mit dem restlichen Olivenöl beträufeln. Im vorgeheizten Backofen etwa 8 Minuten garen.
5. Die Paradeiser auf Teller setzen, mit Essig beträufeln oder besprühen und mit Parmesanspänen bestreuen.

Im Trio serviert sind diese Paradeiser ein wunderbares Sommergericht, solo eine feine Vorspeise und ideenreich kombiniert eine originelle Beilage: etwa als Begleitung zu Lamm- oder Kalbsleberscheiben, die sanft in Butter gebraten und lediglich mit Meersalz gewürzt wurden.

FASANENMUS IN DER ZWIEBEL

Zutaten für 8 Portionen

2 Fasanenkeulen
(à 200 g; ausgelöst)
40 g Knollensellerie
½ Knoblauchzehe
100 ml Milch
250 g Schlagobers
100 ml trockener Sherry
1 Wacholderbeere
Salz · Pfeffer aus der Mühle
30 g Bergkäse
2 EL Butter
½ EL Erdnussöl
½ EL scharfer Senf
125 g Crème fraîche
ca. 1 kg grobes Meersalz
8 große Zwiebeln
Balsamicoessig zum Beträufeln

1. Das Fasanenfleisch klein schneiden. Den Sellerie schälen und ebenfalls klein schneiden. Den Knoblauch schälen und in Scheiben schneiden.

2. Die Milch, die Hälfte des Schlagobers und den Sherry mit der Wacholderbeere in einen Topf geben und zum Kochen bringen. Mit Salz und Pfeffer würzen. Das Fleisch, den Sellerie und den Knoblauch dazugeben und alles etwa 30 Minuten köcheln lassen.

3. Den Käse reiben und mit der Butter, dem Erdnussöl, dem Senf und der Crème fraîche in den Topf mit dem Fleisch geben. Die Masse mit dem Stabmixer pürieren und abkühlen lassen.

4. Den Backofen auf 180 °C vorheizen. Das restliche Obers steif schlagen und unter das Fasanenmus ziehen.

5. In einen Bräter etwa fingerbreit grobes Meersalz schütten. Die Zwiebeln mit der Schale auf das Salz setzen und im vorgeheizten Backofen etwa 1 Stunde garen, bis sie weich sind und sich mit einer Gabel einstechen lassen.

6. Von den Zwiebeln jeweils einen Deckel abschneiden und die Knollen aushöhlen.

7. Das Fasanenmus in die Zwiebeln füllen und die Deckel auflegen. Die Zwiebeln auf Teller setzen und nach Belieben mit Zwiebelschalen garnieren. Mit Essig beträufeln oder besprühen und mit Salz und Pfeffer würzen.

Das Fasanenmus passt auch sehr gut zu gegrillten Auberginenblättern (siehe Rezept Seite 100).

GEFÜLLTE WEINBLÄTTER MIT ROSINENPOLENTA UND FORELLE

Zutaten für 4 Portionen

16–20 Weinblätter
Salz · 120 g Maisgrieß
60 g Rosinen
100 g Butter
Pfeffer aus der Mühle
8 Forellenfilets (ohne Haut)
Butter für das Backblech
Balsamicoessig zum Beträufeln

1. Die Weinblätter in Salzwasser blanchieren, eiskalt abschrecken und auf Küchentüchern abtropfen lassen.
2. Maisgrieß mit Rosinen, 1 EL Butter, 1/4 l Wasser, Salz und Pfeffer etwa 10 Minuten unter Rühren köcheln und dann abkühlen lassen. Den Backofen auf 200 °C vorheizen.
3. Je 4 bis 5 Weinblätter überlappend auf ein Küchentuch legen, etwas Polenta sowie je 2 Forellenfilets darauf geben und mit Polenta bedecken. Die Blätter über die Fülle schlagen und auf ein mit Butter gefettetes Blech setzen.
4. Die gefüllten Weinblätter im vorgeheizten Backofen etwa 14 Minuten garen, bis sich eine Nadel leicht durch die Forellenfilets stechen lässt.
5. Die restliche Butter langsam erhitzen, bis sie braun ist. Die Weinblattpäckchen halbieren, auf Tellern anrichten und mit Essig und der braunen Butter beträufeln.

TOPFEN-ERDÄPFEL-TASCHERLN

Zutaten für 4 Portionen

Für die Fülle:
350 g mehlig kochende Erdäpfel
2 EL gehackte Minze
250 g Topfen (20 % Fettgehalt)
1 EL Weißweinessig
Salz · Pfeffer aus der Mühle

Für den Teig:
50 g kalte Butter
200 g Mehl
100 g Sauerrahm · Salz
1 Spritzer Weißweinessig

Außerdem:
120 g Butter
Balsamicoessig zum Beträufeln

1. Die Erdäpfel waschen, garen, schälen und noch warm durch die Presse drücken. 250 g Erdäpfel mit Minze, Topfen, Essig, Salz und Pfeffer verrühren.
2. Für den Teig die Butter in kleine Stücke schneiden und mit Mehl, Sauerrahm, Salz, Essig und, falls nötig, etwas kaltem Wasser in der Küchenmaschine zu einem glatten Teig kneten. Den Teig in Frischhaltefolie wickeln und 30 Minuten kühl stellen.
3. Den Teig messerrückendick ausrollen. Mit einem Förmchen oder Glas Kreise von etwa 8 cm Durchmesser ausstechen. Auf jeden Kreis 1 EL Fülle geben. Die Teigkreise zu Tascherln formen, dafür die Ränder in kleinem Abstand übereinander falten, sodass sich ein zopfartiger Saum ergibt.
4. Die Tascherln in Salzwasser knapp unter dem Siedepunkt garen, bis sie nach oben steigen. Die Tascherln aus dem Wasser heben und abtropfen lassen. Die Butter erhitzen, bis sie braun ist. Die Tascherln auf Tellern anrichten und mit Essig und der braunen Butter beträufeln.

WEIZENTASCHERLN MIT SCHWEINSSCHOPF UND CHINAKOHL

Zutaten für 4 Portionen

300 g Mehl
ca. 8 EL Öl (z. B. Maiskeimöl)
300 g Schweinsschopf
ca. 700 g Chinakohl
1 Jungzwiebel
abgeriebene Schale von
2 unbehandelten Zitronen
1 TL geriebener Ingwer
½ durchgepresste Knoblauchzehe
ca. 4 EL Sojasauce
3 EL Balsamicoessig
3 EL Reisessig
3 EL Kürbiskernöl
3 EL Erdnussöl
1 EL Ingwer
(in dünnen Scheiben)

1. Das Mehl mit etwa ¼ l kochendem Wasser zu einem sehr festen, elastischen Teig verkneten. Dafür anfangs wenig Wasser und nach und nach so viel Wasser unterrühren, bis der Teig eine Konsistenz hat, die der von Knetmasse ähnelt. Zum Schluss etwas Öl unterrühren, damit der Teig elastisch wird. Den Teig zugedeckt bei Zimmertemperatur etwa 30 Minuten ruhen lassen.
2. Das Fleisch in Würfel schneiden und faschieren. Den Chinakohl putzen, waschen und 200 g davon in breite Streifen schneiden. Die Zwiebel putzen, waschen und in feine Ringe schneiden. Das faschierte Fleisch mit Chinakohl, Zwiebelringen, Zitronenschale, geriebenem Ingwer, Knoblauch, 1 Spritzer Sojasauce und 3 EL Öl vermischen.
3. Den Teig messerrückendick ausrollen und mit einem Förmchen oder Glas Kreise von 10 cm Durchmesser ausstechen. Auf jeden Teigkreis einen Löffel Fülle setzen. Die Teigkreise zu Tascherln formen, dafür die Ränder in kleinem Abstand übereinander falten, sodass sich ein zopfartiger Saum ergibt.
4. In eine oder zwei Pfannen so viel Öl geben, dass der Boden gerade bedeckt ist. Die Tascherln mit den gefalteten Rändern nach oben und etwas Abstand zueinander in die Pfannen setzen. So viel kaltes Wasser dazugießen, dass die Tascherln bis zur Hälfte im Wasser stehen. Die Tascherln zugedeckt garen, bis die Flüssigkeit völlig verdampft ist und die Tascherln auf der Unterseite zu braten beginnen.
5. Für die Sauce Balsamicoessig, Reisessig, Kürbiskernöl, Erdnussöl und die restliche Sojasauce verquirlen, die Ingwerscheiben dazugeben.
6. Den restlichen Chinakohl in breite Streifen schneiden und auf Tellern anrichten. Die Tascherln mit einer Palette vom Pfannenboden lösen, auf den Chinakohl setzen und mit der Ingwersauce beträufeln.

FORELLENKRAPFERLN

Zutaten für 4 Portionen

200 g Mehl
50 g kalte Butter
2 Forellenfilets (ohne Haut)
2 EL gemischte, gehackte Kräuter (z. B. Kerbel, Minze, Selleriegrün, Petersilie)
1 TL Erdnussöl
Saft und abgeriebene Schale von ½ unbehandelten Limette
1 Spritzer Sojasauce
Salz · Pfeffer aus der Mühle
Öl zum Ausbacken

Für die Sauce:
125 g Crème fraîche
1 TL Sardellenpaste

1. Das Mehl mit der klein geschnittenen Butter und 100 ml eiskaltem Wasser zu einem festen Teig kneten.
2. Die Forellenfilets in kleine Würfel schneiden. Die Fischwürfel mit Kräutern, Erdnussöl, Limettensaft und -schale, Sojasauce, Salz und Pfeffer in einer Schüssel vermischen.
3. Den Teig so dünn wie möglich ausrollen. Mit einem Förmchen oder Glas 16 Kreise von 7 cm Durchmesser ausstechen. Auf jeden Teigkreis etwas Forellenmasse setzen und die Teigränder mit Wasser befeuchten. Den Teig über der Fülle zusammenklappen, die Ränder fest andrücken.
4. Reichlich Öl erhitzen. Die Forellenkrapferln hineingeben und im heißen Fett schwimmend auf jeder Seite etwa 1 Minute goldgelb backen. Die Krapferln mit dem Schaumlöffel herausheben und auf Küchenpapier abtropfen lassen.
5. Die Crème fraîche mit der Sardellenpaste verrühren. Die Krapferln mit der Sauce auf Tellern anrichten.

ZIEGENKÄSEKUCHEN MIT SARDELLEN

Zutaten für 6–8 Portionen

Olivenöl
250 g Blätterteig (aus dem Kühlregal)
10 Cocktailtomaten
200 g Ziegenfrischkäse
20 Sardellenfilets
10 g getrockneter Beifuß
10 g getrockneter Majoran
10 g getrockneter Steinklee
2 g getrockneter Salbei

Bild rechts

1. Ein Backblech mit Olivenöl bestreichen. Den Blätterteig auf das Blech heben (sollte ca. 3 mm dick sein) und mit einer Gabel mehrmals einstechen. Den Backofen auf 200 °C vorheizen.
2. Die Cocktailtomaten waschen und halbieren, dabei die Stielansätze entfernen. Die Tomaten, den zerbröckelten Ziegenkäse und die Sardellenfilets auf dem Teig verteilen. Den Belag großzügig mit Olivenöl beträufeln und mit den Kräutern bestreuen. Den Kuchen im vorgeheizten Backofen etwa 15 Minuten backen.
3. Den Kuchen in Stücke schneiden und lauwarm servieren. Dazu passt Blattsalat.

HASENTÖRTCHEN MIT APFEL-KRAUT-SALAT

Zutaten für 16 Törtchen

Für den Teig:
200 g Mehl
120 g kalte Butter
1 Ei · Salz
Butter für die Förmchen

Für den Belag:
200 g grüne Linsen
Hülsenfrüchte zum Blindbacken
500 g Hasenfleisch (Filets und ausgelöster Rücken)
1 Karotte (oder 50 g Kürbis)
2–3 EL Erdnussöl
1 Msp. gemahlener Koriander
1 TL gehackter Ingwer
Salz · Pfeffer aus der Mühle
60 ml Milch
60 g Schlagobers
1 Ei · 3 Eidotter

Für den Apfel-Kraut-Salat:
400 g Weißkraut
Salz · 1 Apfel
1 Spritzer Apfelessig

1. Die Linsen mindestens 1 Stunde in kaltem Wasser einweichen.

2. Für den Teig das Mehl mit der in kleine Stücke geschnittenen Butter, dem Ei und Salz sowie 1 bis 2 EL kaltem Wasser verkneten. Den Teig in Frischhaltefolie wickeln und 30 Minuten kühl stellen.

3. Den Backofen auf 200 °C vorheizen. 16 Souffléförmchen oder kleine Mokkatassen dünn mit Butter einfetten. Den Teig möglichst dünn ausrollen. 16 Teigkreise so groß ausschneiden, dass jeweils ein Souffléförmchen oder eine Mokkatasse einschließlich Rand damit ausgelegt werden kann. Die Förmchen mit dem Teig auskleiden. Den Teig mit Alufolie oder Backtrennpapier abdecken und Hülsenfrüchte in die Förmchen füllen. Den Teig im vorgeheizten Backofen etwa 10 Minuten blindbacken. Dann aus dem Ofen nehmen und die Folie oder das Papier mit den Hülsenfrüchten entfernen.

4. Das Fleisch in 1 cm große Würfel schneiden. Die Karotte oder den Kürbis schälen und in kleine Würfel schneiden. Die Linsen in ein Sieb abgießen und abtropfen lassen. Das Fleisch, die Linsen sowie Karotte oder Kürbis im Erdnussöl kurz anbraten – das Fleisch darf dabei nicht durchgebraten werden. Mit Koriander, Ingwer, Salz und Pfeffer würzen.

5. Die Milch und das Schlagobers mit Ei und Eidottern verrühren, mit Salz und Pfeffer würzen. Die Fleisch-Gemüse-Mischung auf dem vorgebackenen Teig verteilen und die Eiermilch darüber gießen. Die Hasentörtchen im vorgeheizten Backofen bei 200 °C 8 bis 10 Minuten backen.

6. Für den Salat das Kraut putzen, waschen, ganz fein schneiden und leicht salzen. Den Apfel waschen, vierteln und entkernen, die Apfelviertel mit der Schale reiben. Das Kraut mit geriebenem Apfel und Essig vermischen.

7. Die Hasentörtchen aus den Förmchen lösen, auf Tellern anrichten und mit dem Apfel-Kraut-Salat servieren.

SAUHAXLBROT

ZUTATEN FÜR CA. 20 BROTE

5 Sauhaxln (küchenfertig; vom Fleischhauer jeweils in 3 Stücke geschnitten)
Salz · Pfeffer aus der Mühle
4 EL Schmalz
2 Karotten
1 Stück Knollensellerie
2 Zwiebeln
1 EL Butter
½ Knoblauchknolle
1 EL schwarze Pfefferkörner
½ EL ganzer Kümmel
3 Knoblauchzehen
2 EL gemischte, gehackte Kräuter (z. B. Majoran, Liebstöckel, Petersilie)

1. Die Sauhaxln mit Salz und Pfeffer würzen. In einem Bräter 2 EL Schmalz erhitzen und die Haxln darin etwa 30 Minuten hellbraun braten.
2. Die Karotten, den Sellerie sowie 1 Zwiebel schälen und in Stücke schneiden. Die Butter erhitzen. Das Gemüse mit der ungeschälten Knoblauchknolle, Pfefferkörnern und Kümmel darin anschwitzen. Zu den Haxln in den Bräter geben und so viel Wasser hinzufügen, dass die Haxln gerade bedeckt sind. Etwa 2 ½ Stunden köcheln lassen.
3. Die Haxln aus dem Topf heben, abkühlen lassen und die Knochen auslösen. Das Fleisch in eine Schüssel geben, ein Brett darauf legen und beschweren, sodass das Fleisch gepresst wird. Etwa ½ Tag im Kühlschrank ruhen lassen.
4. Das Haxlfleisch sowie Karotten und Sellerie in etwa ½ cm große Stücke schneiden. Die restliche Zwiebel und die Knoblauchzehen schälen und in kleine Würfel schneiden. Das restliche Schmalz erhitzen und die Zwiebel darin anschwitzen. Den Knoblauch dazugeben. Das Haxlfleisch, das Gemüse und die Kräuter hinzufügen und unter Rühren erhitzen.
5. Das Haxlfleisch am besten auf frischem Schwarzbrot anrichten.

SCHWAMMERLBROTE

ZUTATEN FÜR CA. 12 BROTE

¼ Kopf junges Weißkraut
500 g Eierschwammerln
3 Schalotten · 4 EL Erdnussöl
1 Prise Kümmelpulver
1 Schuss weißer Balsamicoessig
1 EL gemischte, gehackte Kräuter (z. B. Majoran, Zitronenthymian, Liebstöckel)
1 TL Pfeilwurzelmehl (oder Maisstärke)
Salz · Pfeffer aus der Mühle

1. Das Kraut putzen, waschen und fein schneiden. Die Eierschwammerln putzen und in Stücke schneiden. Die Schalotten schälen, in kleine Würfel schneiden und im Erdnussöl anschwitzen. Die Pilze hinzufügen und anbraten. Dann das Kraut dazugeben und mitdünsten. Den Kümmel hinzufügen, den Essig dazugießen und die Kräuter untermischen.
2. Das Pfeilwurzelmehl oder die Maisstärke mit wenig Wasser anrühren, zu den Schwammerln geben und damit die Sauce leicht binden. Mit Salz und Pfeffer würzen.
3. Die Pilze mit dem Kraut auf Schwarzbrot servieren.

KERNÖLSCHMALZ

Zutaten für 4 Portionen

1 kg Schweinefilz
1 große Zwiebel
3 Knoblauchzehen
1 EL gehackte Petersilie
1 EL gehacktes Liebstöckel
1 TL ganzer Kümmel
Pfeffer aus der Mühle
Salz · 40 ml Kürbiskernöl

1. Den Filz in Würfel schneiden oder grob faschieren und mit $^1/_8$ l Wasser erhitzen, bis er glasig ist.
2. Die Zwiebel und den Knoblauch schälen, in kleine Würfel schneiden und unter das Schmalz rühren. Das Schmalz abkühlen lassen.
3. Die Kräuter, den Kümmel, 1 TL grob gemahlenen Pfeffer, 10 g Salz und das Kürbiskernöl unter das Schmalz rühren.

EINGELEGTE PFEFFERONI

Zutaten für 4 Portionen

2 kg Pfefferoni
1 kleiner Stiel Estragon
und/oder Lorbeerblätter

Für die Marinade:
2 l Weißweinessig
650 g Kristallzucker
20 g Salz
1 EL schwarze Pfefferkörner
1 EL Senfkörner

1. Die Pfefferoni putzen und waschen.
2. Für die Marinade Essig, Zucker, 20 g Salz, Pfeffer- und Senfkörner mit 1 l Wasser in einen Topf geben und aufkochen. Die Pfefferoni dazugeben und so beschweren, dass sie von der Flüssigkeit bedeckt sind. Beispielsweise einen kleineren Deckel in den Topf geben und auf diesen einen schweren Gegenstand legen. Die Pfefferoni in der Marinade abkühlen lassen.
3. Die Pfefferoni mit dem Schaumlöffel aus der Marinade heben. Die Marinade erneut zum Kochen bringen, die Pfefferoni wieder dazugeben und erneut wie oben beschrieben erkalten lassen.
4. Die Pfefferoni aus der Marinade heben und auf Einweckgläser verteilen. Den Estragon waschen und trockenschütteln. Ein Stück Estragonstiel und/oder ein Stückchen Lorbeerblatt in jedes Glas geben. Die Marinade erneut aufkochen und kochend heiß über die Pfefferoni geben. Die Gläser sofort verschließen. Die Pfefferoni mindestens 2 Wochen marinieren lassen.

Nach der gleichen Methode kann man auch kleine Essiggurken oder Cocktailtomaten einlegen. Die Tomaten vor dem Marinieren mehrmals mit einer Nadel einstechen und nur einmal in die Marinade legen, dann in Gläser geben und mit der heißen Marinade aufgießen.

KARAMELLISIERTER CHICORÉE MIT GEBRATENEM FRISCHKÄSE

ZUTATEN FÜR 4 PORTIONEN

4 Stauden Chicorée
2 EL Butter · 1 EL Kristallzucker
1 kleine Hand voll getrocknete Steinpilze (oder Herbsttrompeten)
1 Schuss Balsamicoessig
200 g schnittfester Kuhmilch-Frischkäse
1 Ei · 3 EL Mehl zum Wenden
3 EL Olivenöl (oder Butterschmalz)
Meersalz · Pfeffer aus der Mühle

BILD LINKS

1. Den Chicorée putzen, waschen, längs halbieren und die Strünke keilförmig herausschneiden.
2. In einer großen Pfanne die Butter erhitzen, den Zucker einstreuen und die Chicorée mit der Schnittfläche nach unten hineinlegen. Die Pilze dazugeben und zugedeckt 5 bis 10 Minuten dünsten oder im auf 220 °C vorgeheizten Backofen 15 Minuten offen garen. Mit Essig übergießen.
3. Den Käse in fingerdicke Scheiben schneiden. Das Ei verquirlen. Den Käse zuerst im Mehl wenden, dann durch das verquirlte Ei ziehen. Olivenöl oder Butterschmalz in einer Pfanne erhitzen und die Käsescheiben auf jeder Seite etwa 1 Minute braten, auf Küchenpapier abtropfen lassen.
4. Die Käsescheiben mit Chicorée, Pilzen und dem Chicorée-Bratfond auf Tellern anrichten. Mit Meersalz und Pfeffer bestreuen.

Anstelle von Frischkäse passt auch gebratene Lammleber oder gebackener Karpfenmilchner zum Chicorée.

CHICORÉE MIT BIRNEN UND BRIE

ZUTATEN FÜR 4 PORTIONEN

2 Birnen
4 Stauden Chicorée
2 EL Butter
1 Schuss Birnenschnaps
200 g reifer Brie
Salz · Pfeffer aus der Mühle
Balsamicoessig zum Beträufeln

1. Die Birnen waschen, vierteln und entkernen. Den Chicorée putzen, waschen, längs halbieren und die Strünke keilförmig herausschneiden. Den Backofen auf 220 °C vorheizen.
2. Die Butter in einer großen, ofenfesten Pfanne erhitzen und mit Birnenschnaps ablöschen. Chicorée und Birnen hinzufügen und im Backofen offen garen, bis der Chicorée weich zu werden beginnt.
3. Den Brie in Scheiben schneiden und im Backofen leicht wärmen, bis er zu schmelzen beginnt.
4. Den Chicorée und die Birnen auf Tellern anrichten und mit dem Käse belegen. Mit Salz und grob gemahlenem Pfeffer bestreuen. Mit etwas Chicorée-Bratfond und Essig beträufeln. Dazu passt getoastetes Nussbrot.

Fisch und Meeresfrüchte

SARDINEN MIT KRÄUTERBRÖSELN UND LIMETTEN

ZUTATEN FÜR 4 PORTIONEN

16 Sardinen
10 Basilikumblätter
5 Minzeblätter
1 Liebstöckelblatt
½ Knoblauchzehe
1 EL Pignoli
abgeriebene Schale und Saft von ½ unbehandelten Limette
5–8 EL Olivenöl
1 EL Semmelbrösel
Olivenöl für das Blech und zum Beträufeln
Balsamicoessig zum Beträufeln

BILD RECHTS

1. Von den Sardinen die Köpfe abtrennen. Die Sardinen am Bauch entlang aufschneiden und ausnehmen, die Gräten und das Rückgrat herausziehen.
2. Die Kräuterblätter waschen und trockentupfen. Den Knoblauch schälen. Kräuter und Knoblauch mit den Pignoli, der Limettenschale und dem Olivenöl im Mörser fein zerreiben. Die Semmelbrösel unterrühren.
3. Den Backofen auf 200 °C vorheizen. Ein Backblech mit Olivenöl einfetten. Die Hälfte der Sardinen mit der Bauchseite nach oben darauf legen, mit der Kräuterpaste bestreichen und je eine zweite Sardine mit dem Rücken nach oben darauf setzen.
4. Die Sardinen mit Olivenöl beträufeln und im vorgeheizten Backofen 6 bis 8 Minuten garen.
5. Zum Servieren die Sardinen auf Teller setzen und mit Limettensaft und Essig beträufeln. Als Beilage passen gedämpfte junge Erdäpfel.

LACHS MIT GURKENSALAT

ZUTATEN FÜR 4 PORTIONEN

2 Salatgurken
Salz
9 EL Olivenöl
4 EL weißer Balsamicoessig
1 TL körniger Senf
2 EL gehackter Estragon
400 g Lachsfilet (mit Haut)
Pfeffer aus der Mühle
Saft von 1 Zitrone
Schnittlauchröllchen zum Garnieren

1. Die Gurken schälen, längs halbieren und die Kerne mit einem Teelöffel entfernen. Die Gurkenhälften in kleine Würfel schneiden, salzen und 10 Minuten ziehen lassen.
2. Ein wenig von dem austretenden Saft abgießen und die Gurkenwürfel mit 8 EL Olivenöl, dem Essig, dem Senf und dem Estragon verrühren.
3. Den Lachs in vier gleich große Stücke schneiden. In einer Pfanne im restlichen Olivenöl mit der Hautseite nach oben anbraten, wenden und bei halb zugedeckter Pfanne bei kleiner Hitze noch etwa 5 Minuten garen (der Lachs sollte im Kern noch leicht glasig bleiben).
4. Den Lachs aus der Pfanne nehmen, mit Salz und Pfeffer würzen und mit Zitronensaft beträufeln.
5. Den Gurkensalat auf Teller verteilen und den Lachs darauf setzen. Nach Belieben mit Kürbiskernöl beträufeln und mit Schnittlauch bestreut servieren.

RÄUCHERLACHS AUF KRAUTFLECKERLN

ZUTATEN FÜR 4 PORTIONEN

½ Kopf junges Weißkraut
3 Knoblauchzehen
2 Schuss Olivenöl
1 EL Butter · Kristallzucker
Salz · Pfeffer aus der Mühle
50 g frisches Sauerkraut
4 cl heller Fruchtessig
6 cl Beerenauslese (Süßwein)
1 EL Essigkapern · 1 Zweig Rosmarin
abgeriebene Schale und Saft von
½ unbehandelten Zitrone
1 Spritzer Tabasco
400 g Räucherlachs (in Scheiben)

1. Vom Kraut den Strunk herausschneiden und die äußeren Blätter ablösen. Die restlichen Krautblätter in 1 x 1 cm große Fleckerln schneiden. 2 Knoblauchzehen schälen und in kleine Würfel schneiden.
2. In einem Topf 1 Schuss Olivenöl und die Butter erhitzen, das Kraut mit dem Knoblauch und etwas Zucker darin anschwitzen, mit Salz und Pfeffer würzen. Sauerkraut, Essig und Wein dazugeben, zugedeckt 5 Minuten ziehen lassen.
3. Die Kapern hacken, den restlichen Knoblauch schälen und in kleine Würfel schneiden. 1 Schuss Olivenöl leicht erwärmen, Kapern, Rosmarin, Knoblauch und Zitronenschale dazugeben, mit Zitronensaft, Tabasco und Salz würzen. Die Krautfleckerln mit dem Räucherlachs auf Tellern anrichten und die Marinade über den Lachs träufeln.

SÜSSSAUER MARINIERTER FISCH MIT ERDÄPFELN UND APFEL-KRAUT-SALAT

ZUTATEN FÜR 4 PORTIONEN

Für den Salat:
¼ Kopf Weißkraut · 1 Apfel
1 EL Estragonessig · 3 EL Sauerrahm
1 Prise Kümmelpulver · Salz

Für den Fisch:
500 g speckige Erdäpfel
2 EL Butter · Salz · 1 Karotte
2 Schalotten · 1 Knoblauchzehe
½ unbehandelte Limette
2 EL Kristallzucker · 4 EL Essig
1 TL gehackter Rosmarin
1 TL schwarze Pfefferkörner
6 Korianderkörner · 2 Anissamen
8 Fischfilets (z. B. Forelle, Saibling, Rheinanke, Makrele, Hering)
1 Ei · 1 EL Crème fraîche
1 EL Sauerrahm

1. Für den Salat das Kraut putzen, waschen und in sehr feine Streifen schneiden. Den Apfel waschen und grob reiben. Apfel und Weißkraut mit Essig, Sauerrahm, Kümmel und Salz vermischen.
2. Für den Fisch die Erdäpfel weich kochen und schälen. Die Butter in einer Pfanne erhitzen, die Erdäpfel darin schwenken und salzen.
3. Karotte, Schalotten und Knoblauch schälen und blättrig schneiden. Die Limette waschen, abtrocknen und in Scheiben schneiden. Alles mit Zucker, Essig, Rosmarin, Pfeffer- und Korianderkörnern, Anissamen, 2 TL Salz und ½ l Wasser aufkochen. Die Marinade heiß über die Fischfilets gießen und den Fisch einige Minuten in der Marinade ziehen lassen.
4. Den Fisch aus der Marinade nehmen, die Limettenscheiben entfernen. Die Marinade mit Ei, Crème fraîche und Sauerrahm mit dem Stabmixer aufschlagen.
5. Den marinierten Fisch mit der Sauce, den Erdäpfeln und dem Salat servieren.

SAIBLINGSMOUSSE

Zutaten für 4 Portionen

Für die Mousse:
300 g Saiblingsfilet (ohne Haut)
ca. 1 TL Dijon-Senf · Kristallzucker
5 Korianderkörner · Salz
Cognac zum Beträufeln
2 Spritzer Tabasco
40 g Sardellenfilets
300 g Qimiq
150 g Sauerrahm
Saft von 1 Zitrone
4 TL Saiblings- oder Forellenkaviar

Für die Salatgarnitur:
2 große Salatherzen
2 EL weißer Balasamicoessig
Saft von ½ Zitrone
4 EL Olivenöl · Zucker
Salz · Pfeffer aus der Mühle

1. Für die Mousse 200 g Saibling in eine Schüssel legen. Dünn mit Senf bestreichen, mit Zucker, zerstoßenem Koriander und Salz bestreuen, mit Cognac beträufeln. Mit Frischhaltefolie bedecken und über Nacht ziehen lassen.
2. Den frischen Saibling mit 100 g gebeiztem Saibling, 3 EL Marinade, Tabasco, Sardellenfilets, Qimiq, Sauerrahm und dem Zitronensaft in der Küchenmaschine zu einer feinen Creme verarbeiten. Eine kleine Terrinenform mit Frischhaltefolie auslegen, die Fischmasse hineinfüllen und mindestens 6 Stunden kühl stellen.
3. Für die Salatgarnitur die Salatherzen in Blätter zupfen, waschen und trockenschleudern. Essig, Zitronensaft, Olivenöl, Zucker, Salz und Pfeffer zu einer Vinaigrette verrühren und mit dem Salat mischen.
4. Die Mousse aus der Terrine stürzen und in Scheiben schneiden. Je zwei Scheiben auf einen Teller geben und mit je 1 TL Saiblings- oder Forellenkaviar garnieren. Den restlichen gebeizten Saibling in Stücke schneiden und mit dem Salat daneben anrichten.

WALLERSULZ

Zutaten für 1 Terrine

30 g Gelatine (in Blättern)
800 g Wallerfilet · Salz
300 g Zwiebeln
1 Knoblauchzehe · 2 EL Butter
1 Prise Kristallzucker · 3 EL Essig
Pfeffer aus der Mühle
40 g schwarze Oliven (ohne Stein)
400 ml Rindssuppe (oder Fischfond)
150 g Räucherlachs
150 g Sauerkraut
1 EL gehacktes Liebstöckel
Balsamicoessig und Kürbiskernöl zum Beträufeln

1. Die Gelatine in kaltem Wasser einweichen.
2. Das Fischfilet salzen und in einem Dämpftopf über heißem Wasserdampf etwa 8 Minuten garen.
3. Die Zwiebeln und den Knoblauch schälen und blättrig schneiden. In der Butter mit dem Zucker und dem Essig zugedeckt weich dünsten. Mit Salz und Pfeffer würzen.
4. Die Oliven hacken. Rindssuppe oder Fischfond erhitzen und die Gelatine darin auflösen.
5. Eine große Terrinenform mit Frischhaltefolie auslegen. Waller, Zwiebeln, Räucherlachs, Sauerkraut, Liebstöckel und Oliven hineinschichten, mit dem warmen Gelee begießen und die Sülze 6 Stunden kühl stellen.
6. Die Wallersülze stürzen und in Scheiben schneiden. Mit Essig und Kürbiskernöl beträufelt anrichten. Nach Belieben würzigen Salat wie Löwenzahn oder Sauerampfer dazu servieren.

LACHS-SPARGEL-TERRINE

FÜR 1 TERRINE VON 28 CM LÄNGE

Für das Gelee:
1/8 l Geflügelfond
6 cl trockener Wermut
12 g gemahlene Gelatine
Salz · Pfeffer aus der Mühle
4 daumendicke Stangen grüner Spargel
1 Prise Kristallzucker · 1 TL Butter
900 g Lachsfilet (ohne Haut)
70 g Shrimps (küchenfertig)
2 Hand voll große Spinat- oder Bärlauchblätter
250 g Frischkäse
1 Bund Kerbel
30 g Qimiq

Für die Sauce:
Maisstärke zum Binden
1 EL kalte Butter
Salz · Pfeffer aus der Mühle

1. Für das Gelee den Geflügelfond und den Wermut erhitzen und die Gelatine darin auflösen. Mit Salz und Pfeffer abschmecken und abkühlen lassen.

2. Den Spargel waschen, im unteren Drittel schälen und die holzigen Enden entfernen. Wasser zum Kochen bringen, etwas Salz, den Zucker und die Butter dazugeben und den Spargel darin bissfest kochen. Aus dem Fond heben und in eiskaltem Wasser abkühlen lassen. 1/8 l Spargelfond abmessen und beiseite stellen.

3. Eventuell im Lachsfilet noch vorhandene Gräten mit der Pinzette entfernen. Die Shrimps kalt waschen und abtropfen lassen.

4. Die Terrinenform hauchdünn mit dem Gelee ausgießen. Spinat oder Bärlauch verlesen und waschen. Durch das Gelee ziehen und die Form damit auskleiden (der Spinat muss zuvor blanchiert werden, Bärlauch kann roh verwendet werden).

5. Das Lachsfilet in die Terrinenform legen, darauf schichtweise den Spargel, den Frischkäse und die Shrimps geben, dazwischen immer etwas Gelee dazugießen.

6. Den Kerbel waschen und trockenschütteln, die Blätter abzupfen und fein hacken. Qimiq mit Kerbel erhitzen und über die Terrine gießen. Mit Frischhaltefolie abdecken und mindestens 3 Stunden kühl stellen.

7. Vor dem Stürzen die Terrinenform mit dem Boden kurz in heißes Wasser stellen. Die Terrine mit einem spitzen Messer rundum von der Form lösen und vorsichtig stürzen. In Scheiben schneiden und nach Belieben mit je 1 EL Lachskaviar auf Tellern anrichten.

8. Für die Sauce den beiseite gestellten Spargelfond erhitzen, mit etwas mit wenig Wasser angerührter Maisstärke binden und die Butter unterrühren. Die Sauce mit Salz und Pfeffer würzen und zur Terrine servieren. Dazu passt frisches Weißbrot.

SAIBLINGSLASAGNE

ZUTATEN FÜR 4 PORTIONEN

Für die Farce:
100 g Saiblingsfilet (ohne Haut)
1 Ei · 1 Prise Salz
1 Prise Cayennepfeffer
ca. 80 g eiskaltes Schlagobers
½ EL eiskalte Crème fraîche

Für die Lasagne:
150 g Champignons
1 EL Butter
10 Paradeiser
1 EL Kristallzucker
Salz · Pfeffer aus der Mühle
2 EL gehacktes Basilikum
1 EL Olivenöl
Butter für die Förmchen
Olivenöl für die Förmchen und zum Bestreichen
8 Basilikumblätter
je ½ Bund Estragon und Rosmarin
300 g Saiblingsfilet (ohne Haut)
200 g Nudelteig (siehe Rezept Seite 130)

1. Für die Farce eventuell im Saiblingsfilet vorhandene Gräten mit einer Pinzette entfernen, den Fisch klein schneiden und im Tiefkühlfach etwa 30 Minuten anfrieren lassen.

2. Das Ei verquirlen. Den tiefgekühlten Saibling mit der Hälfte des Eis, Salz und Cayennepfeffer in der Küchenmaschine unter langsamer Zugabe von Obers und Crème fraîche zu einer glatten Masse pürieren.

3. Für die Lasagne die Champignons putzen, mit Küchenpapier trocken abreiben, blättrig schneiden und in der Butter schwenken. Die Paradeiser kreuzweise einritzen, überbrühen, häuten und entkernen. Das Fruchtfleisch in kleine Würfel schneiden, mit Zucker, Salz, Pfeffer und Basilikum im Olivenöl schwenken.

4. Acht Soufflléförmchen mit Butter einfetten und in jedes Förmchen etwas 1 mm hoch Olivenöl geben. Die Kräuter waschen und trockenschütteln bzw. trockentupfen. Je 1 Basilikumblatt, einige Estragonblätter und Rosmarinnadeln in die Förmchen geben.

5. Eventuell im Saiblingsfilet vorhandene Gräten mit einer Pinzette entfernen und das Filet in 16 Stücke schneiden. Den Backofen auf 230 °C vorheizen.

6. Den Nudelteig dünn ausrollen und 24 Teigkreise mit einem Durchmesser von etwa 8 cm ausstechen. In jedes Förmchen ein Nudelblatt legen, mit etwas Fischfarce bestreichen, mit einigen Champignons und Paradeisern sowie mit einem Stück Saibling belegen. Mit einem Nudelblatt abdecken und auf die gleiche Weise eine weitere Etage in die Förmchen schichten. Die Lasagne mit einem Nudelblatt abschließen und mit Olivenöl bestreichen.

7. Die Saiblingslasagne im vorgeheizten Backofen etwa 10 Minuten garen. Vor dem Servieren 5 bis 10 Minuten in der Form ruhen lassen, auf Teller stürzen, mit dem Rest der Paradeiser und nach Belieben mit einer Rieslingsauce (siehe Rezept Seite 70) servieren.

KLARE FISCHSUPPE

ZUTATEN FÜR 8 PORTIONEN

Für den Fond:
3 Seezungen (ca. 1 ½ kg)
¼ Fenchelknolle
8 Schalotten
100 g Champignons
1–2 EL Olivenöl
½ l Riesling
1 Lorbeerblatt
7 Korianderkörner
5 schwarze Pfefferkörner
1 kleine Knoblauchknolle

Außerdem:
2 Jungzwiebeln
1 Prise Safranpulver
1 Hand voll Rucola
Meersalz

1. Für den Fond die Seezungen filetieren und die dunkle Haut abziehen. Die Filets beiseite legen. Fenchel, Schalotten und Champignons schälen bzw. putzen und blättrig schneiden. Die Fischkarkassen waschen, mit Pilzen und Gemüse in einem großen Topf im Olivenöl anschwitzen.
2. Den Wein und 1 ½ l Wasser dazugießen und aufkochen. Lorbeerblatt, Koriander- und Pfefferkörner sowie die halbierte ungeschälte Knoblauchknolle dazugeben. Etwa 30 Minuten ziehen, aber nicht mehr kochen lassen. Den Fischfond durch ein Sieb gießen.
3. Die Fischfilets in mundgerechte Stücke schneiden. Die Jungzwiebeln und nach Belieben Eierschwammerln putzen und klein schneiden. Die Fischstücke in einen Topf geben, Safran, Zwiebeln und gegebenenfalls Eierschwammerln dazugeben. Mit dem heißen Fond begießen und aufkochen.
4. Den Rucola verlesen, waschen, trockenschütteln, in breite Streifen schneiden und dazugeben. Die Fischsuppe nach Belieben mit etwas mit wenig Wasser angerührter Maisstärke ganz leicht binden. Mit Meersalz und nach Belieben mit Cayennepfeffer abschmecken.

SPINATSUPPE MIT WALLER

ZUTATEN FÜR 4 PORTIONEN

150 g Blattspinat
50 g Rucola · Salz
1 Schalotte
1 Knoblauchzehe
1 EL Erdnussöl
¼ l Geflügelfond
300 g Wallerfilet
kalte Butter zum Binden
Pfeffer aus der Mühle

1. Spinat und Rucola verlesen, waschen und in Salzwasser kurz blanchieren. Abgießen, eiskalt abschrecken und klein schneiden.
2. Die Schalotte und den Knoblauch schälen und in kleine Würfel schneiden. Das Erdnussöl in einem Topf erhitzen, Schalotte und Knoblauch darin anschwitzen. Den Geflügelfond und 1 l Wasser dazugießen und 10 Minuten köcheln lassen. Den Fond durch ein Sieb gießen.
3. Die Wallerfilets in fingerdicke Stücke schneiden und in dem Fond gar ziehen lassen. Die Wallerfilets herausheben und auf Teller verteilen.
4. Den Spinat und den Rucola mit dem Stabmixer unter die Suppe mixen. Dann so viel Butter untermixen, dass die Suppe leicht bindet. Mit Salz und Pfeffer abschmecken und über die Wallerfilets geben.

KREBSENSUPPE

Zutaten für 10 Portionen

40 Flusskrebse · Salz
1 EL Essig
2 TL ganzer Kümmel
3 Karotten
2 Zwiebeln
¼ Selleriestange
2 Paradeiser
2 Knoblauchknollen
6 EL Olivenöl
⅛ l Cognac
500 g Schlagobers
2 EL Estragonessig
5 Korianderkörner
5 schwarze Pfefferkörner
1 Lorbeerblatt
½ Zweig Thymian
1 Msp. Cayennepfeffer
Meersalz
2 EL Tomatenmark
kalte Butter zum Binden
1 Hand voll Kräuterblätter
(z. B. Basilikum, Minze,
Wasserkresse)

1. Die Krebse zugedeckt in siedendem Salzwasser mit Essig und 1 TL Kümmel 1 Minute kochen. Die Krebse aus dem Wasser heben.

2. Die Krebsschwänze ausbrechen, dafür den Kopf mit einer Drehbewegung entfernen, die ersten beiden Ringe des Schwanzteiles aufbrechen und ablösen. Das Schwanzfleisch durch Drücken auf das hintere Ende nach vorne aus der Kruste quetschen. Die Krusten der Krebse grob in einem Mörser zerstoßen oder klein hacken.

3. Die Karotten, die Zwiebeln und den Sellerie schälen bzw. putzen und in Stücke schneiden. Die Paradeiser waschen und halbieren, dabei die Stielansätze entfernen. Die Knoblauchknollen ebenfalls halbieren.

4. In einer Kasserolle das Olivenöl erhitzen und die Krebsenkrusten darin anrösten. Sobald sie ein wenig Farbe angenommen haben, das Gemüse dazugeben und mitschwitzen. Mit dem Cognac ablöschen, 2 l Wasser, das Schlagobers und den Essig dazugießen. Koriander- und Pfefferkörner, restlichen Kümmel, Lorbeerblatt, Thymian, Cayennepfeffer sowie Meersalz und nach Belieben auch gehackten Estragon und gehacktes Basilikum dazugeben. Das Tomatenmark unterrühren.

5. Die Suppe bei kleiner Hitze etwa 45 Minuten köcheln lassen, dann durch ein Sieb gießen. Durch Unterrühren von Butter und nach Belieben etwas mit wenig Wasser angerührter Maisstärke binden. Mit dem Stabmixer schaumig aufschlagen.

6. Die Krebsschwänze auf Suppenteller verteilen und die heiße Suppe darauf geben. Mit Kräuterblättern bestreut servieren.

Auf die gleiche Art kann man auch Hummersuppe zubereiten.

GEDÄMPFTE FORELLE MIT RAHMKARFIOL UND KRÄUTERSAFT

ZUTATEN FÜR 4 PORTIONEN

300 g Karfiol
200 ml Milch
200 g Schlagobers
1 EL Crème fraîche
Salz · Pfeffer aus der Mühle
50 g gemischte Kräuterblätter (z. B. Kerbel, Bärlauch, Petersilie, Estragon)
4 EL Erdnussöl
1 Schuss Essig
4 Forellenfilets (mit Haut)

1. Den Karfiol putzen und klein schneiden. Mit Milch und Schlagobers weich kochen. Die Crème fraîche dazugeben und mit dem Stabmixer pürieren. Das Püree mit Salz und Pfeffer würzen und abkühlen lassen.

2. Die Kräuter in einem Sieb in etwas kochendes Wasser hängen, kurz blanchieren, herausheben und eiskalt abschrecken. Mit etwas Blanchierflüssigkeit sowie dem Erdnussöl so lange mixen, bis die grüne Farbe intensiv geworden ist. Mit Salz, Pfeffer und nach Belieben 1 kleinen Prise Cayennepfeffer abschmecken.

3. In einem Topf fingerbreit Wasser mit dem Essig aufkochen. Die Forellenfilets salzen und mit der Haut nach oben auf einen Dämpfeinsatz legen. Über dem heißen Essigdampf wenige Minuten garen.

4. Das Karfiolpüree auf Teller verteilen und mit dem Kräutersaft umranden. Die Fischfilets darauf anrichten.

PALATSCHINKEN MIT RÄUCHERFORELLE UND SAUERKRAUT

ZUTATEN FÜR 4 PORTIONEN

Für die Fülle:
1 geräucherte Forelle (ca. 350 g)
150 g Crème fraîche
4 EL Sauerrahm
200 g Sauerkraut

Für die Sauce:
½ Lorbeerblatt
2 schwarze Pfefferkörner
1 kleine Knoblauchzehe
Maisstärke zum Binden
100 g kalte Butter
1 TL gehacktes Fenchelgrün
(oder gehackten Dill)
etwas Zitronensaft
Salz · Pfeffer aus der Mühle

Für die Palatschinken:
6 Eier
6 EL Schlagobers
Salz · Cayennepfeffer
Öl zum Backen

BILD LINKS

1. Für die Fülle die geräucherte Forelle filetieren, Gräten und Haut entfernen. Eventuell verbliebene feine Gräten mit einer Pinzette herauszupfen. Gräten und Haut beiseite legen.

2. Das Fischfilet in kleine Stücke schneiden, mit einer Gabel zerdrücken und mit der Crème fraîche und dem Sauerrahm verrühren.

3. Für die Sauce die Forellengräten und -haut mit dem Lorbeerblatt, den Pfefferkörnern und der geschälten Knoblauchzehe in einen Topf geben. ¼ l kaltes Wasser dazugießen (die Gräten sollten knapp bedeckt sein) und aufkochen. Bei kleiner Hitze etwa 30 Minuten ziehen lassen.

4. Für die Palatschinken die Eier mit dem Schlagobers gut verrühren, mit Salz und Cayennepfeffer würzen. Sehr wenig Öl in einer beschichteten Pfanne erhitzen, ein Viertel des Teigs in die Pfanne geben und durch Schwenken der Pfanne gleichmäßig verteilen (die Palatschinken sollten recht dünn sein). Kurz backen, mit einem Pfannenwender wenden und noch einige Sekunden backen. Mit dem restlichen Teig ebenso verfahren.

5. Die Palatschinken mit der Forellenmasse bestreichen. Das Sauerkraut so darauf legen, dass nach dem Einrollen der Palatschinken das Sauerkraut an den Enden etwas herausragt.

6. Den Fond für die Sauce durch ein feines Sieb gießen und aufkochen. Etwas Maisstärke mit wenig Wasser anrühren und den Fond damit binden. Vom Herd nehmen, die Butter in kleinen Stücken unterrühren und die Sauce mit dem Stabmixer aufschlagen. Fenchelgrün oder Dill untermischen und die Sauce mit Zitronensaft, Salz und Pfeffer abschmecken.

7. Die Forellenpalatschinken mit der Sauce servieren.

Falls die Palatschinken während der Fertigstellung der Sauce abgekühlt sind, einfach auf ein gefettetes Backblech legen und im auf 150 °C vorgeheizten Backofen kurz erwärmen.

FORELLENSTRUDEL

ZUTATEN FÜR 6 PORTIONEN

Für den Strudel:
2 Forellen (à 350 g)
125 g kaltes Schlagobers
1 kaltes Ei · Saft von 1 Zitrone
Salz · Pfeffer aus der Mühle
200 g Champignons
125 g Crème fraîche
250 g Strudelteig
Butter für die Förmchen und zum Bestreichen

Für den Fischfond (ergibt ca. ½ l):
2 EL Olivenöl
60 ml trockener Weißwein
2 Schalotten
3 Champignons
½ Lorbeerblatt
2 schwarze Pfefferkörner
2 Korianderkörner

Für die Sauce:
2 Schalotten
1 Paradeiser
125 g Schlagobers
⅛ l Weißwein
6 cl trockener Wermut (z. B. Noilly Prat)
kalte Butter zum Binden
Salz · Pfeffer aus der Mühle
1 Spritzer Zitronensaft

1. Die Forellen filetieren. Für den Fond die Gräten und Abschnitte in reichlich kaltem Wasser waschen. Das Olivenöl in einem großen Topf erhitzen, die Karkassen aus dem Wasser heben, abtropfen lassen und im Öl anschwitzen. Mit dem Wein ablöschen und so viel kaltes Wasser dazugießen, dass die Karkassen bedeckt sind.
2. Schalotten und Champignons schälen bzw. putzen und blättrig schneiden. Beides in den Topf mit den Karkassen geben und aufkochen. Den aufsteigenden Schaum und die Trübstoffe abschöpfen. Lorbeerblatt, Pfeffer- und Korianderkörner dazugeben und den Fond bei kleiner Hitze etwa 20 Minuten köcheln lassen, dann in ein Sieb abgießen.
3. Die Filets einer Forelle in kleine Stücke schneiden. Die Filets der zweiten Forelle jeweils in drei Stücke schneiden. Das klein geschnittene Forellenfleisch mit dem Schlagobers, dem Ei, etwas Zitronensaft, Salz und Pfeffer in der Küchenmaschine zu einer glatten Masse pürieren.
4. Die Champignons putzen und in sehr kleine Würfel schneiden. 150 g davon mit der Crème fraîche zu einem dicken Püree einkochen. Mit Salz, Pfeffer und dem restlichen Zitronensaft abschmecken.
5. Den Strudelteig in sechs 12 x 12 cm große Quadrate schneiden. Sechs Kaffeetassen oder Soufflèförmchen dünn mit Butter einfetten und mit dem Teig auslegen, dabei die Teigränder nach außen schlagen. Je eine Schicht Forellenfarce und Champignonpüree auf den Teig geben und darauf ein Stück Forellenfilet legen. Mit Farce und Champignonpüree abschließen. Die überstehenden Teigecken mit Butter bestreichen und über die Fülle schlagen.
6. Den Backofen auf 220 °C vorheizen. Die Forellenstrudel aus den Tassen gleiten lassen und mit der Verschlussstelle des Teiges nach oben auf ein mit Butter gefettetes Blech setzen. Im vorgeheizten Backofen 12 Minuten backen.
7. Für die Sauce Schalotten schälen und blättrig schneiden. Paradeiser halbieren. Mit Obers, 150 ml Fischfond, Wein, Wermut, Schalotten und den restlichen Champignons aufkochen und auf die Hälfte einkochen.
8. Die Sauce durch ein Sieb gießen und so viel Butter unterrühren, bie sie schön sämig ist. Mit Salz, Pfeffer und Zitronensaft würzen und zum Forellenstrudel servieren.

FORELLE MIT STEINPILZSUD UND NUDELBLATT

Zutaten für 4 Portionen

200 g Steinpilze
¼ l Fischfond
(siehe Rezept Seite 67)
1 EL Bohnenkrautblätter
Salz · Pfeffer aus der Mühle
Maisstärke zum Binden
8 Forellenfilets
100 g Nudelteig
(siehe Rezept Seite 130)
Bohnenkraut- und Estragonblätter
zum Garnieren

1. Die Pilze putzen, mit Küchenpapier trocken abreiben und blättrig schneiden. Die Pilze im Fischfond aufkochen, das Bohnenkraut und nach Belieben 2 EL Sojasauce dazugeben. Den Sud mit Salz und Pfeffer würzen und 5 Minuten köcheln. Etwas Maisstärke mit wenig Wasser anrühren und den Steinpilzsud damit binden.
2. Jedes Forellenfilet in zwei Stücke schneiden. Den Fisch im heißen Steinpilzsud etwa 3 Minuten ziehen lassen.
3. Den Nudelteig ausrollen und in vier etwa 10 x 15 cm große Rechtecke schneiden. In reichlich Salzwasser etwa 1 Minute kochen, herausheben und kalt abschrecken.
4. Die Forellenstücke auf Teller verteilen, die Nudelblätter dazugeben und den Steinpilzsud darüber geben. Mit Bohnenkraut und Estragon bestreuen.

GEDÄMPFTER SAIBLING MIT KOHLRABI UND LIMETTENSAUCE

Zutaten für 4 Portionen

2 Kohlrabi
Salz · Pfeffer aus der Mühle
2 EL Butter
8 Saiblingsfilets
2 EL Crème fraîche
Saft von 3 Limetten
abgeriebene Schale von
1 unbehandelten Limette

1. Den Kohlrabi schälen und in Spalten oder Würfel schneiden. In einen breiten Topf geben und so viel Wasser dazugießen, dass das Gemüse bedeckt ist. Mit wenig Salz, Pfeffer sowie 1 EL Butter köcheln lassen.
2. Die Saiblingsfilets halbieren. Sobald der Kohlrabi fast weich ist, die Fischstücke auf den Kohlrabi legen und zugedeckt etwa 3 Minuten dämpfen.
3. Kohlrabi und Saiblingsfilets aus dem Fond heben und auf Teller geben.
4. Die Crème fraîche mit ¼ l Fond, der restlichen Butter und dem Limettensaft aufmixen. Die Sauce mit Salz und Pfeffer würzen.
5. Den Saibling mit der Limettensauce beträufeln, mit der Limettenschale und nach Belieben mit Kresse bestreuen. Als Beilage passen Erdäpfelknödel oder -gnocchi.

RHEINANKE MIT SAUERKRAUT UND SARDELLENSAUCE

ZUTATEN FÜR 4 PORTIONEN

400 g kleine speckige Erdäpfel
1 Karotte · 50 g Knollensellerie
1 Pastinake · 3 Schalotten
60 ml Weißwein
1 Prise Kristallzucker
400 g Sauerkraut
8 Rheinankenfilets

Für die Sauce:
⅛ l Geflügelfond
125 g Schlagobers
2 EL Crème fraîche
1 EL Sardellenpaste
kalte Butter zum Binden
Salz · Pfeffer aus der Mühle
Saft von 1 Zitrone

1. Die Erdäpfel gut waschen und weich kochen.
2. Karotte, Sellerie, Pastinake und Schalotten schälen bzw. putzen, in kleine Würfel schneiden und mit dem Wein und dem Zucker etwa 15 Minuten kochen.
3. Das Sauerkraut untermischen und erwärmen.
4. Für die Sauce den Geflügelfond mit Schlagobers, Crème fraîche und Sardellenpaste aufkochen und schaumig aufschlagen. So viel Butter unterrühren, bis die Sauce sämig wird. Mit Salz, Pfeffer und Zitronensaft abschmecken.
5. Die Rheinankenfilets auf das Sauerkraut legen und mit der Sardellensauce begießen. Die Erdäpfel dazugeben und zugedeckt 5 Minuten garen.
6. Sauerkraut, Erdäpfel und Fischfilets auf Tellern anrichten. Die Sauce mit dem Stabmixer aufschlagen, die Fischfilets und das Kraut damit beträufeln.

SAIBLING MIT SPARGEL UND MINZE

ZUTATEN FÜR 4 PORTIONEN

500 g weißer Spargel
Salz · 1 EL Rohzucker
3 EL Butter
4 Saiblingsfilets (mit Haut)
1 Stiel Minze
1 Schuss Walnussöl
Minze zum Garnieren

1. Den Spargel schälen und die holzigen Enden entfernen. Wasser mit etwas Salz und dem Rohzucker aufkochen, 1 EL Butter hineingeben und den Spargel darin bissfest kochen. Mit dem Schaumlöffel aus dem Fond heben, in einen Topf geben, mit ⅛ l Spargelfond begießen und erhitzen.
2. Die Saiblingsfilets mit der Haut nach oben auf den Spargel legen. Den Minzestiel dazulegen. Den Fisch zugedeckt etwa 4 Minuten garen.
3. Für die Sauce ¼ l Spargelfond mit dem Walnussöl und der restlichen Butter aufschlagen. Nach Belieben mit etwas mit wenig Wasser angerührter Maisstärke oder durch Unterrühren von 1 EL Erdäpfelpüree binden.
4. Die Saiblingsfilets mit dem Spargel auf Tellern anrichten, mit Minzeblättern bestreuen und mit der Sauce überziehen.

HECHTNOCKERLN MIT RIESLINGSAUCE

ZUTATEN FÜR 4 PORTIONEN

Für die Nockerln:
300 g Hechtfilet
150 g Karpfenfilet
1 Ei · 1 Prise Salz
1 Prise Cayennepfeffer
30 g Crème fraîche
ca. 300 g eiskaltes Schlagobers
einige Stiele Dill

Für die Sauce:
6 Champignons
5 Schalotten
1 Paradeiser
½ l Riesling
⅛ l trockener Wermut
(z. B. Noilly Prat)
250 g Schlagobers
2 EL Crème fraîche
Maisstärke zum Binden
3 EL kalte Butter
Meersalz
weißer Pfeffer aus der Mühle
Saft von 1 Zitrone
2 EL gehackter Kerbel

1. Für die Nockerln das Hecht- und Karpfenfilet klein schneiden und im Tiefkühlfach anfrieren lassen.
2. Das Ei verquirlen. Die Hälfte von jeder Fischsorte mit der Hälfte des Eis, Salz und Cayennepfeffer in der Küchenmaschine verrühren. 1 EL Crème fraîche und so viel Obers nach und nach dazugeben, dass es eine glatte Farce ergibt. Die restlichen Zutaten – bis auf den Dill – nach und nach dazugeben – die Nockerlmasse sollte gut mit einem Löffel ausstechbar sein. Die Masse kühl stellen.
3. Für die Sauce die Pilze putzen, mit Küchenpapier trocken abreiben und blättrig schneiden. Die Schalotten schälen und ebenfalls blättrig schneiden. Den Paradeiser waschen und halbieren, dabei den Stielansatz entfernen. Den Wein mit Wermut, Obers, Crème fraîche, Pilzen, Schalotten und Paradeiser köcheln, bis die Flüssigkeit auf die Hälfte eingekocht ist. Etwas Maisstärke mit wenig Wasser anrühren und die Sauce damit binden. Die Sauce durch ein Sieb streichen, die Butter untermixen und die Sauce mit Meersalz, Pfeffer und Zitronensaft abschmecken.
4. In einem großen Topf 5 cm hoch Wasser mit Salz und Dillstielen aufkochen. Aus der Fischfarce mithilfe von zwei Esslöffeln glatte Nockerln abstechen und in das schwach siedende Wasser einlegen. Etwa 30 Sekunden sieden lassen, dann den Topf vom Herd nehmen und die Nockerln zugedeckt noch etwa 10 Minuten ziehen lassen.
5. Die Sauce nochmals erhitzen und den Kerbel unterrühren. Die Hechtnockerln auf Teller setzen und mit der Sauce überziehen. Nach Belieben mit Sardellenfilets garnieren und mit Weißbrot servieren.

GERICHTE MIT Geschichte

So manches delikate Gericht wird aus der Not geboren! Der Hecht ist einer der häufigsten Fische in Österreichs Gewässern, doch für den unbeschwerten Genuss leider recht unvorteilhaft gebaut. Seine Rückengräten verzweigen sich zum Ypsilon, sodass nur wahre Könner den Hecht grätenfrei filetieren können. Mit der Idee der Hechtnockerln wird die Not zu einer Tugend, denn bei dem zur Farce vermusten Hechtfleisch spürt man von den feinen Gräten gar nichts mehr. Der Anteil an Karpfenfleisch in diesem Rezept ist übrigens der kleine Trick, mit dem der an sich trockene Hecht angenehm saftig wird.

HECHTLAIBCHEN
MIT SPECK UND SAUBOHNEN

Zutaten für 4 Portionen

750 g Hechtfilet
kleine Lorbeerblätter
50 g Speck (z. B. Lardo; in dünnen Scheiben)
2 kg Saubohnen (in den Schoten)
Salz · 250 g Schlagobers
1 TL gehackter Rosmarin
2 EL Sherryessig
kalte Butter zum Binden
Pfeffer aus der Mühle
1 durchgepresste Knoblauchzehe
2 EL Olivenöl

1. Mit einem scharfen, schlanken Messer so gut es geht die Gräten aus dem Hechtfilet schneiden und das Filet in etwa 3 cm breite Scheiben schneiden. Zu Schnecken rollen, mit 1 Lorbeerblatt und 1 Scheibe Speck umwickeln und den Speck mit Küchengarn fixieren.

2. Die Bohnen aus den Schoten brechen. In Salzwasser blanchieren, dabei 60 ml Kochflüssigkeit beiseite stellen. Die Bohnen eiskalt abschrecken und schälen.

3. Das Schlagobers mit dem Rosmarin aufkochen. Die Bohnenkochflüssigkeit und den Essig dazugießen und so viel Butter untermixen, dass die Sauce zart-sämig wird. Mit Salz, Pfeffer und Knoblauch abschmecken.

4. Hechtlaibchen im Olivenöl auf beiden Seiten anbraten, dann zugedeckt bei kleiner Hitze etwa 5 Minuten garen.

5. Die Bohnen in der Sauce erwärmen und die Hechtlaibchen mit der Bohnensauce servieren.

ZANDER-ERDÄPFEL-PUFFER

Zutaten für 4 Portionen

300 g mehlig kochende Erdäpfel
300 g Zanderfilet
1 EL gehackter Ingwer
abgeriebene Schale von
1 unbehandelten Zitrone
1 EL griffiges Mehl
2 Eiklar · 1 EL Sojasauce
Salz · Pfeffer aus der Mühle
Olivenöl zum Braten
1 kleiner Chinakohl
1 TL Estragonsenf
4 cl weißer Balsamicoessig
1 Prise Kristallzucker
2 EL Erdnussöl · 4 EL Crème fraîche

1. Die Erdäpfel schälen und grob reiben. Das Zanderfilet in kleine Würfel schneiden. Mit dem Ingwer, der Zitronenschale, dem Mehl, den verquirlten Eiklar, der Sojasauce, Salz und Pfeffer vermischen.
2. In einer beschichteten Pfanne Olivenöl erhitzen, die Puffermasse häufchenweise in die Pfanne setzen und flach drücken. Zugedeckt auf beiden Seiten braten.
3. Den Chinakohl putzen, waschen und in feine Streifen schneiden. Aus Senf, Essig, Zucker, 40 ml Wasser, Erdnussöl, Salz und Pfeffer eine Marinade rühren. Den Salat mit der Marinade vermischen.
4. Die Zander-Erdäpfel-Puffer mit dem Chinakohl anrichten. Mit je 1 EL Crème fraîche und nach Belieben mit Kaviar servieren.

ZANDERFILET MIT BOHNENSALAT

Zutaten für 4 Portionen

Für den Salat:
250 g getrocknete weiße Bohnen
1 Lorbeerblatt · je 1 Zweig
Rosmarin und Bohnenkraut
1 Zwiebel · 3 Sardellenfilets
4 Fleischparadeiser
1 TL schwarze Pfefferkörner
6 cl Weißweinessig
1 TL Kristallzucker
Olivenöl · 1 gehackte Chilischote
2 EL gehackter Estragon

Für den Fisch:
3 EL Butter
600 g Zanderfilet (mit Haut) · Salz
Zitronensaft und Sojasauce
zum Beträufeln
ca. 2 EL Sardellenpaste
4–5 EL gehackte Petersilie
Semmelbrösel zum Panieren
3 EL Butterschmalz

1. Für den Salat die Bohnen mit kaltem Wasser bedecken und über Nacht einweichen.
2. Die Bohnen in ein Sieb abgießen und mit Lorbeerblatt, Rosmarin, Bohnenkraut und nach Belieben einem Stück Speckschwarte in Wasser weich kochen. Das Kochwasser bis auf einen kleinen Rest abgießen. Die Zwiebel schälen und ebenso wie die Sardellenfilets klein schneiden. Beides zu den Bohnen geben.
3. Die Paradeiser kreuzweise einritzen, überbrühen, häuten und entkernen. Das Fruchtfleisch in Würfel schneiden und zu den Bohnen geben. Den Pfeffer grob zerstoßen und mit dem Essig, dem Zucker, reichlich Olivenöl, der Chilischote sowie dem Estragon unter die Bohnen mischen.
4. Die Butter erhitzen. Das Fischfilet salzen, mit Zitronensaft und Sojasauce beträufeln und mit Sardellenpaste bestreichen. In der Petersilie wenden, durch die zerlassene Butter ziehen und in den Bröseln wenden.
5. Das Zanderfilet im Butterschmalz bei kleiner Hitze 6 bis 8 Minuten braten, dabei zuerst auf der Hautseite anbraten. Mit dem lauwarmen Bohnensalat servieren.

GEFÜLLTE LACHSFORELLE

Zutaten für 6 Portionen

300 g speckige Erdäpfel
100 g Champignons
3 Schalotten
5 EL Butter
5 große Basilikumblätter
50 g Blattspinat
Salz · Pfeffer aus der Mühle
1 Lachsforelle (etwa 1,3 kg)
12 dünne Scheiben Hamburgerspeck
Olivenöl zum Braten
Saft von 2 Zitronen
2 EL gemischte, gehackte Kräuter (z. B. Kerbel, Petersilie, Liebstöckel)

1. Die Erdäpfel kochen, schälen und mit einer Gabel zerdrücken. Pilze und Schalotten putzen bzw. schälen, in kleine Würfel schneiden und in 1 EL Butter anschwitzen. Basilikum in Streifen schneiden. Spinat verlesen, waschen, trockenschleudern und grob schneiden. Den Backofen auf 200 °C vorheizen.

2. Das Erdäpfelmus mit Pilzen, Schalotten, Basilikum und Spinat vermischen und mit Salz und Pfeffer würzen. Die Forelle mit dieser Mischung füllen, mit Speck umwickeln und mit Küchengarn verschließen.

3. In einer ofenfesten Pfanne 2 EL Butter und so viel Olivenöl erhitzen, dass der Boden bedeckt ist. Die Forelle mit Salz und Pfeffer würzen und in der Pfanne im vorgeheizten Backofen etwa 20 Minuten garen. Nach 10 Minuten das Garn aufschneiden, damit die Fülle leichter warm wird. Zur Garprobe die Forelle mit einer Spicknadel hinter dem Kopf einstechen – wenn die Nadel leicht durch den Fisch dringt, ist er ausreichend gegart. Die Forelle aus der Pfanne heben und das Garn entfernen.

4. Den Bratrückstand mit dem Zitronensaft und der restlichen Butter lösen. Die Kräuter unter die Sauce mischen und die Forelle mit der Sauce servieren.

LACHSFORELLENFILET MIT PERLWEIZEN

Zutaten für 4 Portionen

80 g Butter · 2 EL Olivenöl
200 g Perlweizen
4 Paradeiser
70 g getrocknete Tomaten (in Öl)
600 g Lachsforellenfilet (mit Haut)
Olivenöl zum Beträufeln
50 g geriebener Bergkäse
3 EL gemischte, gehackte Kräuter (z. B. Basilikum und Minze)
Salz · 1 Prise Cayennepfeffer
weißer Balsamicoessig

1. Die Butter mit 2 EL Olivenöl erhitzen. Den Perlweizen unterrühren und zugedeckt bei kleiner Hitze etwa 15 Minuten garen.

2. Die Paradeiser kreuzweise einritzen, überbrühen, häuten und entkernen. Das Fruchtfleisch in Würfel schneiden. Die getrocknete Tomaten fein hacken, mit den Paradeisern zum Weizen geben und weitere 5 Minuten garen.

3. Den Fisch mit Olivenöl beträufeln und in einem Dämpftopf mit der Hautseite nach oben im heißen Wasserdampf etwa 5 Minuten garen.

4. Käse und Kräuter unter den Weizen heben, mit Salz, Cayennepfeffer und Essig abschmecken. Perlweizen mit Forellenfilets auf Tellern anrichten, mit Olivenöl beträufeln.

ALPENLACHS MIT SPARGEL UND BRENNNESSELSAUCE

ZUTATEN FÜR 4 PORTIONEN

Für den Fisch:
500 g weißer Spargel
(fingerdicke Stangen)
Salz · 1 TL Kristallzucker
1 Schuss Olivenöl
8 Alpenlachs-Steaks (à 100 g;
oder große Saiblingssteaks)
2 Hand voll würziger Blattsalat
(z. B. Sauerampfer oder Rucola)
Balsamicoessig
einige Tropfen Zitronensaft
einige Tropfen Erdnussöl
Meersalz zum Bestreuen

Für die Sauce:
150 g kleine Brennnesselblätter
Salz · 4 EL Olivenöl
1 Knoblauchzehe
250 g Sauerrahm
50 g Qimiq
Pfeffer aus der Mühle
1 Prise Cayennepfeffer
1 TL Wasabi

1. Für den Fisch den Spargel schälen und die holzigen Enden entfernen. Wasser zum Kochen bringen, etwas Salz und den Zucker dazugeben und den Spargel darin bissfest kochen. Mit dem Schaumlöffel herausheben und kalt abschrecken. Den Backofen auf 200 °C vorheizen.

2. Für die Sauce die Brennnesselblätter in $^{1}/_{4}$ l leicht gesalzenem Wasser blanchieren. 60 ml Blanchierflüssigkeit abmessen und beiseite stellen. Die Brennnesselblätter eiskalt abschrecken und abtropfen lassen. Den Knoblauch schälen und durch die Presse drücken. Brennnesseln mit Knoblauch, Olivenöl, Blanchierflüssigkeit, Sauerrahm, Qimiq, Salz, Pfeffer, Cayennepfeffer und Wasabi zu einer glatten Sauce mixen. Kühl stellen.

3. In einer beschichteten Pfanne das Olivenöl erhitzen. Die Lachs- oder Saiblingssteaks darin anbraten, wenden und in einer Auflaufform im vorgeheizten Backofen etwa 10 Minuten garen (sobald Eiweiß austritt, ist der Fisch ausreichend gegart).

4. Den Salat und nach Belieben Sprossen waschen und trockenschleudern. Mit Salz, Essig, Zitronensaft und Erdnussöl marinieren.

5. Die Fischsteaks auf Küchenpapier abtropfen lassen. Den Spargel auf Teller verteilen, den Fisch darauf anrichten und mit Meersalz bestreuen. Mit dem Salat garnieren und mit der Brennnesselsauce beträufeln.

Alpenlachs, Kavalierlachs oder Eismeersaibling ist ein besonders schmackhafter Salmonide mit starker Verwandtschaft zum wilden Lachs. Er wird von innovativen Teichwirten in Österreich erfolgreich gezüchtet. Eine gute Alternative ist großer Saibling.

LACHS MIT GRÜNEN LINSEN UND HAMBURGERSPECK

ZUTATEN FÜR 4 PORTIONEN

150 g grüne Linsen
1 Zwiebel
1 Karotte
2 Knoblauchzehen
1 Pastinake
(oder Petersilienwurzel)
2 EL Butter
1 EL Kristallzucker
60 ml Balsamicoessig
⅛ l Rotwein
¼ l Fischfond (oder Gemüsefond)
Salz · Pfeffer aus der Mühle
½ TL getrockneter Majoran
Cayennepfeffer
600 g Lachsfilet (mit Haut)
1 EL Öl
1 Lorbeerblatt
4 Scheiben Hamburgerspeck
1 Schuss Schlagobers

1. Die Linsen 1 Stunde in kaltem Wasser einweichen.
2. Zwiebel, Karotte, Knoblauch sowie Pastinake oder Petersilienwurzel schälen. Das Gemüse klein schneiden. Die Butter in einem Topf erhitzen. Den Zucker darin schmelzen, mit Essig und Wein ablöschen.
3. Die Linsen in ein Sieb abgießen und mit dem Gemüse in den Topf geben. Den Fisch- oder Gemüsefond und nach Belieben ein Stück Speck- oder Schinkenschwarte dazugeben und alles etwa 15 Minuten köcheln lassen. Das Linsengemüse mit Salz, Pfeffer, Majoran und Cayennepfeffer würzen. Nach Belieben etwas Maisstärke mit wenig Wasser anrühren und den Gemüsesaft damit binden.
4. Den Backofen auf 200 °C vorheizen. Eventuell im Lachsfilet vorhandene Gräten mit einer Pinzette entfernen. Das Öl in einer ofenfesten Pfanne erhitzen. Das Lorbeerblatt und die Speckscheiben auf der Lachsseite ohne Haut feststecken und den Lachs mit der Hautseite nach unten kurz und scharf im Öl anbraten.
5. Den Lachs aus der Pfanne heben und die Linsen mit dem Schlagobers in die Pfanne geben. Das Lachsfilet mit der Hautseite nach oben auf die Linsen legen, mit Salz und Pfeffer würzen. Die Pfanne in den vorgeheizten Backofen schieben und das Lachsfilet etwa 10 Minuten garen.
6. Das Lachsfilet in Stücke teilen und mit dem Linsengemüse auf Tellern anrichten. Die knusprige Haut und den Speck dazu servieren.

Auf diesem Linsengemüse kann man alle Arten von festfleischigem Fisch in der beschriebenen Art gar ziehen lassen. Aber nicht nur Fisch! Man kann zum Beispiel daumendicke Scheiben vom »Almo«-Rinderrücken (Almo steht für beste steirische Almochsen) mit Pfeffer würzen und in einer beschichteten Pfanne in sehr wenig Olivenöl auf beiden Seiten anbraten. Auf die Linsen legen und im Backofen bei 200 °C etwa 5 Minuten garen. Noch 10 Minuten warm ruhen lassen und mit geröstetem Mohn bestreuen.

SCHLEIE MIT PAPRIKA-WEISSKRAUT

Zutaten für 4 Portionen

2 Zwiebeln
1 Knoblauchzehe
1 EL Butter
1 TL Kristallzucker
3/4 l Rindssuppe
4 EL edelsüßes Paprikapulver
2 Fleischparadeiser
1/2 Lorbeerblatt
Salz · 1 Prise Cayennepfeffer
1/4 Kopf Weißkraut
Filets von 4 Schleien
(ca. 600 g; ohne Haut)
4 EL Sauerrahm

Bild links

1. Die Zwiebeln und den Knoblauch schälen, blättrig schneiden und in der Butter goldgelb anschwitzen. Den Zucker untermischen, die Rindssuppe dazugießen und das Paprikapulver unterrühren.
2. Die Paradeiser kreuzweise einritzen, überbrühen, häuten und entkernen. Das Fruchtfleisch klein schneiden. Mit dem Lorbeerblatt in die Suppe geben und die Suppe mit Salz und Cayennepfeffer würzen. So lange kochen, bis die Flüssigkeit auf etwa zwei Drittel eingekocht ist.
3. Vom Kraut den Strunk herausschneiden und die äußeren Blätter ablösen. Die restlichen Blätter in 2 x 2 cm große Fleckerln schneiden und in der eingekochten Suppe zugedeckt etwa 3 Minuten köcheln lassen. Die Fischfilets auf das Kraut legen, salzen und etwa 5 Minuten dämpfen.
4. Die Schleienfilets mit dem Paprika-Weißkraut und je 1 EL Sauerrahm auf Tellern anrichten.

KARPFEN BLAU MIT SÜSSSAUREM KÜRBIS

Zutaten für 4 Portionen

500 g Hokkaidokürbis
40 g Kristallzucker · Salz
1 Prise Cayennepfeffer
11 schwarze Pfefferkörner
1 Prise Safranpulver
1 Prise Kurkumapulver
1 TL gehackter Ingwer
abgeriebene Schale von
1/2 unbehandelten Orange
1/2 Lorbeerblatt · 5 Gewürznelken
1 cm Zimtrinde
weißer Balsamicoessig
1 Karpfen (ca. 1 kg; küchenfertig)
1 Zwiebel · 2 Karotten
Weißweinessig · ca. 150 g Butter
4 EL gemischte, gehackte Kräuter
(z. B. Dill, Kerbel, Koriander)

1. Den Kürbis schälen, entkernen und in etwa 5 cm große Würfel schneiden. 1/2 l Wasser mit dem Zucker, 1 TL Salz, Cayennepfeffer, 3 Pfefferkörnern, Safran, Kurkuma, Ingwer, Orangenschale, Lorbeerblatt, 2 Nelken und Zimt aufkochen. Den Kürbis darin 2 Minuten köcheln lassen, vom Herd nehmen und mit Balsamicoessig verfeinern.
2. Den Karpfen mit Balsamiocessig einreiben und in einen Topf legen. Zwiebel schälen und blättrig schneiden. Die Karotten schälen und grob reiben. Zwiebel und Karotten, restliche Nelken und Pfefferkörner dazugeben. Mit so viel Wasser auffüllen, dass der Karpfen gut bedeckt ist. 60 ml Essig dazugießen und 1 EL Butter dazugeben. Erhitzen, bis das Wasser siedet, und den Karpfen zugedeckt knapp unter dem Siedepunkt 20 bis 30 Minuten garen.
3. Die restliche Butter erhitzen und die Kräuter unterrühren. Den Karpfen auf eine Platte legen und mit der Kräuterbutter beträufeln. Den süßsauren Kürbis dazu servieren.

GEBACKENER KARPFEN MIT ERDÄPFELSALAT UND JOGHURTSAUCE

ZUTATEN FÜR 4 PORTIONEN

Für die Sauce:
1 Knoblauchzehe · 3 EL Erdnussöl
1 TL gehacktes Zitronengras
1 TL gehackter Ingwer
250 g Magerjoghurt
60 g Schlagobers · 50 g Qimiq
½ TL Currypulver · Salz
je 1 Msp. Cayennepfeffer
und Kurkumapulver
2 EL Essiggurkenmarinade
(oder Marinade von
eingelegten Pfefferoni)

Für den Salat:
8 speckige Erdäpfel
1 Zwiebel
¼ l Rindssuppe
2 EL Estragonsenf
2 TL Kristallzucker
1 EL gehackte Essigkapern
1 durchgepresste Knoblauchzehe
1 Schuss Estragonessig
1 Schuss Maiskeimöl
Salz · Pfeffer aus der Mühle
1 Jungzwiebel
30 g Sprossen
(z. B. Radieschensprossen)

Für den Fisch:
ca. 560 g Karpfenfilet
Saft von 1 Zitrone
Dijon-Senf zum Bestreichen
2 Eier
Mehl und Schwarzbrotbrösel
zum Panieren
Öl zum Ausbacken

1. Für die Sauce den Knoblauch schälen und durch die Presse drücken. Das Erdnussöl in einer Pfanne erhitzen und den Knoblauch darin anschwitzen. Mit Zitronengras, Ingwer, Joghurt, Schlagobers, Qimiq, Curry, Salz, Cayennepfeffer, Kurkumapulver und Essiggurken- oder Pfefferonimarinade mit dem Stabmixer zu einer feinen Creme verrühren.

2. Für den Salat die Erdäpfel kochen, abgießen und schälen. Die Zwiebel schälen und in kleine Würfel schneiden. Die Rindssuppe erhitzen, die Zwiebel mit Senf, Zucker, Kapern, Knoblauch, Essig und Maiskeimöl darin aufkochen. Die Marinade in eine Schüssel geben und mit Salz und Pfeffer würzen. Die warmen Erdäpfel über der Schüssel in Scheiben schneiden und in die Marinade fallen lassen (so werden die Erdäpfel rundum mit Marinade überzogen und kleben nicht aneinander).

3. Die Jungzwiebel putzen, waschen und samt dem Grün klein schneiden. Die Sprossen waschen und mit der Zwiebel unter den Salat heben.

4. Das Karpfenfilet in acht Stücke schneiden, mit Zitronensaft beträufeln und rundum dünn mit Dijon-Senf bestreichen. Die Eier in einem tiefen Teller verquirlen. Mehl und Schwarzbrotbrösel ebenfalls in tiefe Teller geben. Die Karpfenstücke zuerst im Mehl wenden, dann durch die Eier ziehen und zuletzt in den Bröseln wenden.

5. Die Karpfenstücke schwimmend im Öl ausbacken, dabei einmal wenden. Den Fisch aus der Pfanne heben und auf Küchenpapier abtropfen lassen.

6. Den gebackenen Karpfen mit der Joghurtsauce auf Tellern anrichten und mit dem Erdäpfelsalat servieren.

Zur Abwechslung kann man den Karpfen auch in Bierteig backen: Dafür 4 geh. EL griffiges Mehl mit 1 Prise Salz, 1 Msp. Backpulver und so viel dunklem Bier verrühren, dass ein dickflüssiger Teig entsteht. Diesen Teig zugedeckt etwa 20 Minuten ruhen lassen (damit das Backpulver seine Wirkung entfalten kann). Trockengetupfte Karpfenfilets durch den Bierteig ziehen und in Öl schwimmend ausbacken.

GEDÄMPFTER KARPFEN MIT ESSIG-WEISSWEIN-SAUCE

Zutaten für 4 Portionen

Für den Fisch:
800 g Filet vom Lederkarpfen (am Stück; mit Haut)
3 Schalotten
1 TL Anissamen
3 Stiele Basilikum
1 Schuss Weißweinessig
1 Bund Schnittlauch (oder Koriander)
Salz

Für den Gemüsefond:
5 kleine Karotten
8 Schalotten
1 kleines Bund Thymian
100 ml Weinessig (5 % Säure)
100 g Kristallzucker

Für die Sauce:
4 Schalotten
1 Knoblauchzehe
¼ l Gemüsefond
⅛ l Weißwein
1 EL Crème fraîche
kalte Butter zum Binden
Salz · Pfeffer aus der Mühle

1. Für den Fisch das Karpfenfilet mit der Hautseite nach oben auf ein Brett legen und in gleichmäßigen Abständen von etwa 2 mm etwa 3 mm tief einschneiden (aber nicht durchschneiden). Das auf diese Weise geschröpfte Karpfenfilet in portionsgroße Stücke schneiden.

2. Die Schalotten schälen. In einem Dämpftopf Wasser mit den Schalotten, den Anissamen, dem Basilikum und dem Essig erhitzen. Die Fischfilets in einen Dämpfeinsatz legen und im heißen Wasserdampf etwa 8 Minuten garen.

3. Für den Gemüsefond die Karotten und die Schalotten schälen und feinblättrig schneiden. In einen Topf geben, 1 l Wasser dazugießen und aufkochen. Den Thymian waschen, trockenschütteln und mit Essig und Zucker dazugeben. Den Fond etwa 2 Minuten sieden lassen und durch ein feines Sieb gießen.

4. Für die Sauce die Schalotten und den Knoblauch schälen und blättrig schneiden. Mit ¼ l Gemüsefond und dem Wein so lange kochen, bis die Flüssigkeit auf die Hälfte eingekocht ist. Die Crème fraîche und so viel Butter unterrühren, bis die Sauce eine leichte Bindung annimmt. Die Sauce mit Salz und Pfeffer abschmecken und nach Belieben etwas Kurkumapulver unterrühren (es verleiht der Sauce eine kräftige Farbe).

5. Den Schnittlauch oder Koriander waschen, trockenschütteln und in Röllchen schneiden bzw. fein hacken. Die Karpfenfilets mit der Essigsauce anrichten, salzen und mit Schnittlauch oder Koriander bestreut servieren.

Für diese Zubereitung eignen sich auch andere Fische mit saftigem Fleisch, wie zum Beispiel Schleie oder Waller.

AAL MIT GEWÜRZREIS

Zutaten für 4 Portionen

2 Tassen Langkornreis
1 EL Butter · 400 g Aal
2 Jungzwiebeln
2 Schalotten
2 Knoblauchzehen
½ Karotte
1 kleines Stück Ingwer
100 g Pilze (z. B. kleine Steinpilze oder braune Champignons)
50 g Sojasprossen (oder Radieschensprossen)
6 EL Erdnussöl
½ TL edelsüßes Paprikapulver
½ TL Currypulver
1 EL Sojasauce
1 Msp. Cayennepfeffer · Salz
abgeriebene Schale von 1 unbehandelten Zitrone

1. Den Reis in der Butter anschwitzen. 4 Tassen Wasser dazugießen und den Reis weich dünsten.
2. Den Aal filetieren, jedoch nicht häuten, und in 2 cm breite Stücke schneiden.
3. Die Jungzwiebeln putzen, waschen und in 3 cm lange Stücke schneiden. Die Schalotten und den Knoblauch schälen und in kleine Würfel schneiden. Die Karotte schälen und in Stifte schneiden. Den Ingwer schälen und fein hacken. Die Pilze putzen, mit Küchenpapier trocken abreiben und dickblättrig schneiden. Die Sprossen waschen und gut abtropfen lassen.
4. Am besten in einer Eisenpfanne 2 EL Erdnussöl erhitzen und den Aal darin unter gelegentlichem Wenden einige Minuten braten.
5. Das Gemüse, den Ingwer, Paprika, Curry, das restliche Erdnussöl, die Sojasauce und Cayennepfeffer untermischen. Die Pilze und Sprossen unterheben. Unter gelegentlichem Wenden noch weitere 3 Minten braten.
6. Den Reis dazugeben und alles weiterbraten, bis der Reis etwas geröstet ist. Mit Salz abschmecken.
7. Die Aalstücke mit dem Gewürzreis auf Tellern anrichten und mit der Zitronenschale bestreut servieren.

Diese Reispfanne kann man noch mit allerlei weiterem Gemüse wie roter und grüner Paprika, Okraschoten oder süßsauer eingelegtem Kürbis bereichern. Statt Aal kann man auch gegarte Muscheln oder gebratenes Hühnerfleisch unter den Reis heben.

AAL MIT RÄUCHERFISCHSAUCE

ZUTATEN FÜR 6 PORTIONEN

30 Käferbohnen
2 Zweige Thymian
2 Aale (à ca. 750 g)
Zitronensaft zum Beträufeln
Salz · Pfeffer aus der Mühle
2 EL Schwarzbrotbrösel
2 Schalotten
250 g Gräten und Häute von Räucherfischen
1 kleines Lorbeerblatt
50 g getrocknete Steinpilze
kalte Butter zum Binden
5–7 EL Olivenöl
2 Scheiben Beinschinken
1 Schuss Essig

1. Die Bohnen über Nacht in kaltem Wasser einweichen. In ein Sieb abgießen, mit dem Thymian in 1 1/2 l Wasser weich kochen. Die Bohnen abgießen.
2. Die Aale filetieren und die Haut in Abständen von 1 cm einschneiden. Jedes Filet in drei Stücke schneiden, mit Zitronensaft beträufeln, mit Salz und Pfeffer würzen. Die hautlose Seite in die Schwarzbrotbrösel drücken.
3. Für die Sauce Schalotten schälen und blättrig schneiden. Die Gräten und Häute der Räucherfische in 1/2 l kaltem Wasser langsam aufkochen, den dabei entstehenden Schaum abschöpfen. Schalotten, Lorbeerblatt und Pilze dazugeben. Den Fond so lange köcheln lassen, bis die Flüssigkeit auf die Hälfte eingekocht ist. Durch ein Sieb gießen und mit Salz und Pfeffer würzen. Mit Butter zu einer sämigen Sauce binden. Den Backofen auf 220 °C vorheizen.
4. In einem ofenfesten Topf 3 EL Olivenöl erhitzen, die Aalfilets mit der Hautseite nach unten hineinlegen und im vorgeheizten Backofen bei etwa 7 Minuten garen.
5. Den Schinken klein schneiden, mit den Bohnen, dem restlichen Olivenöl und dem Essig vermischen. Mit Salz und Pfeffer würzen. Aal mit Sauce und Bohnen anrichten.

WALLER MIT WERMUT

ZUTATEN FÜR 6 PORTIONEN

16 kleine speckige Erdäpfel
1 kleiner Kopf Weißkraut (am besten Spitzkraut)
Butter für den Topf
1 Waller (ca. 2 kg; küchenfertig)
2 Knoblauchzehen
1/2 Chilischote · 20 Rosmarinnadeln
1 TL Salzkapern · 3 Sardellenfilets
6 EL Olivenöl
abgeriebene Schale von 2 unbehandelten Zitronen
Meersalz
1/8 l trockener Wermut
250 g Schlagobers

1. Die Erdäpfel fast weich kochen. Das Kraut halbieren, den Strunk herausschneiden und die äußeren Blätter ablösen. Die restlichen Blätter in Streifen schneiden. Einen großen, ofenfesten Topf mit Butter einfetten, Kraut und Erdäpfel hineingeben. Backofen auf 220 °C vorheizen.
2. Die Haut des Wallers mehrfach kreuzweise einschneiden, den Waller auf das Gemüse setzen.
3. Knoblauch schälen, Chilischote putzen und waschen. Beides mit Rosmarin, Kapern und Sardellen hacken. Mit Olivenöl, Zitronenschale und Meersalz verrühren und den Fisch damit bestreichen. Wermut und Obers dazugießen und im vorgeheizten Ofen etwa 45 Minuten garen.
4. Den Waller filetieren und mit den Erdäpfeln und dem Kraut auf Tellern anrichten. Mit dem Bratsaft beträufeln.

WALLERGRÖSTL MIT KAPERN-OLIVENÖL

Zutaten für 4 Portionen

Für das Kapern-Olivenöl:
60 g schwarze Oliven
1 Knoblauchzehe
30 g Salzkapern
1 TL Rosmarinnadeln
6 EL Olivenöl
Saft von 2 Zitronen

Für das Gröstl:
600 g speckige Erdäpfel
4–5 EL Olivenöl · Salz
4 Knoblauchzehen
400 g Wallerfilet
1 Spritzer Balsamicoessig
Schnittlauch und
Liebstöckel zum Garnieren

1. Für das Kapern-Olivenöl die Oliven entsteinen und den Knoblauch schälen. Beides ebenso wie die Kapern und den Rosmarin fein hacken. Mit dem Olivenöl und dem Zitronensaft vermischen.

2. Erdäpfel kochen, abgießen und etwas abdampfen lassen. Schälen und in etwa $^1/_2$ cm dicke Scheiben schneiden.

3. In einer schweren Pfanne 2 bis 3 EL Olivenöl erhitzen und die Erdäpfel darin unter gelegentlichem Wenden knusprig braten. Die Erdäpfel salzen.

4. Den Knoblauch schälen und in Scheiben schneiden. Das Wallerfilet in 3 cm große Würfel schneiden. Das restliche Olivenöl in einer Pfanne erhitzen, den Knoblauch und die Wallerstücke mit der Hautseite nach unten darin braten. Mit dem Essig würzen.

5. Die Erdäpfel und den Waller auf Tellern anrichten, mit dem Kapern-Olivenöl und dem Essig beträufeln. Mit Schnittlauchröllchen und Liebstöckel bestreut servieren.

STEINBUTT MIT HOLLERBLÜTEN UND SPINAT

Zutaten für 4 Portionen

4 Steinbuttfilets (à 150 g; ohne die braune Haut)
Salz · Pfeffer aus der Mühle
2–3 EL Olivenöl
4 Hollerblüten
200 g Blattspinat
4 EL Butter
je 2 EL Zitronensaft und Hollersirup

1. Den Backofen auf 220 °C vorheizen. Die Steinbuttfilets mit Salz und Pfeffer würzen. Das Olivenöl in einer ofenfesten Pfanne erhitzen und den Steinbutt darin anbraten (falls die weiße Haut noch dran ist, mit der Hautseite nach unten). Die Filets wenden und mit je 1 Hollerblüte belegen. Im vorgeheizten Backofen etwa 7 Minuten garen.
2. Den Spinat verlesen, waschen und abtropfen lassen. In 2 EL zerlassener Butter schwenken (der Spinat sollte dabei nicht völlig zusammenfallen), mit Salz und Pfeffer würzen.
3. Die restliche Butter langsam erhitzen, bis sie braun wird. Mit Zitronensaft und Hollersirup verrühren.
4. Den Spinat auf Teller verteilen, die Steinbuttfilets mit Hollerblüte darauf setzen und mit der Butter beträufeln.

GEDÄMPFTER SEETEUFEL MIT SALAT VON ROTEN RÜBEN

Zutaten für 4 Portionen

Für den Salat:
3 mittelgroße rote Rüben
1 Prise ganzer Kümmel · Salz
Balsam-Apfelessig (oder Balsamicoessig)
1 EL Kristallzucker
3 EL geriebener Kren · 1 EL Honig
abgeriebene Schale von 1 unbehandelten Orange
Pfeilwurzelmehl zum Binden

Für den Fisch:
4 Seeteufelfilets (à 200 g) · Salz
Zitronensaft zum Beträufeln
2 EL Liebstöckel

1. Für den Salat die roten Rüben waschen, mit Kümmel und Salz in Wasser etwa 1 Stunde weich kochen. Rüben aus dem Wasser heben und abkühlen lassen. Die Schale abreiben.
2. Die Rüben in Scheiben schneiden und in eine Schüssel geben. $^{1}/_{8}$ l Rübenkochflüssigkeit mit dem Essig, dem Zucker, dem Kren und dem Honig aufkochen. Orangenschale dazugeben. Etwas Pfeilwurzelmehl mit wenig Wasser anrühren und die Marinade damit binden. Die Marinade über die Rüben gießen.
3. Den Seeteufel salzen und mit Zitronensaft beträufeln. In einem Topf fingerbreit Wasser erhitzen. Das Liebstöckel in einen Dämpfeinsatz legen, darauf den Fisch geben und im heißen Wasserdampf etwa 8 Minuten garen.
4. Den Rübensalat noch lauwarm auf Teller verteilen und den Seeteufel darauf setzen. Nach Belieben mit frisch geriebenem Kren bestreut servieren.

WOLFSBARSCH IM MEERSALZ MIT WARMEM FENCHELSALAT

ZUTATEN FÜR 4 PORTIONEN

Für den Fisch:
1 Wolfsbarsch (ca. 1,4 kg; küchenfertig)
Kräuterblätter (z. B. Zitronenthymian, Minze, Dill) zum Füllen und Umhüllen
Weinblätter (oder Mangoldblätter) zum Füllen und Umhüllen
ca. 4 kg grobes Meersalz
125 g Butter

Für den Salat:
2 Fenchelknollen (mit Grün)
Salz · Pfeffer aus der Mühle
Olivenöl zum Beträufeln

1. Den Backofen auf 220 °C vorheizen. Den Fisch mit Kräuter-, Wein- oder Mangoldblättern und nach Belieben mit Knoblauchschalen füllen.
2. In einen für die Größe des Fisches gut passenden Bräter eine 1 cm dicke Schicht Salz streuen (je größer der Topf, desto mehr Salz wird benötigt).
3. Einen Streifen Blätter auf das Salz legen. Den Fisch auf die Blätter legen, in eine weitere Schicht Blätter einschlagen bzw. mit Blättern bedecken. Mit so viel weiterem Meersalz bedecken, dass der Fisch völlig vom Salz umschlossen ist.
4. Im vorgeheizten Backofen etwa 35 Minuten garen und im Salzmantel noch weitere 10 bis 15 Minuten ruhen lassen (im 60 °C warmen Backofen kann der Fisch nach der regulären Garzeit noch bis zu 1 Stunde ohne Qualitätsverlust warm gehalten werden).
5. Für den Salat das Fenchelgrün abzupfen und klein hacken. Den Fenchel putzen, halbieren und in Salzwasser etwa 25 Minuten weich kochen. Herausheben, klein schneiden und mit Salz und Pfeffer würzen. Auf Salatschälchen verteilen, mit etwas Kochflüssigkeit und Olivenöl beträufeln und mit dem Fenchelgrün bestreuen.
6. Die Butter langsam erhitzen, bis sie braun ist, und in einen zweiten Topf gießen (sonst bräunt die Butter nach und wird zu dunkel).
7. Den Fisch am besten bei Tisch aufklopfen, die Blätterhülle öffnen und die Haut vom Fisch abziehen. Das Fleisch in Stücken von den Gräten heben und auf Teller verteilen. Das Rückgrat aus dem Fisch ziehen und das restliche Fleisch auf die Teller geben. Mit der braunen Butter begießen und den Fenchelsalat dazu servieren.

Nicht nur Fisch: Auf die gleiche Weise kann Kalbsrücken oder Hirschrücken zubereitet werden (Garzeit etwa 35 Minuten pro Kilo plus Ruhezeit).

WOLFSBARSCH MIT BIERRETTICH UND GEWÜRZ-BUTTERSAUCE

Zutaten für 4 Portionen

600 g Bierrettich
2 EL Kristallzucker
4–5 EL Estragonessig
Salz · Pfeffer aus der Mühle
2 Schalotten
½ Karotte
½ Knoblauchzehe
¼ l Weißwein
½ TL Currypulver
1 EL Crème fraîche
kalte Butter zum Binden
Cayennepfeffer
4 Wolfsbarsche
(à 300 g; geschuppt)

Bild links

1. Den Rettich schälen, reiben und in einen kleinen Topf geben. So viel Wasser dazugeben, dass der Rettich bedeckt ist. 1 EL Zucker dazugeben und 5 Minuten köcheln lassen . Mit 1 bis 2 EL Essig, Salz und Pfeffer abschmecken.
2. Schalotten und Karotte schälen und blättrig schneiden. Den Knoblauch schälen und durch die Presse drücken. Alles mit dem restlichen Essig, dem Wein, ¼ l Wasser und dem restlichen Zucker so lange kochen, bis die Flüssigkeit auf die Hälfte eingekocht ist. Den Fond durch ein Sieb gießen, Curry und Crème fraîche untermischen. So viel Butter unterrühren, dass die Sauce schön sämig wird. Mit Salz, Pfeffer und Cayennepfeffer abschmecken.
3. Die Fische auf beiden Seiten einschneiden (schröpfen), salzen und über heißem Wasserdampf 10 Minuten garen.
4. Den Rettich auf Teller verteilen und die Wolfsbarsche darauf setzen. Die Gewürz-Buttersauce dazu reichen.

GEBACKENE SCHOLLE MIT ERDÄPFELN UND KRESSE

Zutaten für 4 Portionen

500 g heurige Erdäpfel
4 Eier
600 g Schollenfilets (ohne Haut)
Salz · Pfeffer aus der Mühle
Zitronen- und Orangensaft zum Beträufeln
Mehl und grob geriebene Weißbrotbrösel zum Panieren
Öl und Butter zum Ausbacken
60 g Brunnenkresse
Kürbiskernöl und Essig (z. B. Sherry- oder Himbeeressig) zum Beträufeln
1 EL gemischte, gehackte Kräuter (z. B. Petersilie und Kerbel)

1. Die Erdäpfel dämpfen oder kochen, etwas abdampfen lassen und schälen.
2. Zwei Eier 7 bis 9 Minuten hart kochen, kalt abschrecken und schälen.
3. Die Schollenfilets mit Salz und Pfeffer würzen und mit den Zitrussäften beträufeln. Die restlichen Eier verquirlen. Die Filets in Mehl, Eiern und Weißbrotbröseln wenden. In halb Öl, halb Butter schwimmend goldbraun ausbacken.
4. Die Kresse waschen, trockenschütteln, salzen und auf Salatschüsseln verteilen. Mit Zitronensaft, Kürbiskernöl und Essig beträufeln und die Eier darüber reiben.
5. Die Erdäpfel mit den Kräutern in etwas Schollenbackfett schwenken, mit Salz und Pfeffer würzen.
6. Die Erdäpfel mit den Schollenfilets anrichten und mit dem Brunnenkressesalat servieren.

SEEZUNGE MIT GRÜNEN BOHNEN, PFIRSICHEN UND SCAMPI

Zutaten für 4 Portionen

Für die Sauce:
1 Knoblauchzehe
6 Korianderkörner
2 EL Zitronensaft
4 EL Erdnussöl
1 EL Sojasauce
1 Prise Kristallzucker

Für den Fisch:
350 g Fisolen
(oder breite Bohnen)
1 junger Kohlrabi
1 reifer, festfleischiger Pfirsich
4 Jungzwiebeln
3 EL Olivenöl
1 TL gehackter Ingwer
abgeriebene Schale von
1 unbehandelten Zitrone
2 EL Sojasauce
2 EL Fischfond (siehe Seite 67;
oder Geflügelfond)
12 Seezungenfilets (insgesamt
ca. 600 g; mit Haut)
Salz · 8 Scampi
Zitronensaft zum Beträufeln

1. Für die Sauce den Knoblauch schälen und in kleine Würfel schneiden. Den Koriander im Mörser zerstoßen. Knoblauch und Koriander mit Zitronensaft, Erdnussöl, Sojasauce und Zucker gut verrühren.
2. Die Fisolen oder Bohnen putzen. Den Kohlrabi schälen und in Spalten schneiden. Fisolen oder Bohnen und Kohlrabi etwa 10 Sekunden in kochendes Wasser geben, in ein Sieb abgießen und sofort eiskalt abschrecken – so behält das Gemüse seine frische Farbe.
3. Den Pfirsich waschen und in Spalten vom Stein schneiden. Die Jungzwiebeln putzen, waschen und in 3 cm lange Stücke schneiden.
4. In einer Pfanne 2 EL Olivenöl erhitzen. Fisolen oder Bohnen, Kohlrabi, Jungzwiebeln, Ingwer und Zitronenschale darin rasch anschwitzen. Mit Sojasauce und Fisch- oder Geflügelfond ablöschen. Die Pfirsichspalten dazugeben und nur noch kurz durchschwenken.
5. Die Seezungenfilets salzen. Etwas Wasser in einem Dämpftopf erhitzen und die Seezungenfilets im heißen Wasserdampf etwa 5 Minuten garen.
6. Die Scampischwänze aus den Schalen lösen (siehe Rezept Seite 62, Step 2), dabei die Schwanzflossen nicht entfernen. Die Scampi in einer Pfanne im restlichen Olivenöl etwa 30 Sekunden braten, mit Salz würzen und mit Zitronensaft beträufeln.
7. Die Seezungenfilets und die Scampi auf dem Bohnengemüse anrichten und mit der Sauce beträufeln.

Falls kein Dämpftopf vorhanden ist, die Seezungenfilets in eine mit Butter gefettete Pfanne legen, 1 kleinen Schuss Wasser dazugeben und den Fisch zugedeckt bei kleiner Hitze gar ziehen lassen.

Kraut und Rüben

FRÜHLINGSRAHMSUPPE MIT RICOTTA-TASCHERLN

Zutaten für 8 Portionen

Für die Rahmsuppe:
2 kleine Stangen Lauch
4 Stangen weißer Spargel
2 junge Karotten
5 Schalotten
5 junge Erdäpfel
1 Knoblauchzehe
50 g junge Erbsen
1–2 EL Butter
½ l Geflügelfond
500 g Schlagobers
300 g gemischte Kräuter
(z. B. Kerbel, Bärlauch, Petersilie, Schnittlauch, junger Spinat, Löwenzahn, Sauerampfer, Spitzwegerich, Rucola, Schafgarbe)
Kartoffelstärke zum Binden
Salz · Pfeffer aus der Mühle
1 Prise geriebene Muskatnuss
abgeriebene Schale von 1 unbehandelten Zitrone

Für die Tascherln:
1 Hand voll gemischte Kräuter
(z. B. Bärlauch, Rucola, Petersilie)
150 g Ricotta
1 TL Sauerrahm
1 TL Schwarzbrotbrösel
Salz · Pfeffer aus der Mühle
200 g Nudelteig
(siehe Rezept Seite 130)

1. Den Lauch putzen, waschen und klein schneiden. Den Spargel, die Karotten, die Schalotten, die Erdäpfel und den Knoblauch schälen und in kleine Stücke schneiden. Die Erbsen palen. Die Butter in einem großen Topf erhitzen und das Gemüse darin anschwitzen. Den Geflügelfond, das Schlagobers und etwa 1 l Wasser dazugießen und etwa 15 Minuten köcheln lassen.
2. Die Kräuter waschen, trockenschütteln, grob schneiden und mit den Stielen in die Suppe geben. 1 Minute ziehen lassen, die Suppe mit dem Stabmixer pürieren und durch ein Sieb streichen. Etwas Kartoffelstärke mit wenig Wasser anrühren und die Suppe damit binden. Mit Salz, Pfeffer, Muskatnuss und Zitronenschale würzen.
3. Für die Tascherln die Kräuter waschen und trockenschütteln, die Blätter abzupfen und fein hacken. Den Ricotta mit Sauerrahm, Schwarzbrotbröseln und Kräutern verrühren und mit Salz und Pfeffer abschmecken.
4. Den Nudelteig dünn ausrollen und in größere Quadrate schneiden. Auf jedes Quadrat 1 EL Fülle setzen, die Quadrate zu Dreiecken falten und die Ränder fest andrücken. Die Ricotta-Tascherln in leicht siedendem Salzwasser etwa 2 Minuten garen.
5. Die Frühlingsrahmsuppe mit den Ricotta-Tascherln in Tellern anrichten und nach Belieben mit Kräutern garnieren.

Eine Variante für heiße Sommertage: Ricotta-Tascherln in kalter Melonensuppe. Für die Suppe 1 kg Wassermelonenfleisch in Stücke schneiden, dabei die Kerne entfernen. Mit je ½ l Orangensaft und Mineralwasser, 4 Spritzern Tabasco, 4 EL Minzeblättern und 1 Schuss Zitronen-Olivenöl mit dem Stabmixer pürieren. Durch ein grobes Sieb streichen und kühl stellen. Die gegarten Ricotta-Tascherln mit weißem Balsamicoessig beträufeln und in der Suppe servieren.

KALTE KOHLRABISUPPE

ZUTATEN FÜR 6–8 PORTIONEN

2 Kohlrabi
2 Schalotten · 2 Eier
250 g Crème fraîche
250 g Sauerrahm
Salz · Pfeffer aus der Mühle
Zitronensaft

1. Die Kohlrabi schälen und klein schneiden. Die Schalotten schälen und blättrig schneiden. Das Gemüse in etwa 1 l Wasser weich kochen und in der Kochflüssigkeit abkühlen lassen.

2. Die Eier, die Crème fraîche und den Sauerrahm dazugeben. Die Suppe mit dem Stabmixer pürieren und durch ein feines Sieb streichen.

3. Die Suppe mit Salz und Pfeffer sowie etwas Zitronensaft würzen und nach Belieben mit gehacktem Kerbel bestreut servieren.

SCHNITTLAUCH-BUTTERMILCH-SUPPE

ZUTATEN FÜR 6–8 PORTIONEN

2 Salatgurken
500 g Buttermilch
2 TL Krenpaste (oder Wasabi)
5 EL Schnittlauchröllchen
1 Spritzer weißer Balsamicoessig
1 EL gehackter Majoran
Salz · 1 Schuss Prosecco
1 Honigmelone
12 Kugeln Baby-Mozzarella (oder 150 g Kuhmilch-Frischkäsekugeln)

1. Die Gurken schälen, längs halbieren und die Kerne mit einem Teelöffel entfernen. Die Gurken in Stücke schneiden und mit der Buttermilch, $^{1}/_{4}$ l Wasser, der Krenpaste, den Schnittlauchröllchen, dem Essig und dem Majoran mit dem Stabmixer pürieren.

2. Die Suppe durch ein Sieb streichen, mit Salz abschmecken und mit dem Prosecco aromatisieren. Die Suppe kühl stellen.

3. Die Melone halbieren und die Kerne mit einem Esslöffel entfernen. Das Melonenfruchtfleisch kugelförmig ausstechen oder die Melone schälen und in kleine Würfel schneiden. Den Mozzarella abtropfen lassen. Die Melonenkugeln bzw. -würfel und den Käse auf Teller verteilen und die Suppe darüber geben.

Variation de luxe: Statt Mozzarella oder Frischkäse Flusskrebsschwänze als Einlage in die Suppe geben.

STEINPILZ-ERDÄPFEL-SUPPE

ZUTATEN FÜR 4 PORTIONEN
6 mehlig kochende Erdäpfel
Salz · 500 g Steinpilze
2 Knoblauchzehen
1 EL Olivenöl
1 l Gemüsefond
Pfeilwurzelmehl zum Binden
weißer Balsamicoessig
weißer Pfeffer aus der Mühle
4 EL gemischte, gehackte Kräuter
(z. B. Liebstöckel, Majoran,
Schnittlauch)

1. Die Erdäpfel schälen, vierteln und in Salzwasser weich kochen. Die Pilze putzen, mit Küchenpapier trocken abreiben und blättrig schneiden.
2. Den Knoblauch schälen und in kleine Würfel schneiden. Das Olivenöl erhitzen, den Knoblauch darin anschwitzen. Den Gemüsefond dazugießen, die Pilze dazugeben und etwa 3 Minuten darin köcheln lassen. Etwas Pfeilwurzelmehl mit wenig Wasser anrühren und die Suppe damit binden. Mit Salz, Essig und Pfeffer würzen.
3. Die Erdäpfel abgießen und durch die Presse direkt in die Teller drücken und mit je 1 EL Kräuter bestreuen. Die heiße Suppe darüber geben.

So wird daraus eine Steinpilz-Polenta-Suppe: Statt Erdäpfel je 1 geh. EL cremig gekochte Polenta in der Suppe servieren.

GRIESSSUPPE MIT KÜRBISKERNÖL UND STEINPILZEN

ZUTATEN FÜR 4 PORTIONEN
50 g Speck
3 Schalotten
1 Knoblauchzehe
3 EL Butter
50 g Weizengrieß
1½ l Geflügelfond
1 Prise geriebene Muskatnuss
ganzer Kümmel · Salz
Pfeffer aus der Mühle
250 g kleine Steinpilze
Kürbiskernöl

1. Den Speck in kleine Würfel schneiden. Die Schalotten und den Knoblauch schälen und in sehr kleine Würfel schneiden.
2. In einem Topf 2 EL Butter erhitzen. Den Grieß, den Speck, die Schalotten und den Knoblauch darin anschwitzen. Den Geflügelfond dazugießen und etwa 15 Minuten köcheln lassen. Die Suppe mit Muskatnuss, wenig Kümmel, Salz und Pfeffer würzen.
3. Die Pilze putzen, mit Küchenpapier trocken abreiben und in 2 mm dicke Scheiben schneiden. 1 EL Butter in einer Pfanne erhitzen und die Pilze darin braten.
4. Die Suppe mit den Pilzen anrichten und mit Kürbiskernöl beträufeln.

PETERSILIENRAHMSUPPE

Zutaten für 6 Portionen

2 Petersilienwurzeln
3 Schalotten
1 EL Butter
250 g Crème fraîche
250 g Schlagobers
½ l Geflügelfond
1 Eidotter
Zitronensaft
Salz · Pfeffer aus der Mühle
1 EL gehackte Petersilie

1. Die Petersilienwurzeln und die Schalotten schälen und in Scheiben bzw. in kleine Würfel schneiden. Die Butter erhitzen, die Petersilienwurzeln und die Schalotten darin anschwitzen.

2. Die Crème fraîche, 180 g Schlagobers, den Geflügelfond und $1/4$ l Wasser dazugeben und etwa 15 Minuten köcheln lassen.

3. Die Suppe mit dem Stabmixer pürieren und durch ein Sieb streichen. Das restliche Schlagobers steif schlagen und den Eidotter untermischen. Die Suppe mit der Obers-Eidotter-Mischung legieren.

4. Die Suppe mit Zitronensaft, Salz und Pfeffer würzen, auf Teller oder Schalen verteilen und mit Petersilie bestreut servieren.

Sie können die Petersilienrahmsuppe mit Ricotta-Tascherln (siehe Rezept Seite 92), aber auch mit gesottener Kalbszunge (siehe Rezept Seite 140) servieren.

SAUERAMPFERSUPPE

Zutaten für 8 Portionen

6 Schalotten
1 Knoblauchzehe
2 EL Butter
1 l Geflügelfond
250 g Crème fraîche
500 g Sauerrahm
120 g Sauerampfer
Salz · Pfeffer aus der Mühle
Saft von 1 Zitrone

1. Die Schalotten und den Knoblauch schälen und in kleine Würfel schneiden. Die Butter erhitzen, Schalotten und Knoblauch darin goldgelb anschwitzen. Den Geflügelfond und $1/4$ l Wasser dazugießen. Die Crème fraîche und den Sauerrahm unterrühren und die Suppe knapp unter dem Siedepunkt etwa 15 Minuten köcheln lassen.

2. Den Sauerampfer waschen und trockenschütteln. Die Hälfte des Sauerampfers in die nicht mehr kochende Suppe geben. Nach Belieben etwas kalte Butter unter die Suppe rühren. Die Suppe mit dem Stabmixer pürieren und durch ein Sieb streichen.

3. Nach Belieben etwas Maisstärke mit wenig Wasser anrühren und die Suppe damit binden. Die Suppe mit Salz, Pfeffer und Zitronensaft würzen, nochmals aufkochen und schaumig aufmixen. Auf Teller verteilen und den restlichen Sauerampfer grob geschnitten oder gerupft darüber geben.

SCHWARZWURZELSUPPE MIT SAFRAN

ZUTATEN FÜR 6 PORTIONEN

150 g Schwarzwurzeln
2 Schalotten
½ geschälte Knoblauchzehe
2 EL Butter
400 ml Gemüsefond
250 g Schlagobers
1 EL Crème fraîche
1 TL Safranfäden
Salz · Cayennepfeffer

1. Die Schwarzwurzeln waschen, schälen und blättrig schneiden. Die Schalotten schälen und mit dem Knoblauch ebenfalls blättrig schneiden.
2. Die Butter erhitzen, Schalotten und Knoblauch darin anschwitzen. Den Gemüsefond und 200 ml Wasser dazugießen. Schlagobers und Crème fraîche unterrühren.
3. Die Suppe 15 Minuten köcheln lassen. Mit dem Stabmixer pürieren und durch ein Sieb streichen. Den Safran unterrühren, mit Salz und Cayennepfeffer abschmecken. Die Suppe noch etwa 10 Minuten ziehen lassen.

Sie können diese Suppe auch auf Basis einer Rindssuppe zubereiten: Dafür 500 g Rinderwade in 4 l Wasser mit 1 Lorbeerblatt, 1 TL schwarzen Pfefferkörnern sowie 2 Karotten, ¼ Sellerieknolle und 2 Petersilienwurzeln 3 bis 4 Stunden bei kleiner Hitze köcheln lassen. Statt dem Gemüsefond diese Rindssuppe verwenden und das geschnittene Rinderwadenfleisch in der Suppe anrichten.

MARONIRAHMSUPPE

ZUTATEN FÜR 4 PORTIONEN

10 Maroni
2 Schalotten
ca. 60 g Butter
1 Zweig Rosmarin
125 g Schlagobers
½ l Geflügelfond
Salz · Pfeffer aus der Mühle

1. Den Backofen auf 220 °C vorheizen. Die Maroni einschneiden und im Backofen 10 bis 20 Minuten garen, bis sich die Schalen lösen lassen.
2. Die Maroni und die Schalotten schälen, die Schalotten in kleine Würfel schneiden. 1 EL Butter erhitzen, die Maroni, die Schalotten und den Rosmarin darin leicht rösten. Schlagobers, Geflügelfond und ⅛ l Wasser dazugießen und etwa 20 Minuten köcheln lassen.
3. Den Rosmarin aus der Suppe entfernen. Die Suppe mit dem Stabmixer pürieren, dabei die restliche Butter untermixen. Die Suppe durch ein Sieb streichen und mit Salz und Pfeffer würzen. Nach Belieben etwas Maisstärke mit wenig Wasser anrühren und die Suppe damit binden. Nach Belieben mit Streifen von gebratener Fasanen-, Gänse-, Enten- oder Hühnerbrust als Einlage anrichten.

KARFIOL MIT OLIVEN, KAPERN UND EI

Zutaten für 4 Portionen

2 Karfiol · Salz
2 Eier · 2 EL Butter
100 g Semmelbrösel
50 g Essigkapern
100 g schwarze Oliven (ohne Stein)
2 EL gehackte Petersilie

1. Den Karfiol putzen, waschen und in Röschen teilen. Den Strunk in Stücke schneiden. Wasser zum Kochen bringen, salzen und die Karfiolstücke darin weich kochen.
2. Die Eier je nach Größe 7 bis 9 Minuten hart kochen, kalt abschrecken, schälen und grob hacken.
3. In einem kleinen Topf oder Butterpfännchen die Butter bis zum Aufschäumen erhitzen und die Semmelbrösel darin rösten.
4. Die Kapern und die Oliven klein hacken. Beides mit der Petersilie, den Bröseln und den Eiern vermischen.
5. Den Karfiol in ein Sieb abgießen, abtropfen lassen und auf Teller verteilen. Mit den Bröseln bestreuen und nach Belieben mit Oliven- oder Kürbiskernöl beträufeln.

GEFÜLLTE ZUCCHINIBLÜTEN

Zutaten für 4 Portionen

2 kleine Zucchini
1 rote Paprikaschote
3 Champignons
6 Schalotten · 3–4 EL Olivenöl
1 EL gehackte Petersilie
½ TL Sardellenpaste
80 g Topfen (20 % Fettgehalt)
1 Eiklar · 1 EL Semmelbrösel
Salz · Pfeffer aus der Mühle
8 Zucchiniblüten (mit ca. 4 cm langem Stiel)
150 g Steinpilze (oder Eierschwammerln)
2 Knoblauchzehen
2 Zweige Thymian

Bild rechts

1. Zucchini, Paprika, Champignons und 2 Schalotten putzen bzw. schälen und klein schneiden. In 2 EL Olivenöl etwa 10 Minuten dünsten, bis die Flüssigkeit verdampft ist. Das Gemüse abkühlen lassen und pürieren. Den Backofen auf 200 °C vorheizen.
2. Das Gemüse mit Petersilie, Sardellenpaste, Topfen, Eiklar und Semmelbröseln vermischen. Die Masse mit Salz und Pfeffer abschmecken und in einen Spritzbeutel geben. Die Zucchiniblüten vorsichtig waschen und trockentupfen, den Stempel entfernen. Die Masse in die Blüten füllen.
3. Die Pilze putzen und dickblättrig schneiden. Die restlichen Schalotten und den Knoblauch schälen. Das restliche Olivenöl in einem Schmortopf erhitzen und Pilze, Schalotten und Knoblauch darin kurz anschwitzen. Die Zucchiniblüten dazugeben, mit Thymian belegen und im vorgeheizten Backofen etwa 15 Minuten garen.
4. Die Zucchiniblüten mit den Pilzen, den Schalotten und dem Knoblauch auf Tellern anrichten. Nach Belieben mit Paradeiserkompott (siehe Rezept Seite 112) garnieren und mit grob geriebenem Parmesan bestreuen.

AUBERGINENBLÄTTER MIT GEMÜSE-SARDELLEN-PASTE

ZUTATEN FÜR 4 PORTIONEN

Für die Auberginenblätter:
2 große Auberginen
3 Fleischparadeiser
100 g schwarze Oliven
1 Zwiebel
3 Knoblauchzehen
2–3 EL Olivenöl
2–3 EL gemischte, gehackte Kräuter (z. B. Thymian, Oregano, Basilikum)
1 Msp. Zimtpulver
1 Prise Rohzucker
2–3 Spritzer Tabasco
5 Sardellenfilets
Olivenöl für das Blech und zum Beträufeln
grobes Meersalz zum Bestreuen
Balsamicoessig

Für die Honigbutter:
2 EL Butter
1 EL Wiesenhonig

1. Für die Auberginenblätter die Auberginen putzen und waschen. Eine Aubergine in Würfel schneiden. Die Paradeiser kreuzweise einritzen, überbrühen, häuten, entkernen und das Fruchtfleisch in Stücke schneiden. Die Oliven entsteinen und in Stücke schneiden. Zwiebel und Knoblauch schälen und in kleine Würfel schneiden.
2. Das Olivenöl in einem Topf erhitzen. Auberginenwürfel, Paradeiser, Oliven, Zwiebel- und Knoblauchwürfel darin anschwitzen. Die Kräuter dazugeben, mit Zimt, Zucker und Tabasco würzen. Das Gemüse zudecken und bei kleiner Hitze weich köcheln. Den Backofen auf 200 °C vorheizen.
3. Inzwischen die zweite Aubergine längs in 16 sehr dünne Blätter schneiden (das gelingt am besten mithilfe der Aufschnittmaschine). Die Blätter einzeln in einer beschichteten Pfanne ohne Fett auf beiden Seiten braten.
4. Wenn das Gemüse weich ist, die Sardellen dazugeben und alles mit dem Stabmixer pürieren.
5. Die Hälfte der Auberginenblätter auf ein mit Olivenöl bestrichenes Backblech legen, mit dem Püree bestreichen und mit den restlichen Auberginenblättern abdecken. Mit Olivenöl beträufeln, mit Meersalz bestreuen und im vorgeheizten Backofen 8 bis 10 Minuten garen.
6. Für die Honigbutter die Butter und den Honig in einen kleinen Topf geben und erhitzen.
7. Die Auberginenblätter auf Tellern anrichten, mit der Honigbutter und dem Essig beträufeln und nach Belieben mit Kresse bestreuen.

Die Auberginenblätter lassen sich auch gut mit leicht gewärmten Mozzarellascheiben aus Büffelmilch (mit Olivenöl beträufelt und mit Meersalz bestreut) kombinieren und schmecken zudem zu gebratenem Zander- oder Wallerfilet.

ARTISCHOCKEN
MIT BOHNENCREME UND MANDELPÜREE

ZUTATEN FÜR 4 PORTIONEN

Für die Creme:
150 g getrocknete weiße Bohnen
Milch
schwarze Pfefferkörner
1 Zweig Rosmarin
1 Schuss Amaretto (ital. Mandellikör)
60 ml Kokosmilch
Salz · Tabasco

Für die Artischocken:
8 große Artischocken
Salz · ca. 3 EL Walnussöl
Tabasco · Zitronensaft
2 EL Salzmandeln
2 EL gehackter Kerbel

1. Für die Creme die Bohnen gut mit kaltem Wasser bedecken und am besten über Nacht einweichen.
2. Das Bohnenwasser abgießen und die Bohnen in einen Topf geben. Zu gleichen Teilen so viel frisches Wasser und Milch dazugeben, dass die Bohnen bedeckt sind. Einige Pfefferkörner und den Rosmarin hinzufügen und alles köcheln lassen, bis die Bohnen weich sind. Achtung: Kein Salz dazugeben, die Bohnen würden leichter aufplatzen.
3. Die Bohnen in ein Sieb abgießen, dabei die Kochflüssigkeit auffangen. Den Rosmarin entfernen. Die Bohnen mit 1 bis 2 Schuss Kochflüssigkeit, dem Amaretto, der Kokosmilch und Salz mischen und mit dem Stabmixer pürieren. Dabei so viel Bohnenkochflüssigkeit dazugeben, dass es eine weiche und flaumige Creme ergibt. Die Bohnencreme mit Salz und Tabasco abschmecken.
4. Die Stiele der Artischocken abbrechen. Wasser zum Kochen bringen, salzen und die Artischocken so lange im Salzwasser garen, bis sich die Böden mit einer Nadel leicht einstechen lassen.
5. Die Artischocken herausnehmen, kalt abschrecken und abtropfen lassen. Die Blätter abzupfen und mit einem Löffel das »Heu« von den Artischockenböden kratzen. Das Artischockenmark aus den Blättern kratzen und mit dem Walnussöl cremig rühren. Mit Salz, Tabasco und Zitronensaft abschmecken.
6. Die Mandeln in einer beschichteten Pfanne ohne Fett kurz rösten, etwas abkühlen lassen und klein hacken. Mit dem Kerbel und der Artischockencreme verrühren.
7. Die Bohnencreme mit den Artischockenböden auf Teller verteilen und das Mandelpüree darauf anrichten.

Bohnencreme und Mandelpüree eignen sich auch bestens als Dips für Selleriestangen oder Kartoffelchips.

FENCHELFLAN MIT FENCHELSALAT

Zutaten für 4 Portionen

Für den Flan:
800 g Fenchel (mit Grün)
Salz · 5 Eier
250 g Schlagobers
250 g Qimiq
1 EL Pernod (frz. Anislikör)
Cayennepfeffer
Butter und Semmelbrösel
für die Förmchen

Für den Salat:
1 große Fenchelknolle
100 g Rucola
1 Schuss Olivenöl
Saft von 1 Zitrone
Salz · Pfeffer aus der Mühle
40 g getrocknete Tomaten (in Öl; in Streifen geschnitten)

1. Vom Fenchel das Grün abzupfen. Den Fenchel putzen, waschen und längs halbieren. In Salzwasser 25 Minuten weich kochen und in kaltem Wasser abkühlen lassen.

2. Den Backofen auf 180 °C vorheizen. Den Fenchel ausdrücken und davon 500 g abwiegen. Mit Eiern, Schlagobers, Qimiq, Pernod, Salz und Cayennepfeffer pürieren.

3. Vier Souffléförmchen mit Butter einfetten, mit Semmelbröseln ausstreuen und die Fenchelmasse hineingeben. In eine große Auflaufform oder ein tiefes Backblech zwei Finger breit kochend heißes Wasser geben, die Förmchen hineinstellen und im vorgeheizten Backofen etwa 30 Minuten garen, bis die Masse angezogen hat.

4. Für den Salat den Fenchel putzen, waschen und sehr fein hobeln. Den Rucola verlesen, waschen und trockenschleudern. Beides mit Olivenöl, Zitronensaft, Salz und Pfeffer vermischen. Die getrockneten Tomaten unterheben.

5. Den Flan auf Teller stürzen. Mit Salat und Fenchelgrün garnieren, nach Belieben mit Parmesanspänen bestreuen.

SPARGELPUDDING MIT PARMESANSAUCE

ZUTATEN FÜR 4 PORTIONEN

Für den Spargelpudding:
300 g weißer Spargel
1 Schalotte
250 g Schlagobers · Salz
50 g Butter · 40 g Mehl
100 ml Milch
20 g geriebener Parmesan
1 Ei · 6 Eidotter
Butter und Semmelbrösel
für die Förmchen
Basilikumblätter

Für die Sauce:
1/8 l Milch · 125 g Schlagobers
4 EL geriebener Parmesan
2 EL Schotten
(oder Magertopfen)
1/2 Knoblauchzehe
Salz · Pfeffer aus der Mühle
1 Msp. Kümmelpulver

BILD LINKS

1. Den Spargel schälen und die holzigen Enden entfernen. Den Spargel (etwa 200 g) blättrig schneiden. Die Schalotte schälen und in kleine Würfel schneiden.

2. Das Schlagobers in einem Topf erhitzen und salzen. Spargel und Schalotte darin köcheln lassen, bis die Flüssigkeit auf etwa die Hälfte eingekocht ist. Alles mit dem Stabmixer fein pürieren.

3. Die Butter erhitzen, das Mehl unterrühren und hell einbrennen. Unter ständigem Rühren die Milch dazugießen. Den Parmesan untermischen und alles unter Rühren zu einer sämigen Masse kochen. Die Masse abkühlen lassen.

4. Das Ei und die Eidotter mit dem Schneebesen unter die Masse rühren und die Béchamelsauce mit dem Spargelpüree vermischen.

5. Acht Souffléförmchen mit Butter einfetten und mit Semmelbröseln ausstreuen. Die Förmchenböden mit Basilikumblättern auslegen. Das Spargelpüree hineingeben, die Förmchen in den Dämpfeinsatz eines Dämpftopfs stellen und den Pudding 15 bis 20 Minuten dämpfen (oder im Wasserbad im vorgeheizten Backofen bei 180 °C garen).

6. Für die Sauce Milch und Schlagobers aufkochen, Parmesan und Schotten oder Topfen mit dem Schneebesen unterrühren. Den Knoblauch schälen und dazupressen. Die Sauce mit Salz, Pfeffer und Kümmel würzen und mit dem Stabmixer sämig aufmixen.

7. Den Spargelpudding auf Teller stürzen und mit der Sauce anrichten.

Wird der Pudding als Hauptgericht serviert, können Sie zusätzlich noch gekochten Spargel dazu reichen. Das Kochwasser leicht mit Salz und Zucker würzen, das unterstützt das milde Aroma des Spargels. Sehr fein schmeckt der Pudding auch mit einer mediterran angehauchten Sauce: Dafür 1/8 l Olivenöl mit 1 durchgepressten Knoblauchzehe, 3 klein geschnittenen Sardellenfilets, 1/2 TL gehacktem Rosmarin, 2 EL Zitronensaft, 1 EL gehackten Salzkapern und einem hart gekochten, geriebenen Ei verrühren.

SPINATMUS MIT SPARGEL

ZUTATEN FÜR 4 PORTIONEN

Für das Spinatmus:
250 g Blattspinat · Salz
1/8 l Geflügelfond
2 Blatt Gelatine
250 g Schlagobers
1/2 EL Sauerrahm
Pfeffer aus der Mühle
1 EL gehackte Kräuter
(z. B. Petersilie oder Kerbel)

Für den Spargel:
8 daumendicke Stangen
weißer Spargel
Salz · 1 TL Kristallzucker

Für die Sauce:
Maisstärke zum Binden
6 EL Erdnussöl
1 EL Butter · 1 Ei
Salz · Pfeffer aus der Mühle

1. Den Spinat verlesen und gründlich waschen. Wasser zum Kochen bringen, salzen und den Spinat darin kurz blanchieren. Abgießen, kalt abschrecken und gut ausdrücken. 8 schöne Spinatblätter für das Auslegen der Förmchen beiseite legen, den restlichen Spinat mit 60 ml Kochflüssigkeit und der Hälfte des Geflügelfonds pürieren.
2. Die Gelatine in kaltem Wasser einweichen. Den restlichen Geflügelfond leicht erwärmen, die Gelatine ausdrücken und im Geflügelfond auflösen.
3. Das Schlagobers cremig schlagen. Mit dem Sauerrahm, Salz, Pfeffer, den Kräutern, der aufgelösten Gelatine und dem Spinatpüree vermischen.
4. Acht Souffléförmchen mit den beiseite gelegten Spinatblättern auslegen und das Spinatmus hineingeben. Das Mus etwa 3 Stunden kühl stellen.
5. Den Spargel schälen und die holzigen Enden entfernen. Schalen und Spargelenden beiseite legen. Wasser zum Kochen bringen, etwas Salz und Zucker dazugeben und den Spargel darin bissfest kochen. Mit dem Schaumlöffel herausheben und kalt abschrecken.
6. Für die Sauce die Schalen und die Spargelenden in das Spargelkochwasser legen und zugedeckt bei kleiner Hitze 15 Minuten ziehen lassen. Die Flüssigkeit durch ein Sieb abgießen, 1/4 l davon abmessen und nochmals aufkochen. Etwas Maisstärke mit wenig Wasser anrühren und die Flüssigkeit damit binden. Mit Erdnussöl, Butter und Ei aufmixen. Die Sauce mit Salz und Pfeffer abschmecken.
7. Das Spinatmus auf Teller stürzen, mit dem Spargel und der Sauce anrichten. Nach Belieben mit frischen Kräutern bestreuen.

Außerhalb der Spargelsaison lässt sich dieses Spinatmus auch mit Karfiol oder Schwarzwurzeln vorzüglich kombinieren. Karfiol oder Schwarzwurzeln in Salzwasser weich kochen und kalt abschrecken. Mit Erdnussöl und Limettensaft marinieren.

SPARGEL-MORCHEL-GEMÜSE MIT HEURIGEN ERDÄPFELN

Zutaten für 4 Portionen

300 g kleine heurige Erdäpfel
Salz · 1 kg dicker weißer Spargel
Kristallzucker
4 EL Butter
300 g Morcheln
2 Schalotten
125 g Schlagobers
6 cl Cognac
kalte Butter zum Binden
50 g kleine Brennnesselblätter
2 EL Erdnussöl

1. Die Erdäpfel gründlich waschen. Wasser zum Kochen bringen und die Erdäpfel darin weich kochen.
2. Den Spargel schälen und die holzigen Enden entfernen. Wasser zum Kochen bringen, etwas Salz, Zucker und 1 EL Butter dazugeben und den Spargel darin bissfest kochen. Mit dem Schaumlöffel herausheben und kalt abschrecken.
3. Die Morcheln gründlich waschen und die Stiele abschneiden. Die Schalotten schälen und blättrig schneiden. Morchelstiele und Schalotten mit 1/8 l Wasser, Schlagobers, Cognac und nach Belieben 1 Stück Schinkenschwarte so lange zugedeckt bei kleiner Hitze köcheln lassen, bis die Flüssigkeit eingekocht ist.
4. Die Flüssigkeit durch ein Sieb gießen und so viel kalte Butter unterrühren, dass es eine sämige Sauce ergibt. Nach Belieben etwas Maisstärke mit wenig Wasser anrühren und die Sauce damit binden.
5. Die Brennnesselblätter waschen und trockenschütteln. 2 EL Butter langsam erhitzen, bis die Butter leicht braun ist, und die Brennnesseln darin kurz schwenken.
6. Für die Morcheln die restliche Butter und das Erdnussöl in einer Pfanne erhitzen und die Morcheln darin zugedeckt braten.
7. Spargel und Morcheln auf tiefe Teller verteilen und mit der Sauce überziehen. Die Brennnesseln darauf anrichten, die Erdäpfel dazu servieren.

Als Beilage zu dem Spargel-Morchel-Gemüse passt auch Erdäpfelpüree, das man noch mit Kresse oder in Streifen geschnittenem Sauerampfer bestreuen kann.

EIERSCHWAMMERLN MIT BUTTERNOCKERLN

ZUTATEN FÜR 4 PORTIONEN

Für die Schwammerln:
1 kg Eierschwammerln
4 Schalotten
(oder 1 kleine Zwiebel)
1 Knoblauchzehe
1 EL Butter
Salz · Pfeffer aus der Mühle
200 g Crème fraîche
Maisstärke zum Binden
2 EL gemischte, gehackte Kräuter
(z. B. Liebstöckel,
Petersilie, Fenchelkraut)
1 Prise Kümmelpulver

Für die Nockerln:
4 Eier
100 g weiche Butter
Salz · 200 g Mehl

BILD RECHTS

1. Die Schwammerln putzen und mit Küchenpapier trocken abreiben. Schalotten und Knoblauch schälen, in kleine Würfel schneiden und in der Butter anschwitzen. Die Schwammerln dazugeben, mit Salz und Pfeffer würzen und zugedeckt etwa 5 Minuten dünsten.

2. Die Crème fraîche unterrühren. Etwas Maisstärke mit wenig Wasser anrühren und die Sauce damit binden. Die Kräuter dazugeben und die Sauce mit Kümmel würzen.

3. Für die Nockerln die Eier trennen. Die Butter mit den Eidottern und Salz verrühren und das Mehl untermischen. Das Eiklar mit 1 Prise Salz zu Eischnee schlagen und unter die Dottermasse heben.

4. Wasser zum Kochen bringen. Von der Masse 1 EL abstechen und mithilfe des Löffels in der hohlen Hand zu einem Nockerl formen. Auf diese Weise 15 weitere Nockerln formen, dabei den Löffel vor dem Ausstechen des jeweils nächsten Nockerls in kaltes Wasser tauchen.

5. Die Nockerln zugedeckt in leicht siedendem Wasser etwa 10 Minuten gar ziehen lassen. 1 Hand voll Eiswürfel in den Topf geben, vom Herd nehmen und die Nockerln zugedeckt noch ein paar Minuten ziehen lassen. Mit den Eierschwammerln servieren.

GEBACKENE PARASOLE MIT PILZSAUCE

ZUTATEN FÜR 4 PORTIONEN

Für die Parasole:
500 g Parasole · 2 Eier
Mehl und Semmelbrösel
zum Panieren
Öl zum Ausbacken
Salz · Pfeffer aus der Mühle

Für die Sauce:
200 g Parasole · 4 Schalotten
2 Knoblauchzehen · 1 EL Öl
250 g Sauerrahm
1 TL Kristallzucker · 1 EL Sherryessig
Salz · Cayennepfeffer

1. Die Pilze putzen und die Stiele abschneiden. Die Eier in einem tiefen Teller verquirlen. Die Pilzköpfe nacheinander in Mehl, Eiern und Semmelbröseln wenden und im Öl goldbraun ausbacken.

2. Für die Sauce die Pilze putzen und in sehr kleine Würfel schneiden. Schalotten und Knoblauch schälen und ebenfalls in sehr kleine Würfel schneiden. Pilze, Schalotten und Knoblauch im Öl kurz anbraten und mit Sauerrahm, Zucker und Essig mit dem Stabmixer pürieren. Die Sauce mit Salz, Cayennepfeffer und nach Belieben mit 1 Spritzer Tabasco würzen.

3. Die gebackenen Parasole mit Salz und Pfeffer würzen und mit der kalten Pilzsauce servieren.

STEINPILZE AUF DREI ARTEN

Zutaten für 4 Portionen

Für gebackene Pilze:
ca. 700 g Steinpilze · 1 Ei
Mehl und Semmelbrösel
zum Panieren
Butterschmalz zum Ausbacken
½ Bund Petersilie
Salz · 1–2 TL Zitronensaft

1. Für gebackene Pilze die Steinpilze putzen, mit Küchenpapier trocken abreiben und in dicke Scheiben schneiden. Das Ei in einem tiefen Teller verquirlen. Mehl und Semmelbrösel ebenfalls in zwei tiefe Teller geben. Die Pilzscheiben nacheinander im Mehl, im verquirlten Ei und in den Bröseln wenden. In Butterschmalz goldbraun ausbacken.
2. Die Petersilie waschen und trockenschütteln, die Blätter abzupfen und im Butterschmalz frittieren.
3. Die Pilze vor dem Servieren salzen, mit Zitronensaft beträufeln und mit der frittierten Petersilie garnieren.

Für Rahmpilze:
ca. 700 g Steinpilze · 2 EL Butter
Salz · Pfeffer aus der Mühle
Milch · Schlagobers
2 EL gemischte, gehackte Kräuter
(z. B. Kerbel, Liebstöckel,
Schnittlauch, Selleriegrün)

1. Für Rahmpilze die Steinpilze putzen, mit Küchenpapier trocken abreiben und blättrig schneiden. In Butter kurz anbraten, mit Salz und Pfeffer würzen.
2. Zu gleichen Teilen so viel Milch und Schlagobers dazugeben, dass die Pilze bedeckt sind. Etwa 2 Minuten sämig einköcheln lassen. Die Kräuter unter die Rahmpilze mischen.

Für gebratene Pilze:
ca. 700 g Steinpilze
2–3 EL Olivenöl
1 Schalotte · 1 Zweig Rosmarin
Salz · Pfeffer aus der Mühle

1. Für gebratene Pilze die Steinpilze putzen, mit Küchenpapier trocken abreiben und blättrig schneiden. In einer großen Pfanne im Olivenöl rasch braten.
2. Die Schalotte schälen und in kleine Würfel schneiden. Die Rosmarinnadeln abzupfen und fein hacken. Beides unter die Pilze mischen, kurz braten und mit Salz und Pfeffer würzen.

Die Steinpilze eignen sich auch bestens zum Einlegen in Essigsud: Dafür die Pilze dickblättrig oder in Würfel schneiden und in Salzwasser 2 Minuten köcheln lassen, den dabei entstehenden Schaum abschöpfen. Die Pilze in ein Sieb abgießen, in Einweckgläser geben, mit Weißweinessig (5–6 % Säure) auffüllen und 1 Stunde marinieren. Den Essig abgießen, kleine Lorbeerblätter, schwarze Pfeffer- oder Senfkörner oder je 1 Sternanis in die Gläser geben. Mit Rapsöl aufgießen und die Gläser verschließen. Die Pilze mindestens 1 Woche marinieren.

SCHWARZWURZELGRATIN

Zutaten für 4 Portionen

80 g grüne Linsen
8 Schwarzwurzeln (ca. 800 g)
Salz · Butter für die Form
50 g Herbsttrompeten
(oder braune Champignons)
100 g Bergkäse
250 g Schlagobers
1/8 l Milch
Pfeffer aus der Mühle

1. Die Linsen in kaltem Wasser etwa 1 Stunde einweichen. In ein Sieb abgießen und abtropfen lassen.
2. Die Schwarzwurzeln gründlich waschen, schälen und in etwa 5 cm lange Stücke schneiden. In Salzwasser etwa 20 Minuten gut weich kochen. Den Backofen auf 200 °C vorheizen.
3. Eine Auflaufform mit Butter einfetten. Die Schwarzwurzeln und die Linsen darin verteilen. Die Pilze putzen, mit Küchenpapier trocken abreiben und blättrig schneiden. Über das Gemüse streuen. Den Käse fein reiben und mit Schlagobers und Milch verrühren. Mit Salz und Pfeffer würzen und über das Gemüse gießen. Im vorgeheizten Backofen 15 bis 20 Minuten überbacken.

GEFÜLLTE CHAMPIGNONS, IN BIERTEIG GEBACKEN

Zutaten für 4 Portionen

Für die Champignons:
28 große Champignons
2 Schalotten · 2 EL Butter
60 g Bergkäse · 30 g Parmesan
Salz · Pfeffer aus der Mühle
1 EL gehackte Kräuter
(z. B. Bärlauch oder Kerbel)
Mehl zum Panieren
Öl zum Ausbacken

Für den Teig:
100 g Mehl · 1 Ei · Salz
1 Msp. Backpulver · dunkles Bier

Für die Sauce:
1 Ei · 4 EL Sauerrahm
1 Spritzer Sojasauce
1/2 TL durchgepresster Knoblauch
Salz · Pfeffer aus der Mühle

1. Die Pilze putzen und mit Küchenpapier trocken abreiben. Die Champignonstiele aus den Köpfen drehen und klein schneiden. Die Schalotten schälen und in kleine Würfel schneiden, mit den Champignonstielen in der Butter anschwitzen.
2. Den Bergkäse in sehr kleine Würfel schneiden, den Parmesan fein reiben. Beide Käsesorten mit der Pilz-Schalotten-Mischung vermischen und mit Salz und Pfeffer würzen.
3. Die Kräuter ebenfalls unter die Mischung rühren und in die Champignonköpfe füllen.
4. Für den Teig alle Zutaten verrühren und unter Rühren so viel Bier dazugeben, dass es einen dickflüssigen Teig ergibt. Die Champignons im Mehl wenden, durch den Teig ziehen und im Öl etwa 2 Minuten ausbacken.
5. Für die Sauce das Ei etwa 7 Minuten hart kochen, kalt abschrecken, schälen und reiben. Mit Sauerrahm, Sojasauce, Knoblauch sowie Salz und Pfeffer verrühren.
6. Die Champignons mit der Sauce servieren.

MANGOLDROULADEN MIT REIS UND SAFRAN

ZUTATEN FÜR 4 PORTIONEN

2 Schalotten
125 g Langkornreis
1–2 EL Butter
⅛ l Geflügelfond
Salz · 1 Msp. Safranpulver
½ geputzte rote Paprikaschote
1 EL Topfen (20 % Fettgehalt)
3 EL Sauerrahm
4 EL Olivenöl
1 Prise Cayennepfeffer
1 Prise Kreuzkümmelpulver
1 Spritzer Sojasauce
12 Mangoldblätter
zerlassene Butter für die Form und zum Bestreichen

BILD LINKS

1. Die Schalotten schälen und in kleine Würfel schneiden. Mit dem Reis in der Butter anschwitzen, den Geflügelfond und ⅛ l Wasser dazugießen. Salz, Safran, Paprikaschote und nach Belieben einige Okraschoten dazugeben. Den Reis bei kleiner Hitze weich dünsten.

2. Paprika und gegebenenfalls Okraschoten aus dem Reis nehmen und klein schneiden. Mit Topfen, Sauerrahm und dem Olivenöl vermischen und mit Cayennepfeffer, Kreuzkümmel und Sojasauce würzen. Mit dem Reis vermischen.

3. Den Backofen auf 200 °C vorheizen. Die Mangoldblätter waschen, trockentupfen und nebeneinander ausbreiten. Die Reismasse darauf verteilen, die Blätter einrollen und die Enden einschlagen, sodass die Fülle nicht herausfällt.

4. Die Rouladen in eine gefettete Auflaufform setzen, mit Butter bestreichen und im vorgeheizten Backofen etwa 10 Minuten garen. Nach Belieben vor dem Servieren mit Balsamico- oder Reisessig beträufeln.

Passt vorzüglich zu gedämpftem Fisch. Man kann die Roulade auch wie Schnitzel panieren, ausbacken und zu deftigeren Gerichten reichen (etwa zu gerösteter Leber) oder als Hauptspeise servieren.

KRÄUTERPOLENTA IM ALGENBLATT

ZUTATEN FÜR 4 PORTIONEN

120 g Maisgrieß
1 EL Butter
je 1 EL gehackter Rosmarin, Thymian, Oregano (oder Majoran) und gehacktes Basilikum
3 EL weißer Balsamicoessig
300 g Crème fraîche
Salz · Pfeffer aus der Mühle
12 Algenblätter

1. Den Grieß in 1 EL Butter anschwitzen. ⅜ l Wasser dazugießen und zugedeckt bei kleiner Hitze 10 Minuten garen. Abkühlen lassen und kühl stellen.

2. Die Kräuter, den Essig und die Crème fraîche mit der Polenta verrühren. Mit Salz und Pfeffer würzen.

3. Die Algenblätter nebeneinander auf ein Küchentuch legen. Mit einem Backpinsel mit Wasser befeuchten. Die Polenta in einen Spritzbeutel mit glatter Tülle (1 cm Durchmesser) füllen und auf die Algenblätter spritzen. Die Blätter einrollen und in 2 cm dicke Stücke schneiden.

ARTISCHOCKEN MIT RICOTTAFÜLLE

Zutaten für 4 Portionen

Für das Paradeiserkompott (ergibt ca. 3/4 l):
2 kg Fleischparadeiser
5 Schalotten
4 EL Kristallzucker
1/8 l trockener Wermut
4 EL gehackte Minze
2 EL gehackter Koriander
Salz · Pfeffer aus der Mühle

Für das Pesto (ergibt 1 kleines Glas):
40 g Basilikumblätter
1 Knoblauchzehe
6 EL Olivenöl
2 TL Pignoli
10 g Petersilienblätter
10 g geriebener Parmesan
10 g Rucola

Für die Artischocken:
Salz · 1 Zitronenscheibe
4 große Artischocken
200 g Ricotta
1 EL gemischte, gehackte Kräuter (z. B. Minze, Basilikum, Rucola)
1 Schuss Kürbiskernöl
4 Mangoldblätter (oder große Spinatblätter)
1–2 EL Olivenöl

1. Für das Paradeiserkompott die Paradeiser kreuzweise einritzen, überbrühen, häuten und entkernen. Die Kerne in ein Sieb geben und den Saft durch das Sieb streichen. Den Backofen auf 180 °C vorheizen.
2. Die Schalotten schälen und in kleine Würfel schneiden. Das Paradeiserfruchtfleisch grob schneiden, mit dem Paradeisersaft, den Schalotten, dem Zucker, dem Wermut, Minze und Koriander in eine Auflaufform geben und mit Salz und Pfeffer würzen. Im vorgeheizten Backofen etwa 30 Minuten garen. Das Kompott in Einweckgläser füllen und mindestens 1 Woche lagern.
3. Für das Pesto alle Zutaten im Mörser oder im Küchenmixer zu einer cremigen Paste verrühren. Das Pesto in ein Schraubglas füllen.
4. Für die Artischocken 2 l leicht gesalzenes Wasser mit der Zitronenscheibe zum Kochen bringen. Von den Artischocken die Stiele abbrechen und die Artischocken im Salzwasser garen, bis sich die Böden mit einer Nadel leicht einstechen lassen.
5. Etwas Kochflüssigkeit abnehmen und beiseite stellen. Die Artischocken herausnehmen, kalt abschrecken und abtropfen lassen. Die Blätter abzupfen und mit einem Löffel das »Heu« von den Artischockenböden kratzen.
6. Den Ricotta mit den Kräutern und dem Kürbiskernöl verrühren und auf den Artischockenböden verteilen.
7. Salzwasser zum Kochen bringen und die Mangoldblätter darin blanchieren. Kalt abschrecken und kurz abtropfen lassen. Die Artischockenböden damit bedecken. Den Backofen auf 200 °C vorheizen.
8. Etwas Olivenöl in einen Topf gießen, die Artischocken hineinlegen, mit dem restlichen Olivenöl beträufeln und etwas Artischockenkochsud dazugeben. Im vorgeheizten Backofen etwa 12 Minuten garen.
9. Die Artischocken mit dem Schmorsaft, Pesto oder Paradeiserkompott servieren.

Das Paradeiserkompott eignet sich auch als Zugabe zu Salaten, Sülzen, gedämpften Fischen, Buttersaucen oder auch als Sugo für Teigwaren aller Art.

SPINATROULADE MIT MOZZARELLA

Zutaten für 4 Portionen

330 g tiefgekühlter Cremespinat
350 g Pilze (z. B. Champignons)
200 g Crème fraîche · Salz
200 g Butter · 7 Eier
70 g Semmelbrösel
2 EL Schlagobers
Pfeffer aus der Mühle
1 Büffelmozzarella (in Scheiben)
80 g geriebener Parmesan

1. Den Spinat auftauen und abtropfen lassen. Die Pilze putzen, trocken abreiben und grob hacken. Mit Crème fraîche und 1 Prise Salz zu einer dicken Masse kochen.
2. 60 g Butter mit etwas Salz cremig rühren. Die Eier trennen. Die Eidotter verquirlen und nach und nach unter die Butter mischen. Den Backofen auf 200 °C vorheizen.
3. Das Eiklar mit 1 Prise Salz zu steifem Schnee schlagen. Spinat, Semmelbrösel, Schlagobers und den Eischnee unter die Ei-Butter-Masse mischen. Mit Pfeffer würzen, auf ein mit Backtrennpapier ausgelegtes Backblech streichen und im vorgeheizten Ofen etwa 15 Minuten backen.
4. Den Biskuit längs halbieren, jede Hälfte mit Pilzcreme bestreichen und den Mozzarella darauf verteilen. Den Biskuit einrollen, auf das Backblech setzen und mit dem Parmesan bestreuen.
5. Die restliche Butter langsam erhitzen, bis sie leicht braun ist. Die Rouladen damit begießen und etwa 3 Minuten im Backofen überbacken.
6. Die Spinatrouladen in Scheiben schneiden und auf Tellern anrichten. Nach Belieben mit Kräutern bestreuen.

SPINATRISOTTO

Zutaten für 4 Portionen

250 g Blattspinat
Salz · 3 Schalotten
3 EL Olivenöl
250 g Risottoreis
½ l Gemüsefond
100 g Butterkäse (z. B. Montasio)
50 g Butter
Pfeffer aus der Mühle
1–2 EL gehackte Minze

1. Den Spinat verlesen und gründlich waschen. In Salzwasser kurz blanchieren, herausnehmen, kalt abschrecken und gut ausdrücken. Mit dem Stabmixer unter Zugabe von sehr wenig kaltem Wasser mixen, sodass es ein dickes Püree ergibt.
2. Die Schalotten schälen, in kleine Würfel schneiden und im Olivenöl anschwitzen. Den Reis dazugeben und glasig anschwitzen. Mit 1 Schuss Gemüsefond ablöschen und unter Rühren offen etwa 20 Minuten köcheln lassen, dabei nach und nach den restlichen Fond dazugießen.
3. Den Butterkäse und die Butter klein schneiden. Sobald der Reis fast gar ist, Spinat, Käse und Butter untermischen und den Risotto mit Salz und Pfeffer würzen.
4. Den Spinatrisotto mit Minze bestreut servieren. Passt als Beilage zu gesottenem Beinschinken.

ZUCCHININUDELN

Zutaten für 4 Portionen

500 g kleine Zucchini · Salz
1 Zwiebel (oder 5 Schalotten)
2 Knoblauchzehen
4–5 EL Olivenöl
Pfeffer aus der Mühle
1 Zweig Bohnenkraut
125 g Sauerrahm
400 g schmale Bandnudeln
50 g geriebener Käse
(z. B. Bergkäse,
Gruyère, Parmesan)

Bild rechts

1. Die Zucchini mit Salz und kaltem Wasser abreiben und in Würfel schneiden.

2. Die Zwiebel und den Knoblauch schälen und in kleine Würfel schneiden. 3 EL Olivenöl erhitzen, Zwiebel und Knoblauch darin anschwitzen. Die Zucchiniwürfel dazugeben und mit Salz und Pfeffer würzen.

3. Die Bohnenkrautblätter abzupfen und fein hacken. Mit dem Sauerrahm unter die Zucchini mischen und die Zucchini bissfest dünsten.

4. Wasser zum Kochen bringen, salzen und die Nudeln darin bissfest garen. In ein Sieb abgießen, in den Topf zurückgeben und mit dem restlichen Olivenöl verrühren.

5. Die Nudeln auf Teller verteilen. Die Zucchini darauf geben, mit dem Käse bestreuen und nach Belieben mit Kürbiskernöl beträufeln und mit Kräuterblätter bestreuen.

ERDÄPFEL-KÄSE-CREME MIT PILZEN

Zutaten für 4 Portionen

250 g mehlig kochende Erdäpfel
Salz · ca. 150 g Bergkäse
125 g Schlagobers
¼ l Milch
Pfeffer aus der Mühle
300 g Steinpilze
2 EL Olivenöl

1. Die Erdäpfel schälen und in etwa gleich große Stücke schneiden. Wasser zum Kochen bringen, salzen und die Erdäpfelstücke darin weich kochen. Den Käse fein reiben.

2. Das Schlagobers mit der Milch in einem Topf erwärmen. Die Erdäpfel in ein Sieb abgießen und noch warm durch die Presse drücken. So viel von der Milch-Obers-Mischung nach und nach dazugießen und mit den Erdäpfeln verrühren, dass ein festes Püree entsteht. So viel vom Käse unterrühren, dass die Masse sehr elastisch ist (wie dickes Käse-Fondue). Die Creme mit Salz und Pfeffer abschmecken.

3. Die Pilze putzen, mit Küchenpapier trocken abreiben und klein schneiden. Das Olivenöl in einer Pfanne erhitzen und die Pilze darin braten. Mit Salz, Pfeffer und nach Belieben mit Fenchelkraut würzen.

4. Die Erdäpfel-Käse-Creme und die Pilze am besten separat in tiefen Tellern oder kleinen Schüsseln anrichten.

SCHUPFNUDELN MIT KRAUTSALAT

Zutaten für 4 Portionen

1 kg mehlig kochende Erdäpfel
300 g griffiges Mehl · 3 Eier
Salz · Pfeffer aus der Mühle
1 Prise geriebene Muskatnuss
Butterschmalz zum Ausbacken
1 Prise getrockneter Gebirgswermut
50 g Speck · 1 Zwiebel
1 EL Butterschmalz
½ Kopf Weißkraut
1 TL ganzer Kümmel
ca. ⅛ l Essig (je nach Schärfe des Essigs)

1. Die Erdäpfel kochen, schälen und noch warm durch die Presse drücken. Mit Mehl, Eiern, Salz, Pfeffer und Muskatnuss zu einem Teig verarbeiten.
2. Aus dem Teig daumendicke Rollen formen und daraus etwa 2 cm lange Stücke abschneiden. Das Butterschmalz erhitzen und die Erdäpfelnudeln darin goldgelb ausbacken. Die Nudeln mit dem Gebirgswermut bestreuen.
3. Für den Krautsalat den Speck in Würfel schneiden, die Zwiebel schälen und in kleine Würfel schneiden. In einer Pfanne das Butterschmalz erhitzen und Speck und Zwiebel darin anrösten.
4. Das Kraut in Streifen schneiden, mit Speck, Zwiebel und Kümmel in einen großen Topf geben. ½ l Wasser mit dem Essig aufkochen und über das Kraut gießen. Den Krautsalat zugedeckt 15 Minuten ziehen lassen.

Gerichte mit Geschichte

Was in der italienischen Küche die Kartoffelgnocchi, sind in der österreichischen von alters her die Erdäpfel- oder Schupfnudeln (»schupfen« – vom Schwenken in der Pfanne). Sie treten vielfältig in Erscheinung: wie hier als Hauptdarsteller in ländlichen Gerichten, als Beilage zu Wild und Braten von dunklem Fleisch und auch in der süßen Küche, wie im Fall der Mohnnudeln, wo sie (ungesalzen und ungepfeffert!) mit gemahlenem Mohn und Staubzucker in reichlich Butter geschwenkt werden.

GRAPPA-ERDÄPFEL

Zutaten für 4 Portionen

1 kg mittelgroße speckige Erdäpfel
grobes Meersalz
⅛ l Grappa (ital. Tresterbranntwein)
ca. 125 g Crème fraîche

1. Den Backofen auf 210 °C vorheizen. Die Erdäpfel gründlich waschen. In einen Bräter etwa ½ cm hoch Meersalz streuen, die Erdäpfel darauf setzen und im vorgeheizten Backofen 50 Minuten braten.
2. Die Erdäpfel einschneiden und etwas aufdrücken. Mit Meersalz bestreuen, den Grappa in die Öffnung gießen, je 1 EL Crème fraîche darauf setzen. Die Grappa-Erdäpfel nach Belieben mit Kaviar servieren.

TOPINAMBUR-ERDÄPFEL-GRÖSTL

ZUTATEN FÜR 4 PORTIONEN

500 g Topinambur · Salz
500 g speckige Erdäpfel
1 Zwiebel
2 Knoblauchzehen
2 EL Butterschmalz
1 Schuss Maiskeimöl
Pfeffer aus der Mühle
½ TL getrockneter Majoran
1 Schuss Estragonessig
100 g Butterkäse

1. Topinambur unter fließendem Wasser gründlich abbürsten und in Salzwasser bissfest kochen.
2. Die Erdäpfel waschen und weich kochen.
3. Die Erdäpfel schälen und in mundgerechte Stücke, Topinambur in ½ cm dicke Scheiben schneiden.
4. Die Zwiebel schälen und in Spalten schneiden. Den Knoblauch schälen und in kleine Würfel schneiden.
5. In einer Pfanne das Butterschmalz und das Maiskeimöl erhitzen. Erdäpfel und Topinambur darin unter Rühren anbraten, dann zugedeckt weitere 5 Minuten braten.
6. Die Zwiebel und den Knoblauch untermischen und alles weitere 3 Minuten braten. Mit Salz, Pfeffer, Majoran und Essig abschmecken.
7. Den Käse in kleine Würfel schneiden oder grob reiben und auf das Gröstl streuen. Das Gröstl am besten in der Pfanne servieren. Dazu passt herbwürziger Blattsalat.

TOPINAMBUR-KOHLWICKLER

ZUTATEN FÜR 4 PORTIONEN

250 g mehlig kochende Erdäpfel
100 g Topinambur
2 EL Schmalz
1 Scheibe Hamburgerspeck (ca. ½ cm dick)
1 Scheibe Beinschinken (ca. ½ cm dick)
2 Schalotten
1 Knoblauchzehe
½ TL ganzer Kümmel
2–3 EL gemischte, gehackte Kräuter (z. B. Majoran, Thymian, Liebstöckel, Petersilie)
Salz · Pfeffer aus der Mühle
8 große Kohlblätter
Butter für die Form

1. Die Erdäpfel kochen, schälen und in Würfel schneiden.
2. Topinambur unter fließendem Wasser gründlich abbürsten, in kleine Würfel schneiden und im Schmalz braten.
3. Den Speck und den Schinken in Streifen oder kleine Würfel schneiden. Die Schalotten schälen und blättrig schneiden. Alles zum Topinambur geben und kurz mitbraten. Die Erdäpfel dazugeben, den Knoblauch schälen und dazudrücken. Mit Kümmel, Kräutern, Salz und Pfeffer abschmecken. Den Backofen auf 200 °C vorheizen.
4. Die Kohlblätter in Salzwasser weich kochen und kalt abschrecken. Auf ein Küchentuch geben, flach klopfen, mit dem Gröstl belegen und zu Rouladen formen.
5. Die Wickler in eine gefettete Auflaufform legen, nach Belieben in Scheiben geschnittene Pilze und Knoblauch dazugeben. Im vorgeheizten Ofen etwa 15 Minuten garen.

Dazu passt Brat- oder Weißwurst. Die Wickler eignen sich auch als Beilage zu Wildgerichten oder kräftigen Schmorbraten.

TOPINAMBURPIZZA

Zutaten für 6 Portionen

Für den Briocheteig:
250 g Mehl
3 Eier
120 g Butter
2 EL Milch
30 g Kristallzucker
5 g Germ
5 g Salz

Für den Belag:
300 g Topinambur
250 g Schlagobers
Salz · Pfeffer aus der Mühle
2 EL gehackter Rosmarin
30 kleine Oliven
1–2 EL Olivenöl

Bild links

1. Die Zutaten für den Briocheteig mischen und in der Küchenmaschine mindestens 10 Minuten kneten – der Teig sollte elastisch sein und sich von der Schüssel lösen lassen. Den Teig etwa 3 Stunden kühl stellen.

2. Topinambur unter fließendem Wasser gründlich abbürsten. Für das Püree 200 g Topinambur abwiegen, klein schneiden und in einen Topf geben. So viel Schlagobers dazugießen, dass sie gut bedeckt sind. Leicht mit Salz und Pfeffer würzen und ganz weich kochen. Anschließend mit dem Stabmixer pürieren und mit Salz und Pfeffer abschmecken. Restlichen Topinambur in dünne Scheiben schneiden.

3. Den Backofen auf 200 °C vorheizen. Den Briocheteig zu sechs Fladen formen und auf ein mit Backtrennpapier ausgelegtes Backblech setzen. Mit dem Topinamburpüree bestreichen und die Topinamburscheiben fächerförmig darauf legen. Die Pizzen mit Rosmarin bestreuen, mit Oliven und nach Belieben mit gehackten Sardellenfilets belegen. Mit Olivenöl beträufeln und im vorgeheizten Backofen etwa 15 Minuten backen.

STEINPILZPIZZA

Zutaten für 6 Portionen

1 Rezept Briocheteig
(siehe Rezept oben)
350 g feste Steinpilze
ca. 250 g Schlagobers
125 g Crème fraîche
Salz · Pfeffer aus der Mühle
1 Spritzer Zitronensaft
30 g Pignoli
2 EL gehackter Rosmarin
1–2 EL Erdnussöl

1. Den Briocheteig wie oben beschrieben zubereiten.

2. Die Pilze putzen, 150 g Pilze in sehr kleine Würfel schneiden und mit Obers und Crème fraîche zu einer dicken Masse kochen. Mit Salz, Pfeffer und Zitronensaft abschmecken. Die restlichen Pilze dickblättrig schneiden. Den Backofen auf 200 °C vorheizen.

3. Den Teig zu sechs Fladen formen und auf ein mit Backtrennpapier ausgelegtes Blech setzen. Mit der Pilzpaste bestreichen und die Pilzscheiben fächerformig darauf legen.

4. Die Pignoli in einer beschichteten Pfanne ohne Fett rösten und mit dem Rosmarin auf die Pizzen streuen. Die Pizzen mit Erdnussöl beträufeln und im vorgeheizten Backofen etwa 15 Minuten backen.

BÄRLAUCH-FRISCHKÄSE-KUCHEN

Zutaten für 8 Portionen

Für den Mürbteig:
200 g Mehl
120 g kalte Butter
1 Ei · Salz
Butter für die Form
Hülsenfrüchte zum Blindbacken

Für die Fülle:
150 g Blattspinat
30 mittelgroße Bärlauchblätter
10 große Basilikumblätter
60 g Pignoli · 2 Eier
80 g geriebener Parmesan
60 ml Olivenöl
100 g Frischkäse
(Ziegenfrischkäse oder Ricotta)

Für die Sauce:
2 Eier · 4 EL Olivenöl
Salz · Pfeffer aus der Mühle
1 EL Zitronensaft

1. Für den Mürbteig das Mehl auf die Arbeitsfläche sieben, mit der Butter, dem Ei, 1 bis 2 EL Wasser und etwas Salz rasch zu einem Teig verkneten. Zu zwei Kugeln formen, jeweils in Frischhaltefolie wickeln und etwa 30 Minuten kühl stellen.
2. Den Backofen auf 220 °C vorheizen. Eine Teigkugel 3 mm dick ausrollen. Eine Springform von 24 cm Durchmesser mit Butter einfetten und mit dem Teig so auslegen, dass der Rand über die Form steht (beim Backen zieht sich der Teig zusammen). Den Teigboden mit Backtrennpapier auslegen, die Hülsenfrüchte darauf geben und den Teig im vorgeheizten Backofen etwa 15 Minuten blindbacken. Backtrennpapier und Hülsenfrüchte wieder entfernen (die Hülsenfrüchte für das Blindbacken kann man immer wieder verwenden).
3. Für die Fülle den Spinat und den Bärlauch verlesen, waschen, trockenschleudern und grob schneiden. Das Basilikum waschen und trockentupfen. Spinat, Bärlauch und Basilikum im Mörser oder im Mixer mit den Pignoli, den Eiern, dem Parmesan und dem Olivenöl zu einer Paste verreiben bzw. mixen.
4. Die Masse auf dem vorgebackenen Teig verteilen. Den Käse in Scheiben schneiden und darauf legen oder den Ricotta gleichmäßig darauf verteilen. Die Backofentemperatur auf 200 °C reduzieren und den Bärlauch-Ricotta-Kuchen etwa 15 Minuten backen.
5. Für die Sauce die Eier 7 bis 9 Minuten hart kochen, schälen und reiben. Mit Olivenöl, Salz, Pfeffer und Zitronensaft zu einer sämigen Sauce verrühren.
6. Den Kuchen etwas abkühlen lassen und am besten lauwarm mit der Sauce servieren.

Die im Rezept angegebene Teigmenge reicht für zwei Kuchen. Den restlichen Teig kann man in Frischhaltefolie gewickelt im Kühlschrank ohne Qualitätsverlust bis zu 1 Woche aufbewahren.
Dieser Kuchen eignet sich auch gut als Beilage zu geräuchertem Fleisch oder Truthahnschinken.

SAUERKRAUTKUCHEN

ZUTATEN FÜR 8–12 PORTIONEN

Für den Belag:
8 Zwetschken
2 mittelgroße Äpfel
4 mittelgroße, dünne Weißkrautblätter
ca. 100 g frisches Sauerkraut

Für den Teig:
240 g weiche Butter
180 g Kristallzucker
4 Eier
180 g Mehl
Butter für die Form

1. Für den Belag die Zwetschken waschen, entsteinen und in gleich große Spalten schneiden. Die Äpfel waschen, vierteln, entkernen und in etwa 3 mm dicke Scheiben schneiden. Aus den Krautblättern die dicke Mittelrippe herausschneiden. Das Sauerkraut abtropfen lassen und gut ausdrücken. Den Backofen auf 180 °C vorheizen.

2. Für den Teig die Butter mit dem Zucker in der Küchenmaschine cremig rühren. Die Eier nach und nach untermischen und das Mehl unterheben.

3. Eine Auflaufform (35 x 20 cm) mit Butter einfetten und mit den Krautblättern auslegen. Den Teig gleichmäßig darauf verteilen. Das Sauerkraut auf dem Teig verteilen, dann die Apfelscheiben und zuletzt die Zwetschkenspalten darauf legen. Den Sauerkrautkuchen im vorgeheizten Backofen etwa 45 Minuten backen.

Diesen Kuchen reicht man am besten in kleinen Portionen zum Aperitif.

SELLERIE-EIERSPEIS MIT GURKENSALAT

ZUTATEN FÜR 4 PORTIONEN

Für den Salat:
2 Salatgurken
2 EL Sauerrahm
Weißweinessig · Tabasco
Salz · Pfeffer aus der Mühle
½ TL getrocknetes Bohnenkraut

Für die Eierspeis:
160 g Knollensellerie
Schlagobers · 8 Eier
Salz · Pfeffer aus der Mühle

1. Für den Salat die Gurken schälen, längs halbieren und die Kerne mit einem Teelöffel entfernen. Das Fruchtfleisch grobblättrig schneiden und mit dem Sauerrahm, einigen Spritzern Essig und Tabasco sowie Salz, Pfeffer und Bohnenkraut vermischen.

2. Den Sellerie schälen und in kleine Würfel schneiden. In einen kleinen Topf geben und so viel Schlagobers dazugießen, dass die Selleriewürfel bedeckt sind. Bei kleiner Hitze köcheln, bis der Sellerie gar ist. Abkühlen lassen.

3. Die Eier mit dem Sellerie, der Kochflüssigkeit sowie 1 gutem Schuss Schlagobers verrühren. In einer Pfanne sehr langsam erhitzen und unter ständigem Rühren mit dem Schneebesen bei kleiner Hitze garen. Die Eier sollen mäßig stocken, aber keinesfalls hart werden.

4. Die Eierspeis auf Teller verteilen und mit Salz und Pfeffer würzen. Mit dem Gurkensalat und nach Belieben mit Vollkorntoast servieren.

BERGKÄSE-EIERSTICH MIT WURZELMILCH

Zutaten für ca. 8 Portionen

Für den Eierstich:
120 g milder Bergkäse
(oder Fontina-Käse)
1 Knoblauchzehe
1/4 l Milch
250 g Schlagobers
4 Eidotter · 4 Eier
1 Prise geriebene Muskatnuss
Salz · Pfeffer aus der Mühle
Butter für die Form

Für die Sauce:
50 g Karotten
20 g Knollensellerie
50 g Petersilienwurzeln
1 Zwiebel
20 g Topinambur
1/4 l Milch
250 g Schlagobers
Salz · Pfeffer aus der Mühle

1. Den Käse reiben oder in kleine Stücke schneiden. Den Knoblauch schälen und durch die Presse drücken. Beides mit der Milch, dem Schlagobers, den Eidottern, den Eiern, Muskatnuss, Salz und Pfeffer in einer Schüssel mit dem Schneebesen im heißen Wasserbad so lange verrühren, bis der Käse gerade geschmolzen ist. Den Backofen auf 170 °C vorheizen.

2. Eine Terrinenform oder eine Auflaufform mit Butter einfetten und die Eierstichmasse hineinfüllen.

3. In eine größere Auflaufform zwei Finger breit kochend heißes Wasser füllen. Die Form mit dem Eierstich in das Wasserbad stellen und den Eierstich im vorgeheizten Backofen etwa 35 Minuten garen. Den Garzustand mit der Nadelprobe prüfen: Eine dicke Nadel in die Masse stechen und ein paar Sekunden darin stecken lassen. Wenn sich die Nadelspitze lauwarm anfühlt, ist der Eierstich fertig. Die Temperatur der Nadelspitze am besten mit den Lippen prüfen.

4. Für die Sauce die Karotten, den Sellerie, die Petersilienwurzel und die Zwiebel schälen. Den Topinambur unter fließendem Wasser gründlich bürsten. Alles in kleine Stücke schneiden.

5. Das Gemüse mit der Milch und dem Schlagobers in einen Topf geben und etwa 15 Minuten köcheln lassen. Mit Salz und Pfeffer würzen und mit dem Stabmixer pürieren. Die Sauce durch ein feines Sieb streichen und, falls die Sauce zu dick ist, mit etwas Milch verdünnen.

6. Aus dem Eierstich mithilfe eines Esslöffels Nocken abstechen, auf Tellern anrichten und mit der Wurzelsauce beträufeln. Nach Belieben mit Kräuterblättern garnieren.

Die Auswahl des Wurzelgemüses für die Sauce kann man variieren: Gut passen zum Beispiel auch Pastinaken und gelbe Möhren. Dazu schmecken gebratene Pilze wie Herbsttrompeten, Steinpilze oder Shiitake-Pilze und natürlich gehobelte weiße oder schwarze Trüffeln.

PFIRSICH-KÄSE-BÄCKEREI

ZUTATEN FÜR 1 BACKBLECH

Für den Teig:
200 g Roggenmehl
60 g Butter · Salz

Für den Belag:
¼ l Rotwein
2 EL Kristallzucker
1 Pfirsich
1 Zweig Lavendel
200 g Blauschimmelkäse
2 EL gesalzene Erdnüsse
scharfer Senf · 1 TL ganzer Kümmel

1. Für den Teig Mehl, Butter, etwa 6 EL kaltes Wasser und 1 Prise Salz verkneten. Auf Blechgröße ausrollen und auf ein mit Backtrennpapier ausgelegtes Backblech heben. Den Backofen auf 240 °C vorheizen.
2. Für den Belag den Wein mit dem Zucker zu einem Sirup einkochen. Den Pfirsich schälen, halbieren, entsteinen und in kleine Stücke schneiden. In ⅛ l Wasser mit dem Lavendel weich kochen. Den Lavendel entfernen und den Pfirsich mit dem Stabmixer pürieren.
3. Den Käse dünn schneiden, die Erdnüsse hacken. Den Teig mit Rotweinsirup, Senf und Pfirsichpüree bestreichen. Mit Käse belegen, mit Erdnüssen und Kümmel bestreuen und im vorgeheizten Backofen 15 Minuten backen.

BUTTERKÄSE-OMELETT MIT MARILLENMARMELADE

ZUTATEN FÜR 4 PORTIONEN

Für die Marmelade (ergibt ca. 1 l):
1 kg Marillen
400 g Gelierzucker
1 Schuss Marillenschnaps
Weingeist

Für die Omeletts:
100 g Butterkäse · 8 Eier
60 g Schlagobers
Salz · Pfeffer aus der Mühle
Erdnussöl zum Braten

1. Für die Marmelade die Marillen waschen und vierteln, dabei die Steine entfernen. Mit Gelierzucker vermischen und 1 Tag stehen lassen. Etwa 10 Minuten köcheln lassen, den dabei entstehenden Schaum abschöpfen.
2. Einweckgläser mit Marillenschnaps ausschwenken. Die Marmelade in die Einweckgläser füllen, je 1 kleinen Schuss Weingeist darauf gießen, anzünden und noch während des Flambierens die Gläser verschließen.
3. Für die Omeletts den Butterkäse in kleine Würfel schneiden. Die Eier mit Obers, Salz und Pfeffer verquirlen.
4. In einer kleinen beschichteten Pfanne etwas Öl erhitzen und ein Viertel der Eiermasse hineingießen. Am besten mit einem Holzspachtel so lange rühren, bis das Ei zu stocken beginnt. Ein Viertel des Käses darauf streuen und den Deckel der Pfanne auflegen. Sobald die Masse fast fest ist, eine Hälfte des Omeletts über die andere schlagen. Das Omelett auf einen Teller gleiten lassen. Mit der restlichen Masse ebenso verfahren.
5. Jedes Omelett mit 1 EL Marillenmarmelade servieren.

KÄSEKROKETTEN MIT FEIGENMARMELADE

Zutaten für 4 Portionen

Für die Marmelade (ergibt ca. 1 l):
1 kg Feigen
200 g Kristallzucker
1/8 l Portwein
200 g Gelierzucker
2 EL Rosmarinnadeln
4 cm Zimtrinde
2 Sternanis
Weingeist

Für die Kroketten:
200 g würziger Hartkäse (z. B. gereifter Emmentaler, Bergkäse, Gruyère, Appenzeller oder eine Mischung aus diesen)
100 g Butter · 120 g Mehl
1/2 l Milch · 1 Eidotter · 2 Eier
Mehl und Semmelbrösel zum Panieren
Öl zum Ausbacken

1. Für die Marmelade die Feigen waschen und in Sechstel schneiden. Den Kristallzucker mit etwa 60 ml Wasser so lange erhitzen, bis er leicht braun ist. Den Wein dazugießen und unter Rühren den Zucker auflösen. Feigen, Gelierzucker, Rosmarinnadeln, Zimt und Sternanis dazugeben und alles etwa 30 Minuten köcheln lassen. Die Marmelade in Einweckgläser füllen. Je 1 kleinen Schuss Weingeist darauf gießen, anzünden und noch während des Flambierens die Gläser verschließen.
2. Für die Kroketten den Käse reiben. Die Butter erhitzen und das Mehl darin anschwitzen. Die Milch dazugießen und unter Rühren etwa 5 Minuten köcheln lassen. Etwas abkühlen lassen, dann Eidotter und Käse untermischen.
3. Die Masse fingerdick auf ein Backblech streichen. Abkühlen lassen und in daumengroße Stücke schneiden. Die Eier in einem tiefen Teller verquirlen. Die Kroketten zuerst im Mehl, dann in den Eiern und zuletzt in den Semmelbröseln wälzen und im Öl schwimmend rundum knusprig ausbacken.
4. Die Kroketten herausheben, auf Küchenpapier abtropfen lassen, auf Teller verteilen und mit je 1 EL Feigenmarmelade servieren.

SAFRANÄPFEL MIT ROQUEFORT

Zutaten für 4 Portionen

2 kleine, säuerliche Äpfel
1 EL Kristallzucker
60 ml Beerenauslese (Süßwein)
160 ml Apfelsaft
ca. 8 Safranfäden
200 g Roquefort (in Scheiben)

1. Die Äpfel waschen, vierteln und entkernen. Die Apfelviertel in Spalten schneiden.
2. Den Zucker in einer Pfanne hellbraun karamellisieren lassen, mit Süßwein und Apfelsaft ablöschen. Die Safranfäden und die Apfelspalten dazugeben und einmal aufkochen lassen. In ein verschließbares Gefäß füllen und mindestens 24 Stunden ziehen lassen.
3. Den Backofen auf 200 °C vorheizen. Die Apfelspalten samt Saft auf ofenfeste Teller verteilen. Den Roquefort darauf legen und den Käse im vorgeheizten Backofen schmelzen lassen.

Lebendige Klassiker

KERBEL-PETERSIL-MUS MIT GERÄUCHERTEM TRUTHAHN

Zutaten für ca. 10 Portionen

2 ¼ Blatt Gelatine (6 g)
4–5 EL gehackter Kerbel und gehackte Petersilie
1 EL Minzlikör
300 g Schlagobers · Salz
1 Prise Vanillezucker
100 ml Rindssuppe · 60 g Qimiq
250 g geräucherter Truthahnschinken (in Scheiben)
weißer Balsamicoessig und Leinöl zum Beträufeln

Bild rechts

1. Die Gelatine in kaltem Wasser einweichen. Die Kräuter mit wenig kaltem Wasser und Likör zu einer Paste mixen.
2. Das Schlagobers mit ½ TL Salz und dem Vanillezucker steif schlagen. Die Rindssuppe erhitzen, die Gelatine ausdrücken und darin auflösen. Qimiq und die Kräuterpaste unterrühren und die Mischung unter das Obers heben.
3. Eine Terrinenform mit Frischhaltefolie auslegen. Die Masse hineinfüllen und 12 Stunden kühl stellen.
4. Das Mus aus der Form heben und in Würfel schneiden. Mit dem Truthahnschinken anrichten, mit Essig und Leinöl beträufeln und nach Belieben mit Kräutern garnieren.

KÜRBISSUPPE MIT HUHN AUF ZWEI ARTEN

Zutaten für 4 Portionen

Für das Huhn:
1 Huhn (ca. 1,2 kg) · 2 Karotten
1 Stück Ingwer (4 cm)
1 Spalte Hokkaidokürbis (ca. 1 kg)
4 Knoblauchzehen
1 Scheibe Selchfleisch (ca. 100 g)
1 Lorbeerblatt · 2 Gewürznelken
10 schwarze Pfefferkörner
getrockneter Thymian

Für die gebundene Suppe:
125 g Schlagobers
Salz · Pfeffer aus der Mühle
Cayennepfeffer · Safranpulver

Für die klare Suppe:
Salz · Pfeffer aus der Mühle
Cayennepfeffer
Pfeilwurzelmehl zum Binden
250 g Kartoffelgnocchi
1 TL gehackter Ingwer

1. Das Huhn in kaltem Wasser etwa 5 Minuten wässern.
2. Karotten und Ingwer schälen, den Ingwer blättrig schneiden. Den Kürbis schälen, entkernen und in Stücke schneiden. Das Huhn mit Kürbis, Karotten, Ingwer, ungeschältem Knoblauch, Selchfleisch, Lorbeerblatt, Nelken, Pfefferkörnern und etwas Thymian in einen Topf geben. So viel Wasser dazugießen, dass das Huhn bedeckt ist. Bei kleiner Hitze 30 Minuten köcheln lassen, den dabei entstehenden Schaum immer wieder abschöpfen. Das Huhn im Topf – am besten über Nacht – abkühlen lassen.
3. Das Fett abschöpfen. Das Huhn aus dem Sud nehmen, die Haut ablösen und das Fleisch von den Knochen lösen.
4. Für die gebundene Suppe Kürbis und Karotten mit einem Teil der Suppe und dem Schlagobers aufmixen. Mit Salz, Pfeffer, Cayennepfeffer und Safran abschmecken. Das klein geschnittene Fleisch als Einlage hineingeben.
5. Oder für die klare Suppe Gemüse und Fleisch würfeln. Die Suppe erhitzen, mit Salz, Pfeffer und Cayennepfeffer abschmecken. Mit etwas mit wenig Wasser angerührtem Pfeilwurzelmehl binden. Die Gnocchi gar ziehen lassen und als Einlage in die Suppe geben. Mit Ingwer bestreut servieren.

KÜRBIS-CANNELLONI

Zutaten für 4 Portionen

Für den Nudelteig:
180 g Hartweizengrieß
80 g Mehl
2 Eier · 2 Eidotter
2 EL Olivenöl
Hartweizengrieß zum Ausrollen
Salz

Für die Kürbisfülle:
500 g Kürbis (z. B. Hokkaido)
1 Zweig Rosmarin
100 g Butter
Salz · Pfeffer aus der Mühle
1 TL gehackter Rosmarin

Außerdem:
Butter für das Backblech
100 g geriebener Parmesan
125 g Schlagobers

1. Für den Nudelteig alle Zutaten am besten in der Küchenmaschine zu einem festen, homogenen Teig kneten. Den Teig in Frischhaltefolie wickeln und vor der Weiterverarbeitung etwa 1 Stunde ruhen lassen.
2. Den Teig mit der Nudelmaschine dünn ausrollen. Zwischen den einzelnen Touren dünn mit Hartweizengrieß bestreuen, damit er nicht klebt.
3. In einem großen Topf reichlich Wasser zum Kochen bringen und leicht salzen. Den ausgerollten Nudelteig in 16 etwa 15 x 10 cm große Blätter schneiden. Die Teigblätter ins kochende Salzwasser geben, nur kurz kochen, in ein Sieb abgießen und kalt abschrecken.
4. Für die Kürbisfülle den Kürbis schälen und 16 möglichst dünne Scheiben abschneiden. Die Kürbisscheiben mit etwas Wasser und dem Rosmarinzweig aufkochen. Den Rosmarinzweig wieder entfernen.
5. Den Backofen auf 250 °C vorheizen. Den restlichen Kürbis (etwa 350 g) klein schneiden, mit der Butter in einem Topf zugedeckt dünsten, bis er weich ist. Den Kürbis mit dem Stabmixer pürieren und mit Salz, Pfeffer und gehacktem Rosmarin pikant abschmecken.
6. Ein Backblech mit Butter einfetten und die Nudelteigblätter darauf auslegen. Auf jedes Nudelteigblatt eine Kürbisscheibe legen, mit dem Kürbispüree bestreichen und zu Rollen formen.
7. Die Cannelloni mit der Hälfte des Parmesans bestreuen und im vorgeheizten Backofen etwa 5 Minuten überbacken, bis der Käse geschmolzen ist.
8. Das Schlagobers aufkochen und leicht salzen. Die Cannelloni auf Tellern anrichten, mit dem Schlagobers beträufeln und mit dem restlichen Parmesan bestreuen.

Ein edles Gourmetgericht werden die Cannelloni, wenn man sie vor dem Servieren mit gehobelten schwarzen Trüffeln bestreut.
Den Nudelteig nicht salzen. Wenn gesalzener Teig nicht sofort verwendet wird, nimmt er eine graue Farbe an.

KASPRESSKNÖDEL

Zutaten für 4 Portionen

4 Semmeln (vom Vortag; oder 200 g Knödelbrot)
2 Eier · ⅛ l Milch
je 100 g Tilsiter und Graukäse
1 Zwiebel · 2 EL Butter
Salz · Pfeffer aus der Mühle
1 Prise geriebene Muskatnuss
1 TL Mehl
1 Schuss Öl zum Braten
1 l Rindssuppe
1–2 EL Schnittlauchröllchen
1–2 TL gehacktes Liebstöckel

Bild links

1. Die Semmeln in kleine Würfel schneiden. Die Eier und die Milch mit einer Gabel verquirlen. Den Tilsiter und den Graukäse in kleine Würfel schneiden. Die Zwiebel schälen, in kleine Würfel schneiden und in 1 EL Butter anschwitzen.

2. Die Semmelwürfel mit Käse, Zwiebel, Salz, Pfeffer, Muskatnuss und Mehl vermischen. Mit der Eiermilch übergießen und durchmischen. Die Masse zusammendrücken und kurz ruhen lassen.

3. Aus der Semmelmasse Laibchen formen. Die restliche Butter und das Öl in einer Pfanne erhitzen und die Laibchen darin 2 bis 3 Minuten braten, bis die Unterseite schön braun ist. Die Laibchen wenden und auf der anderen Seite zugedeckt nochmals 2 bis 3 Minuten braten.

4. Die Rindssuppe erhitzen und auf Suppenteller verteilen. Die Kaspressknödel in die Suppe geben, mit Schnittlauchröllchen und Liebstöckel bestreut servieren.

Noch pikanter werden die Kaspressknödel, wenn man eine Hand voll junger Brennnesselblätter blanchiert, klein schneidet und unter die Knödelmasse mischt.

KASSPÄTZLE

Zutaten für 4 Portionen

300 g Mehl · 3 Eier
1 Prise geriebene Muskatnuss
Milch · Salz
100 g geriebener Bergkäse
je 50 g geriebener Tilsiter und Gruyère
4 EL Butter
1–2 EL Schnittlauchröllchen
1–2 TL gehacktes Liebstöckel
Pfeffer aus der Mühle

1. Das Mehl in eine Schüssel sieben, Eier und Muskatnuss untermischen. So viel Milch unterrühren, dass es einen eher festen Teig ergibt.

2. Den Teig mit dem Spätzlehobel in kochendes Salzwasser streichen. Sobald die Spätzle an die Oberfläche steigen, sind sie gar. Die Spätzle in ein Sieb abgießen, dabei ¼ l Kochwasser auffangen.

3. Das Spätzlekochwasser mit ⅛ l Milch erhitzen. Die drei Käsesorten darin schmelzen und mit den Spätzle verrühren.

4. Die Butter langsam erhitzen, bis sie leicht braun ist. Die Spätzle auf Suppenteller verteilen, mit der braunen Butter beträufeln und mit Schnittlauch und Liebstöckel bestreuen. Nach Geschmack mit Salz und Pfeffer würzen.

GEFÜLLTE KOHLRABIBLATTLN MIT BALSAMICOESSIG-BUTTER

Zutaten für 6 Portionen

1 Semmel · Schlagobers
Butter für die Form
1 Zwiebel
½ Knoblauchzehe
1 Bund gemischte Kräuter
(z. B. Rosmarin, Oregano, Majoran)
5 EL Butter
1 Schuss Sojasauce
400 g faschiertes Kalbfleisch
(von Brust, Schulter oder Hals)
1 Ei · Salz · Pfeffer aus der Mühle
12 große Kohlrabiblätter
Butterflocken zum Belegen
getrocknete Kräuter
(z. B. Salbei, Majoran, Rosmarin)
1 Spritzer Balsamicoessig

1. Für die Fülle die Semmel in Würfel schneiden und mit so viel Schlagobers begießen, dass die Semmelwürfel gerade durchfeuchtet werden. Den Backofen auf 250 °C vorheizen. Ein Auflaufform mit Butter einfetten.
2. Die Zwiebel und den Knoblauch schälen, beides in kleine Würfel schneiden. Die Kräuter waschen, trockenschütteln und fein hacken. In einer Pfanne 2 EL Butter erhitzen, Zwiebel und Knoblauch darin anschwitzen. Die Kräuter, die Sojasauce, die Semmelwürfel, das Faschierte und das Ei dazugeben. Mit Salz und Pfeffer würzen.
3. Die Kohlrabiblätter waschen, trockentupfen und auf der Arbeitsfläche auslegen. Mit der Fülle belegen, an den Seiten einschlagen, zu Päckchen formen und mit der Verschlussseite nach unten in die vorbereitete Form schichten. Mit Butterflocken belegen, mit den getrockneten Kräutern bestreuen und im vorgeheizten Backofen etwa 25 Minuten garen.
4. In einem kleinen Topf 3 EL Butter langsam erhitzen, bis sie braun ist. Den Essig und etwas Salz unterrühren.
5. Die gefüllten Kohlrabiblattln auf Teller geben und mit der Balsamicoessig-Butter beträufeln.

Mit diesem Faschierten kann man auch Mangold- oder Rhabarberblätter füllen. Wenn Sie Mangold verwenden, die dicken Blattrippen herausschneiden und die Blätter vor dem Füllen blanchieren, damit sie geschmeidig werden und sich gut über die Fülle falten lassen. Apropos Fülle: Statt Kalbfleisch kann man auch fein geschnittenes Fleisch von Hühnerkeulen verwenden.

GEFÜLLTE ZWIEBELN MIT LAMM UND PARADEISERRAGOUT

Zutaten für 4 Portionen

Für die gefüllten Zwiebeln:
Salz · 8 weiße Gemüsezwiebeln
1 Semmel · Milch
1 Zwiebel
1 EL Olivenöl
1–2 TL Estragonsenf · 1 Ei
60 g Joghurt (3,8 % Fettgehalt)
einige Rosmarinnadeln
1 Prise Gyrosgewürzpulver
1 Prise Currypulver
1 Spritzer Tabasco
350 g faschiertes Lammfleisch (von Schulter oder Hals)
einige Salbeiblätter

Für das Paradeiserragout:
6 Fleischparadeiser
1 TL Tomatenmark
2 EL Ketchup
1 Spritzer Tabasco · Salz

1. In einem Topf Wasser zum Kochen bringen und salzen. Die Gemüsezwiebeln mit der Schale hineingeben und 30 bis 45 Minuten köcheln lassen.
2. Für die Fülle die Semmel in Stücke schneiden und mit so viel Milch begießen, dass die Semmelstücke gerade durchfeuchtet werden. Die Zwiebel schälen, in kleine Würfel schneiden und im Olivenöl anschwitzen. Die Semmel leicht ausdrücken, mit Zwiebel, Senf, Ei, Joghurt, gehackten Rosmarinnadeln, Gyros- und Currypulver, Tabasco und dem faschierten Lammfleisch vermischen.
3. Für das Ragout die Paradeiser kreuzweise einritzen, überbrühen, häuten und halbieren. Das Fruchtfleisch in ein Sieb geben und ausdrücken, dabei den austretenden Saft auffangen und die Kerne entfernen. Dann das Fruchtfleisch hacken, mit dem ausgedrückten Paradeisersaft sowie dem Tomatenmark, dem Ketchup, dem Tabasco und etwas Salz vermischen. Die Mischung in einen ofenfesten Topf geben, der so groß ist, dass die Zwiebeln nebeneinander Platz darin finden. Den Backofen auf 200 °C vorheizen.
4. Die gekochten Zwiebeln schälen, jeweils einen Deckel abschneiden und die Zwiebeln aushöhlen. Das Zwiebelinnere klein schneiden, zum Paradeiserragout in den Topf geben und gut vermischen.
5. Die ausgehöhlten Zwiebeln mit der Lammfleisch-Semmel-Masse füllen und die Deckel aufsetzen. Die gefüllten Zwiebeln auf das Paradeiserragout setzen. Den Salbei darüber geben und die Zwiebeln im vorgeheizten Backofen etwa 30 Minuten garen.
6. Die gefüllten Zwiebeln mit dem Paradeiserragout auf vorgewärmten Tellern anrichten.

WINTERROLLE MIT RETTICHSALAT

Zutaten für 4 Portionen

Für den Salat:
1 schwarzer Rettich
Salz · Pfeffer aus der Mühle
1 Prise ganzer Kümmel
1 Schuss Essiggurkenmarinade (oder Marinade von eingelegten Pfefferoni)
1 TL Honig
2 EL Sauerrahm

Für die Winterrolle:
1 Karotte
1 Stück Lauch (3 cm)
1 Entenbrust (ca. 250 g)
40 g Shrimps
Maiskeimöl zum Braten
1 Stück Ingwer (1 cm)
50 g Sprossen (z. B. Radieschensprossen oder Linsenkeimlinge)
1 TL Currypulver
1 Schuss Chiliöl
1 Schuss Wacholderschnaps (Gin)
Salz · einige Glasnudeln
12 Blätter Frühlingsrollenteig
Öl zum Ausbacken

1. Für den Salat den Rettich gut abbürsten, fein reiben, mit etwas Salz vermischen und zugedeckt 30 Minuten ruhen lassen. Danach den Rettich ausdrücken.
2. Den Rettich mit grob gemahlenem Pfeffer, dem Kümmel, der Essiggurken- oder Pfefferonimarinade, dem Honig und dem Sauerrahm vermischen und kühl stellen.
3. Die Karotte schälen und in Stücke schneiden. Den Lauch waschen und ebenfalls in Stücke schneiden. Die Entenbrust in Streifen schneiden und mit den Karotten- und Lauchstücken sowie den Shrimps grob faschieren oder fein hacken.
4. In einer Pfanne das Maiskeimöl erhitzen und die Fleisch-Shrimps-Gemüse-Mischung so lange darin braten, bis die Flüssigkeit verdampft ist.
5. Den Ingwer schälen, fein hacken und mit den Sprossen zur Fleisch-Shrimps-Gemüse-Mischung geben. Mit Curry, Chiliöl, Wacholderschnaps und Salz abschmecken. Einige zerbrochene, nicht gekochte Glasnudeln untermischen.
6. Den Frühlingsrollenteig auf der Arbeitsfläche auslegen, mit kaltem Wasser gut befeuchten und mit Fülle belegen. Von jedem Teigstück jeweils zwei diagonal gegenüberliegende Ecken zur Mitte einschlagen und die Fülle in den Teig einrollen.
7. Das Öl in einem Topf stark erhitzen und die Rollen darin schwimmend goldbraun ausbacken. Herausheben, auf Küchenpapier abtropfen lassen und sofort mit dem Rettichsalat anrichten.

Die Glasnudeln gibt man in die Fülle, damit sie die Flüssigkeit absorbieren. So wird der Teig der Winterrolle besonders knusprig.

KALBSLEBERTERRINE

FÜR 12 PORTIONEN

400 g geputzte Kalbsleber
80 g Zwiebel · 2 Knoblauchzehen
1 kleine Selleriestange
2 EL Butter · 100 g Champignons
2 cl Cognac · 1 EL Rosinen
1 Spritzer Tabasco
375 g Qimiq
Salz · Pfeffer aus der Mühle
½ TL Pastetengewürz
1 Msp. getrockneter Majoran
½ TL Weizengrieß

1. Die Leber dünnblättrig schneiden. Zwiebel, Knoblauch und Sellerie schälen bzw. putzen und klein schneiden.
2. Die Butter erhitzen, alle Zutaten darin zugedeckt etwa 10 Minuten köcheln lassen. In der Küchenmaschine oder mit dem Stabmixer zu einer glatten Masse pürieren.
3. Eine Terrinenform mit Frischhaltefolie auslegen. Die Masse in die Form füllen, glatt streichen und mindestens 6 Stunden kühl stellen.
4. Die Terrine in Scheiben schneiden und nach Belieben mit Preiselbeerkonfitüre oder Chutney als Beilage servieren.

So kommt Abwechslung in die Terrine: Köpfe von Parasolen oder 3 mm dicke Scheiben von großen Steinpilzen auf ein mit Olivenöl beträufeltes Backblech legen, salzen, pfeffern und bei 200 °C im Backofen etwa 10 Minuten garen. Abkühlen lassen und etwa auf halber Höhe der Terrine als Schicht in die Kalbslebermasse legen.

KALBSNIEREN MIT SARDELLEN UND THYMIAN

ZUTATEN FÜR 4 PORTIONEN

16 kleine heurige Erdäpfel
4 mittelgroße, helle Kalbsnieren
Dijon-Senf zum Bestreichen
8 Sardellenfilets
8 Zweige Thymian
1 Schuss Olivenöl
1 Prise Meersalz
Pfeffer aus der Mühle
grob geschnittene Kräuter (z. B. Petersilie oder Sauerampfer) zum Bestreuen
Balsamicoessig

1. Die Erdäpfel gut waschen und garen. Den Backofen auf 220 °C vorheizen.
2. Die Nieren in der Mitte durchschneiden, die Blutgefäße entfernen. Jede Nierenhälfte auf der Schnittfläche mit Senf bestreichen, mit je 1 Sardellenfilet und 1 Thymianzweig (oder nach Belieben einigen Majoranblättchen) belegen.
3. In einem großen, feuerfesten Topf das Olivenöl mit dem Meersalz und 1 TL grob gemahlenem Pfeffer kräftig erhitzen. Die Nieren mit der belegten Seite nach oben hineinsetzen, die Erdäpfel dazugeben und alles im vorgeheizten Backofen etwa 12 Minuten garen. Zur Garprobe in eine Niere stechen – sobald kein Blut mehr austritt, sind die Nieren gar.
4. Die Nieren mit den Erdäpfeln auf Tellern anrichten und mit den Kräutern bestreuen. Den Bratensaft kräftig einkochen, mit Essig abschmecken und über die Nieren träufeln.

SAURE KALBSLEBER MIT ERDÄPFELPÜREE

Zutaten für 4 Portionen

Für die Leber:
800 g Kalbsleber
20 Weintrauben
2 Zwiebeln · 1 EL Butter
2–3 EL Balsamicoessig
125 g Schlagobers
Pfeffer aus der Mühle
1 Prise geriebene Muskatnuss
1 TL Majoranblättchen
einige Salbeiblätter
Salz · 1 EL gehackte Petersilie

Für das Püree:
4 mehlig kochende Erdäpfel (ca. 250 g)
Salz · 200 ml Milch
1 Schuss Erdnussöl
Pfeffer aus der Mühle
1 Prise geriebene Muskatnuss
2 EL Butter
100 g gemischter, geriebener Käse (z. B. Gruyère, Appenzeller, Bergkäse)

1. Die Leber häuten, in grobe Stücke schneiden und die großen Blutgefäße entfernen. Die Leber im Kühlschrank zugedeckt 1 Tag ruhen lassen.
2. Für das Püree die Erdäpfel schälen und in grobe Stücke schneiden. Wasser zum Kochen bringen, salzen und die Erdäpfel darin bissfest garen. Die Erdäpfel in ein Sieb abgießen und abdampfen lassen.
3. Den Backofen auf 220 °C vorheizen. Die Milch mit dem Erdnussöl mischen und aufkochen, mit Salz, Pfeffer und Muskatnuss würzen. Die Erdäpfel noch warm durch die Presse drücken, 1 EL Butter dazugeben und so viel heiße Milch unterrühren, bis ein flaumiges Püree entsteht.
4. Eine Auflaufform mit der restlichen Butter einfetten. Das Püree in die Form geben, mit dem Käse bestreuen und im vorgeheizten Backofen etwa 10 Minuten goldbraun überbacken.
5. Die Leber schnetzeln oder in Scheiben schneiden. Die Trauben kurz waschen und trockentupfen. Die Zwiebeln schälen und blättrig schneiden.
6. Die Butter in einer Pfanne erhitzen und die Zwiebeln darin anschwitzen. Die Leber dazugeben, kurz durchrühren und mit dem Essig ablöschen. Die Weintrauben und das Schlagobers hinzufügen, mit Pfeffer, Muskatnuss, Majoran und Salbei würzen. Alles zugedeckt 5 bis 8 Minuten garen.
7. Die Leber aus der Pfanne nehmen und die Sauce mit dem Stabmixer pürieren. Die Leber wieder in die Sauce legen, mit Salz würzen und mit Petersilie bestreuen. Mit dem überbackenen Püree servieren.

Durch das Ruhen verliert die Leber Blut, was in diesem Fall erwünscht ist. Ausreichend abgehangene Leber bleibt beim Braten weicher.

KALBSRAHMBEUSCHEL MIT SCHWAMMERLN

ZUTATEN FÜR 10 PORTIONEN

Für das Beuschel:
1 Kalbsbeuschel (ca. 2 kg)
1 Kalbsherz
1 EL schwarze Pfefferkörner
2 Lorbeerblätter
1 TL Korianderkörner
1 Gewürznelke · Salz
1 Suppenwürfel · 5 Zwiebeln
2 EL Schmalz · 60 ml Öl
5 Essiggurken · 4 EL Mehl
60 ml Estragonessig · $\frac{1}{2}$ l Riesling
60 ml Essiggurkenmarinade
$\frac{1}{2}$ Tube Sardellenpaste
2 EL Salzkapern · 5 EL Estragonsenf
3 EL getrockneter Majoran
$\frac{1}{2}$ EL Kümmelpulver
1 Prise geriebene Muskatnuss
3 EL flüssige Suppenwürze
100 g würziger Blauschimmelkäse
3 EL gemischte, fein geschnittene Kräuter (z. B. Liebstöckel, Estragon, Petersilie, Koriander, Schnittlauch)
250 g Schlagobers
Pfeffer aus der Mühle · Essig

Für die Schwammerln:
750 g Eierschwammerln
2 EL Butter (oder Butterschmalz)
Salz · Pfeffer aus der Mühle

1. Vom Beuschel den Schlund wegschneiden. Das Kalbsherz halbieren. Beuschel und Herz in kaltem Wasser etwa 12 Stunden wässern, das Wasser immer wieder erneuern.
2. Beuschel und Herz in einen Topf legen, mit kaltem Wasser bedecken und zum Kochen bringen. Pfefferkörner, Lorbeerblätter, Korianderkörner, Nelke, Salz und den Suppenwürfel dazugeben und alles zugedeckt etwa 1 $\frac{1}{2}$ Stunden köcheln lassen.
3. Beuschel und Herz aus dem Fond heben, kalt abschrecken und abkühlen lassen. Vom Fond 1 l abmessen und bis zur Weiterverarbeitung beiseite stellen.
4. Vom Beuschel die großen Blutgefäße und Röhren entfernen. Beuschel und Herz in feine Streifen schneiden.
5. Die Zwiebeln schälen und in kleine Würfel schneiden, in Schmalz und Öl goldgelb anschwitzen. Die Essiggurken blättrig schneiden und zu den Zwiebeln geben.
6. Das Mehl unterrühren, Essig, Wein, Essiggurkenmarinade und den beiseite gestellten Beuschelfond dazugießen. Sardellenpaste, Salzkapern, Senf, Majoran, Kümmel, Muskatnuss, Suppenwürze und Blauschimmelkäse unterrühren. Alles aufkochen, mit dem Stabmixer pürieren und 10 Minuten köcheln lassen.
7. Die Beuschelstreifen dazugeben und nochmals aufkochen. Die Kräuter unterrühren, das Schlagobers dazugeben und aufkochen. Mit Salz, Pfeffer und einem Schuss Essig pikant-säuerlich abschmecken.
8. Die Eierschwammerln putzen und in der Butter braten, mit Salz und Pfeffer würzen. In tiefen Tellern halb Beuschel, halb Schwammerln anrichten.

GERICHTE MIT Geschichte

Beuschel ist wie Bruckfleisch, Kutteln und Katzengschroa ein Relikt jener altösterreichischen Küche, die von preisgünstigen Zutaten und nahrhaften Gerichten bestimmt war. Die Arbeitszeit war in diesen fernen Zeiten sekundär. Tempore mutantur! Wer heute Beuschel zubereitet, verrichtet einen Dienst an der Erhaltung alten Kulturguts und sollte daran viele Freunde teilhaben lassen – denn Beuschel entwickelt seinen vollkommenen Wohlgeschmack nur, wenn es in größerer Menge zubereitet wird.

GESOTTENE KALBSZUNGE MIT OKRASCHOTEN

Zutaten für 4 Portionen

2 Kalbszungen (ca. 700 g)
1 Karotte · 2 Zwiebeln
2 Gewürznelken
1 Prise gemahlener Koriander
½ Lorbeerblatt
1 kleines Stück Zimtrinde
200 g Okraschoten
Salz · 4 Fleischparadeiser
2 Selleriestangen
1 rote Paprikaschote
150 g Champignons
200 g kleine speckige Erdäpfel
6 EL Olivenöl
1 Msp. Cayennepfeffer
½ TL Kurkumapulver
1 EL Tomatenmark
3 Knoblauchzehen
⅛ l Weißwein
Pfeffer aus der Mühle
3 EL gemischte, gehackte Kräuter
(z. B. Kerbel, Ysop,
Schnittlauch, Estragon)

1. Die Kalbszungen in einen großen Topf legen und mit kaltem Wasser bedecken. Die Karotte, eine geschälte Zwiebel, die Nelken, den Koriander, das Lorbeerblatt und die Zimtrinde dazugeben und alles zugedeckt etwa 2 ½ Stunden köcheln lassen, bis die Zungen an der Spitze weich sind. Die Zungen aus dem Fond heben und in kaltes Wasser legen. Den Fond beiseite stellen.

2. Die Okraschoten in leicht gesalzenem Wasser waschen, auf einem Sieb abtropfen lassen und der Länge nach halbieren. Die Paradeiser kreuzweise einritzen, überbrühen, häuten, entkernen und vierteln.

3. Den Sellerie waschen und in 2 cm lange Stücke schneiden. Die Paprikaschote halbieren, entkernen, waschen und in Streifen schneiden. Die zweite Zwiebel schälen und in Spalten schneiden. Die Champignons putzen, mit Küchenpapier trocken abreiben und vierteln. Die Erdäpfel schälen und in nussgroße Würfel schneiden.

4. Das Olivenöl erhitzen, die Zwiebel und die Erdäpfelstücke darin anschwitzen. Das restliche Gemüse, den Cayennepfeffer, das Kurkumapulver und das Tomatenmark untermischen. Den Knoblauch schälen und dazupressen. Den Wein und ½ l des beiseite gestellten Zungenkochfonds dazugießen. Das Gemüse zugedeckt etwa 20 Minuten köcheln lassen.

5. Die Okraschoten dazugeben und das Gemüse noch etwa 1 Minute köcheln lassen. Mit Salz und Pfeffer abschmecken. Die Flüssigkeit nach Belieben binden: Dazu etwas Maisstärke mit wenig Wasser anrühren und unter die kochende Flüssigkeit rühren.

6. Die Zungen häuten und die dicken Enden glatt schneiden. Jede Zunge der Länge nach in vier Scheiben schneiden und zum Erwärmen auf das Gemüse legen. Mit Salz und Pfeffer würzen und mit den Kräutern bestreuen.

PAPRIKAKUTTELN MIT MUSCHELN UND BERGKÄSE

Zutaten für 4 Portionen

2 rote Paprikaschoten
200 g Miesmuscheln (oder Venusmuscheln)
3 EL Olivenöl · 3 Knoblauchzehen
¼ l Weißwein (z. B. Riesling)
400 g Kutteln (vom Fleischhauer geputzt, gekocht und mit Sauerstoff gebleicht oder wie im Rezept auf Seite 143 vorbereitet)
1 EL gehackte Zitronenmelisse
2 Spritzer Oyster-Sauce (klare Fischsauce; im Asia-Handel)
2 Spritzer Tabasco
¼ l Geflügelfond (oder Rindssuppe)
Salz · 70 g Bergkäse
gehacktes Liebstöckel, Schnittlauchröllchen und gehackte Oliven zum Garnieren

1. Die Paprikaschoten halbieren, entkernen und waschen. In Stücke schneiden und mit wenig Wasser weich dünsten. Die gegarten Paprikastücke mit einem Stabmixer zu einem dicken Püree pürieren und beiseite stellen.

2. Die Muscheln unter fließendem Wasser gründlich abbürsten (besonders an Venusmuscheln haftet viel Sand, diese daher besonders gut wässern) und bei Miesmuscheln die Bärte entfernen. Geöffnete Muscheln aussortieren.

3. Das Olivenöl in einem Topf erhitzen. Zwei Knoblauchzehen schälen, in den Topf pressen und im heißen Öl anschwitzen. Die Muscheln dazugeben, kurz durchrühren und den Wein dazugießen. Zugedeckt garen, bis die Muscheln sich öffnen. Muscheln, die sich nicht geöffnet haben, aussortieren – sie könnten verdorben sein. Die Muscheln mit dem Fond auf ein Backblech oder in eine Schüssel geben und etwas abkühlen lassen. Das Muschelfleisch aus den Schalen lösen.

4. Den Backofen auf 220 °C vorheizen. Die Kutteln quer zur Faser in feine Streifen schneiden. Mit Zitronenmelisse, Paprikamark, Oyster-Sauce, Tabasco, Geflügelfond oder Rindssuppe und dem Kochfond der Muscheln vermischen. Den restlichen Knoblauch schälen, dazupressen und untermischen, mit Salz würzen.

5. Den Käse fein reiben. Die ausgelösten Muscheln auf ofenfeste Suppenteller verteilen, die Kutteln darauf geben und mit dem Käse bestreuen. Im vorgeheizten Backofen goldbraun überbacken. Vor dem Servieren mit Liebstöckel und Schnittlauchröllchen bestreuen und mit den Oliven garnieren.

GRATINIERTE KUTTELN
MIT STEINPILZEN UND MAIS

Zutaten für 8 Portionen

2 ½ kg Kutteln
(vom Fleischhauer geputzt)
6 Zwiebeln
6 Knoblauchzehen
1 Lorbeerblatt
5 schwarze Pfefferkörner
Salz · 2 EL Butter
2 EL Schweineschmalz
1 EL Kristallzucker
1 Schuss Essig
125 g Schlagobers
½ l Weißwein
1 Prise gemahlener Koriander
1–2 EL gemischte, gehackte
Kräuter (z. B. Liebstöckel,
Estragon, Thymian)
Kümmelpulver · Cayennepfeffer
1 Spritzer Sojasauce
150 g Maiskörner
250 g Steinpilze
1–2 EL Olivenöl
geriebener Parmesan
zum Bestreuen

1. Die Kutteln etwa 1 Woche in kaltem Wasser wässern, dabei das Wasser immer wieder erneuern.
2. Je 1 Zwiebel und Knoblauchzehe schälen. Die Kutteln in einen Topf legen, mit frischem kaltem Wasser bedecken, zum Kochen bringen und durch ein Sieb abgießen. Die Kutteln nochmals mit kaltem Wasser aufsetzen und etwa 5 Stunden mit dem Lorbeerblatt, der geschälten Zwiebel, der geschälten Knoblauchzehe, den Pfefferkörnern und etwas Salz zugedeckt köcheln lassen. Durch ein Sieb abgießen, dabei das Kochwasser auffangen. Die Kutteln zum Abkühlen in kaltes Wasser legen. Vom aufgefangenen Kochwasser ¾ l abmessen und bis zur Weiterverarbeitung beiseite stellen.
3. Den restlichen Knoblauch schälen und durch die Presse drücken. Die restlichen Zwiebeln schälen und blättrig schneiden. In einem Topf Butter und Schmalz erhitzen, die Zwiebeln und den Knoblauch darin goldgelb anschwitzen. Zucker, Essig, das beiseite gestellte Kuttelkochwasser, Schlagobers und Wein dazugeben. Alles 30 Minuten köcheln lassen.
4. Den Koriander, die Kräuter, den Kümmel und den Cayennepfeffer unterrühren und mit der Sojasauce abschmecken.
5. Die Kutteln in feine Streifen schneiden, unter die Sauce rühren und etwa 15 Minuten darin köcheln lassen. Den Backofen auf 200 °C vorheizen.
6. In der Zwischenzeit den Mais in Salzwasser garen. Die Steinpilze putzen und dickblättrig schneiden, im Olivenöl braten und mit Salz würzen.
7. Die Kutteln mit dem Mais und den Pilzen in einen ofenfesten Topf geben, mit dem Parmesan bestreuen und im vorgeheizten Backofen kurz überbacken.

Als Beilage passen mit Pesto und gehackten Oliven bestrichene, gratinierte Schwarzbrotscheiben oder Polenta.

FRITTIERTES HENDL IM NUSSBLATT

Zutaten für 4 Portionen

Für das Hendl:
ausgelöstes Brustfleisch von 2 Hühnern (ca. 500 g; ohne Haut)
1 Stück Ingwer (1 cm)
je 1–2 Spritzer Chiliöl und Sojasauce
einige Walnussblätter
Öl zum Ausbacken

Für die Dip-Sauce:
5 EL Erdnussöl · 2 EL Balsamicoessig
3 EL Sojasauce · 1 TL Wasabi

Bild links

1. Das Hühnerfleisch in etwa 2 cm breite Streifen schneiden. Den Ingwer schälen und fein hacken. Das Hühnerfleisch mit Ingwer, Chiliöl und Sojasauce mischen und etwa 30 Minuten marinieren.

2. Die Walnussblätter waschen und trockentupfen. Jedes Stück Fleisch in ein Walnussblatt wickeln. Die Blätter mit kleinen Spießen oder Zahnstochern fixieren. Die gefüllten Nussblätter im Öl schwimmend ausbacken, mit dem Schaumlöffel herausheben und auf Küchenpapier abtropfen lassen.

3. Für die Dip-Sauce alle Zutaten verrühren und zu den Nussblatthendln servieren.

LINSENEINTOPF MIT HÜHNERBÜGERLN

Zutaten für 4 Portionen

500 g grüne Linsen
2 Zwiebeln
1 Stück Knollensellerie
4 Schwarzwurzeln
300 g Kürbis (z. B. Hokkaido)
150 g Selchfleisch (oder Speck)
3 EL Butter · 9 Knoblauchzehen
1 EL Kristallzucker
60 ml Balsamicoessig
¾ l Geflügelfond (oder Rindssuppe)
Maisstärke zum Binden
je 1 Prise getrockneter Majoran und Rosmarin
1 Msp. Kümmelpulver
1 kleines Lorbeerblatt
4 Hühnerbügerln
Salz · Pfeffer aus der Mühle
Erdnussöl zum Beträufeln
1 Zweig Rosmarin
1 Salbeiblatt

1. Linsen in kaltem Wasser etwa 1 Stunde quellen lassen.

2. Die Zwiebeln und den Sellerie schälen und in kleine Würfel schneiden. Die Schwarzwurzeln schälen und in 1 cm große Stücke schneiden. Den Kürbis schälen und in große Würfel schneiden. Das Selchfleisch oder den Speck in Würfel schneiden.

3. Die Butter erhitzen und die Zwiebeln darin anschwitzen. Drei Knoblauchzehen schälen und zu den Zwiebeln pressen, den Zucker unterrühren. Mit dem Essig ablöschen und den Geflügelfond oder die Rindssuppe dazugießen.

4. Die Linsen in ein Sieb abgießen. Linsen und Gemüse in die Suppe geben und 15 Minuten garen. Die Flüssigkeit mit etwas mit wenig Wasser angerührter Maisstärke binden.

5. Majoran, Rosmarin, Kümmel und Lorbeerblatt unterrühren. Die Linsen etwa 30 Minuten zugedeckt stehen lassen. Den Backofen auf 220 °C vorheizen.

6. Die Haut der Hühnerbügerln am dünnen Ende rundum bis zum Knochen einschneiden (dann gart das Fleisch besser). Das Fleisch mit Salz und Pfeffer würzen, mit Erdnussöl beträufeln und mit 6 ungeschälten Knoblauchzehen, Rosmarin und Salbei in einen Schmortopf geben. Im vorgeheizten Backofen offen etwa 25 Minuten garen. Die Linsen erhitzen und mit den Hühnerbügerln servieren.

PAPRIKAHUHN MIT WACHOLDERSCHNAPS-ERDÄPFELN

Zutaten für 4 Portionen

Für die Erdäpfel:
12 mittelgroße speckige Erdäpfel
Meersalz
Wacholderschnaps (Gin)
Schnittlauchröllchen
(oder gehackte Petersilie)
zum Garnieren

Für das Paprikahuhn:
6 Hühnerbrustfilets
(oder Hühnerbügerln)
Salz · Pfeffer aus der Mühle
3–4 EL Olivenöl
500 g Sauerkraut
1 Knoblauchzehe
250 g Sauerrahm
500 g Schlagobers
1 Msp. Cayennepfeffer
2 EL edelsüßes Paprikapulver
1 Stiel Liebstöckel

1. Den Backofen auf 200 °C vorheizen. Die Erdäpfel zunächst sehr gründlich waschen. Ein ofenfestes Gefäß mit Meersalz ausstreuen, die vorbereiteten Erdäpfel mit der Schale hineinsetzen und im vorgeheizten Backofen etwa 1 Stunde garen.

2. Die Hühnerbrustfilets oder -bügerln mit Salz und Pfeffer würzen. Das Olivenöl in einer Pfanne erhitzen und die Hühnerbrustfilets oder -bügerln darin auf der Hautseite anbraten.

3. Das Sauerkraut in einen Schmortopf geben und das angebratene Hühnerfleisch darauf setzen.

4. Den Knoblauch schälen. Den Sauerrahm mit dem Schlagobers mischen, mit Salz, Pfeffer, Cayennepfeffer und Paprika würzen, den Knoblauch dazupressen und unterrühren. Die Mischung über das Hühnerfleisch gießen, mit Liebstöckel belegen und alles im Backofen garen, bis das Hühnerfleisch ganz durch ist (das dauert, wenn man Hühnerbrust verwendet, etwa 20 Minuten, bei Bügerln etwa 35 Minuten).

5. Die weich gegarten Erdäpfel vom Salz nehmen, mit Küchenpapier abwischen, aufdrücken und je 1 Schuss Gin in die Öffnungen gießen. Mit Schnittlauchröllchen oder Petersilie bestreuen.

6. Das Fleisch mit dem Kraut auf Tellern anrichten, etwas Schmorsaft darüber geben. Die Wacholderschnaps-Erdäpfel als Beilage dazu reichen.

POULARDE MIT RUCOLA-POLENTA-FÜLLE

Zutaten für 4–6 Portionen

einige getrocknete Steinpilze
1 Schalotte
1 EL Butter
70 g Polentagrieß
Salz · Pfeffer aus der Mühle
1 Bund Rucola · 1 Ei
1 Poularde (ca. 2 kg; küchenfertig)
1 EL Erdnussöl
weiche Butter zum Bestreichen
6 Knoblauchzehen
1 Schuss Süßwein
Balsamicoessig

1. Die Steinpilze im Mörser sehr fein zermahlen. Die Schalotte schälen und in kleine Würfel schneiden.
Die Butter erhitzen und die Schalotte darin goldgelb anschwitzen. Den Polentagrieß einrühren und 1/4 l Wasser dazugießen, mit Salz und Pfeffer würzen und kräftig umrühren. Das Steinpilzmehl unterrühren, die Polenta zu dickbreiiger Konsistenz kochen und abkühlen lassen.
2. Den Rucola waschen, trockenschütteln und klein schneiden. Mit dem Ei in die Polenta rühren. Den Backofen auf 200 °C vorheizen.
3. Das Huhn auslösen (wie beim Rezept für die gefüllte Ente beschrieben, siehe Seite 149), mit Polenta füllen und mit Küchengarn zunähen.
4. Das Erdnussöl in eine Auflaufform geben. Das gefüllte Huhn mit der Brust nach oben hineinsetzen und mit Butter bestreichen, mit Salz und Pfeffer würzen. Den Knoblauch ungeschält dazugeben und das Huhn im vorgeheizten Backofen etwa 1 Stunde garen. Währenddessen etwas Wasser und den Süßwein dazugeben und das Huhn immer wieder mit dem Bratensaft begießen.
5. Kurz vor Ende der Garzeit einige Spritzer Essig dazugeben, den Backofen ausschalten und das Huhn noch etwa 30 Minuten im Ofen ruhen lassen.
6. Das Küchengarn entfernen. Das Huhn in Viertel schneiden, dabei aber beachten, dass die Fülle recht weich ist – also ein scharfes Messer verwenden und die Teile am besten mit einer Palette auf die Teller heben.

Absolut unwiderstehlich wird dieses Gericht, wenn man die Polenta mit ein paar klein geschnittenen schwarzen Trüffeln anreichert. Als Beilage passen gebratene Pilze.

GEFÜLLTE ENTE MIT SAFRANÄPFELN

Zutaten für 4 Portionen

Für die Fülle:
einige getrocknete Steinpilze
2 Semmeln (vom Vortag; oder 100 g Knödelbrot)
Salz · Pfeffer aus der Mühle
1 Prise geriebene Muskatnuss
1 TL getrockneter Majoran
1 Knoblauchzehe · 90 ml Milch
½ kleine Zwiebel
1 Entenleber
30 g Champignons
50 g Butter · 1 Ei

Für die Ente:
1 Ente (ca. 2 kg; küchenfertig)
weiche Butter zum Bestreichen
Salz · Pfeffer aus der Mühle
1 Prise Kümmelpulver
1 Prise getrockneter Majoran
einige Beifußblättchen
Mehl zum Binden
3 EL Balsamicoessig
⅛ l Rotwein
½ TL gehackter Ingwer
kalte Butter zum Binden

Für den Gewürzhonig:
1 EL Honig · 1 Msp. Kümmelpulver
½ TL geriebener Ingwer
½ Knoblauchzehe
Saft und abgeriebene Schale von je ½ unbehandelten Orange und Zitrone
Pfeffer aus der Mühle
5 Rosmarinnadeln

Für die Safranäpfel:
2 säuerliche Äpfel (z. B. Boskop)
2 EL Kristallzucker · 1 EL Butter
1 Prise Safranpulver
1 Schuss Apfelsaft

1. Die Steinpilze im Mörser fein zermahlen. Die Semmeln in Würfel schneiden, mit Salz, Pfeffer, Muskatnuss, Majoran, durchgepresstem Knoblauch und 1 TL Steinpilzmehl vermischen und mit warmer Milch übergießen.

2. Die Zwiebel schälen. Zwiebel und Entenleber klein schneiden. Die Pilze putzen und blättrig schneiden. Alles in wenig Butter anschwitzen und unter die Semmelmasse heben. Von der restlichen Butter 1 EL mit dem Ei und etwas Salz glatt rühren und mit der Semmelmasse verrühren. Die Masse zusammendrücken und ruhen lassen.

3. Die Ente auslösen: Am Rücken die Haut durchschneiden und mit kleinen Schnitten bzw. durch Schaben das Fleisch auf beiden Seiten bis zum Brustbein von den Knochen lösen, dabei die Haut am Brustbein nicht zerschneiden! Die Keulen aus den Hüftgelenken schneiden, die Oberschenkelknochen auslösen, die Unterschenkelknochen bleiben im Fleisch. Den Backofen auf 220 °C vorheizen.

4. Die Ente am vorderen Ende und über den Rücken mit Küchengarn zunähen, füllen und noch offene Stellen ebenfalls zunähen. Die Ente mit Butter bestreichen, mit Salz, Pfeffer, Kümmel, Majoran und Beifuß würzen.

5. Die Ente mit der Brustseite nach oben in einen Bräter setzen. Die Knochen klein hacken und dazugeben, etwas Wasser dazugießen und die Ente im vorgeheizten Backofen anbraten. Nach 15 Minuten die Hitze auf 190 °C reduzieren und die Ente noch etwa 2 ¼ Stunden garen, dabei immer wieder mit Bratensaft begießen.

6. Die Gewürzhonig-Zutaten mischen und aufkochen. 10 Minuten vor Garzeitende die Ente damit bestreichen.

7. Die Ente aus dem Bratentopf heben und warm stellen. Das Fett vom Bratenfond abschöpfen, Knochen und Fond mit etwas Mehl bestäuben, Essig, Wein und Ingwer unterrühren und auf die Hälfte einkochen. Den Fond abseihen und so viel kalte Butter einrühren, dass eine sämige Sauce entsteht. Mit Salz und Pfeffer abschmecken.

8. Für die Safranäpfel die Äpfel in der Schale in Spalten schneiden und entkernen. Den Zucker in Butter karamellisieren und die Apfelspalten darin schwenken. Safran und Apfelsaft dazugeben, die Äpfel nochmals darin schwenken.

9. Von der Ente das Küchengarn entfernen. Die Ente in Scheiben schneiden, mit Sauce und Safranäpfeln anrichten.

TRUTHAHN IN ZWEI GÄNGEN

ZUTATEN FÜR 8 PORTIONEN

1 Truthahn (ca. 3 ½ kg; küchenfertig)

Für die Suppe:
2 Zwiebeln · 2 Knoblauchzehen
2 EL Butter
1 EL gehackter Ingwer
1 Schuss Sojasauce
⅛ l Weißwein
2 EL Paprikapulver
½ TL Senfkörner
1 kleines Lorbeerblatt
1 ½ l Geflügelfond
1 kleiner Kopf Weißkraut
Maisstärke zum Binden
Salz · Pfeffer aus der Mühle

Für die Truthahnbrust:
1 EL Erdnussöl · Currypulver
Salz · Pfeffer aus der Mühle
2 EL Honig · 6–10 Gewürznelken
4 kleine Äpfel · 1 Quitte
1 Stück Ingwer (2 cm)
6 Schalotten · 3 Knoblauchzehen
1 Schuss Apfelsaft (oder Süßwein)
Rohzucker · 1 Schuss Rum
1 Schuss Schlagobers

1. Den Truthahn in Brust, Keulen und den Rest teilen. Die Brust samt Haut am Knochen lassen und beiseite legen. Von den restlichen Teilen die Haut abziehen, die Knochen auslösen (sofern es von der Fleischmenge sinnvoll ist) und das Fleisch in 1 cm große Würfel schneiden.

2. Für die Suppe Zwiebeln und Knoblauch schälen. Die Zwiebeln klein, den Knoblauch blättrig schneiden. Beides in der Butter anschwitzen, die Fleischwürfel dazugeben und anbraten. Den Ingwer unterrühren, die Sojasauce und den Wein dazugießen, das Paprikapulver und die Senfkörner unterrühren und das Lorbeerblatt dazugeben. Den Geflügelfond (oder Wasser mit entsprechender Suppenwürze) dazugießen und 25 Minuten köcheln lassen.

3. Aus dem Krautkopf den Strunk herausschneiden und die äußeren Blätter ablösen. Das Kraut in Fleckerln schneiden und in der Suppe 5 bis 10 Minuten köcheln lassen. Etwas Maisstärke mit wenig Wasser anrühren und die Suppe damit binden, mit Salz und Pfeffer abschmecken. Bis zum Servieren warm halten.

4. Für die Truthahnbrust den Backofen auf 200 °C vorheizen und eine ofenfeste Pfanne mit Erdnussöl einfetten. Die Truthahnbrust mit Curry, Salz und Pfeffer würzen, mit dem leicht erwärmten Honig bestreichen und mit den Nelken spicken. Das Fleisch in die Pfanne setzen. Die Äpfel schälen, die Quitte abreiben und beides in Spalten schneiden. Apfel- und Quittenspalten, Ingwer, die ungeschälten Schalotten und den ungeschälten Knoblauch dazugeben. Den Apfelsaft dazugießen und alles im vorgeheizten Backofen etwa 45 Minuten garen. Dabei die Truthahnbrust immer wieder mit dem austretenden Fleischsaft begießen und die verdampfte Flüssigkeit durch Wasser ersetzen.

5. Die Truthahnbrust kurz vor Ende der Garzeit mit etwas Rohzucker bestreuen und bei sehr starker Oberhitze goldbraun karamellisieren. Das Fleisch aus der Pfanne heben. Den Rum in die Pfanne gießen und den Bratensatz lösen. Den Fond durch ein Sieb gießen, das Schlagobers unterrühren, mit Salz und Pfeffer würzen.

6. Die Truthahnbrust vom Knochen lösen und portionieren, mit der Sauce und dem Obst anrichten. Als Beilage passt Reis oder Couscous.

TRUTHAHNBRUST MIT KÜRBIS

Zutaten für 4 Portionen

300 g Muskatkürbis
800 g Putenbrust
1 TL Currypulver
Cayennepfeffer
1 TL Kurkumapulver
1 Sternanis
2 Gewürznelken
Salz · Pfeffer aus der Mühle
4 EL Erdnussöl
250 g Schlagobers
125 g Joghurt (3,8 % Fettgehalt)
1 unbehandelte Limette
1 kleines Bund Minze

1. Den Backofen auf 220 °C vorheizen. Den Kürbis mit der Schale in zwei Spalten schneiden und mit der Putenbrust in einen Schmortopf geben. Mit Curry, Cayennepfeffer, Kurkuma, Sternanis, Nelken, Salz und 1 TL gemahlenem Pfeffer bestreuen und mit dem Erdnussöl beträufeln. Fleisch und Kürbis mit der Gewürzmischung einreiben.
2. Das Schlagobers mit dem Joghurt und $^1/_8$ l Wasser verrühren und über Fleisch und Kürbis gießen.
3. Die Limette waschen, abtrocknen und halbieren. Die Minze waschen und trockenschütteln. Die Blätter von den Stielen zupfen, einige zum Garnieren beiseite legen. Die Limette und die restliche Minze in den Topf geben, alles im vorgeheizten Backofen etwa 25 Minuten garen.
4. Das Fleisch und den Kürbis aus dem Topf heben, den Kürbis schälen. Das Fleisch und das Kürbisfruchtfleisch in mundgerechte Stücke schneiden, auf Teller verteilen und mit dem Saft aus dem Schmortopf überziehen. Mit Minze garniert servieren.

GÄNSELEBER-ENTEN-SUGO

Zutaten für 6 Portionen

600 g Entenflügel
(oder Entenkeulen; ohne Haut)
9 Schalotten
4 Knoblauchzehen
100 g Karotten
70 g Petersilie
150 g Gänseleber
50 g Salami
125 g Entenfett
Salz · Pfeffer aus der Mühle
1 Msp. Kümmelpulver
½ TL Anissamen
½ l Rotwein
(z. B. Cabernet Sauvignon)
Balsam-Apfelessig

1. Das Entenfleisch auslösen. Die Schalotten und den Knoblauch schälen, die Karotten schälen und in Stücke schneiden. Die Petersilie waschen und trockenschütteln.
2. Das Entenfleisch, die Gänseleber, die Schalotten, die Karottenstücke, den Knoblauch, die Salami und die Petersilie durch den Fleischwolf drehen. Alles gut miteinander vermischen.
3. Das Entenfett erhitzen und das Faschierte darin anschwitzen. Mit Salz, Pfeffer, Kümmel und Anissamen würzen. Den Wein dazugießen und alles offen etwa 1 Sunde köcheln lassen. Mit Salz, Pfeffer und Essig abschmecken. Den Sugo mit dünnen Bandnudeln servieren.

Zu diesem Sugo passen auch hervorragend Kürbis-Ravioli. Die Ravioli wie im Rezept Blutwursttascherln (siehe Seite 182) zubereiten, aber die Fülle der Kürbis-Cannelloni (siehe Seite 130) verwenden.

GEFÜLLTE GANS MIT BIER-ESSIG-SAUCE

Zutaten für 4 Portionen

Für die Gans:
1 Gans (ca. 4,2 kg; kuchenfertig)
60 g körniger Senf
Salz · Pfeffer aus der Mühle
2 Knoblauchzehen
1 TL ganzer Kümmel

Für die Fülle:
1 Stück Ingwer (1 cm)
1 Stängel Zitronengras
1 Gänseleber
8 kandierte Kirschen
8 Dörrpflaumen
150 g Sauerkraut
3 EL Leinsamen
1 Prise getrockneter Majoran
4 große Scheiben Milchbrot
2 dünne Scheiben Schwarzbrot

Für die Sauce:
2 EL Mehl
½ l Hefeweizen-Bier
¼ l Balsamicoessig
⅛ l Sojasauce
Maisstärke zum Binden
Salz · Pfeffer aus der Mühle

1. Die Haut der Gans entlang des Rückgrats einschneiden, mit einem scharfen Messer das Fleisch vom Brustkorb lösen. Die Knochen der Oberkeulen und der Flügel an den Gelenken vom Rumpf trennen. Die Oberkeulenknochen ebenfalls auslösen, das Fleisch bleibt aber am Stück. Die ausgelöste Gans mit der Hautseite nach unten auf die Arbeitsfläche legen, mit Senf bestreichen und mit Salz und Pfeffer würzen. Den Backofen auf 200 °C vorheizen.
2. Für die Fülle den Ingwer schälen und fein hacken. Vom Zitronengras die welken Außenblätter und die obere, trockene Hälfte entfernen und die untere Hälfte ebenfalls fein hacken. Die Leber klein schneiden. Die Kirschen und Dörrpflaumen auf die Gans legen, das Kraut darauf verteilen, die Leberstücke und den Leinsamen darüber geben. Mit Ingwer, Zitronengras und Majoran würzen, mit dem Milch- und Schwarzbrot belegen.
3. Die Gans über der Fülle zusammenklappen und mit Küchengarn zunähen. Den Knoblauch schälen und durch die Presse drücken. Die Gans außen mit Salz, Pfeffer, Kümmel und Knoblauch einreiben.
4. Die Gänseknochen hacken. Die Gans mit der Brust nach unten in einen schweren Bräter legen, die Knochen dazugeben und so viel Wasser dazugießen, dass es etwa 1 cm hoch im Bräter steht.
5. Die Gans im vorgeheizten Backofen etwa 45 Minuten garen. Das Fett abschöpfen und die Knochen mit dem Mehl bestäuben. Die Gans wenden. Das Bier, den Essig und die Sojasauce dazugeben und die Gans weitere 2 ¾ Stunden garen, dabei immer wieder mit dem Bratenfond begießen.
6. Die Gans aus dem Bräter heben und noch etwa 1 Stunde bei 60 °C im Backofen ruhen lassen.
7. Den Bratensaft durch ein Sieb streichen. Etwas Maisstärkemehl mit wenig Wasser anrühren und den Bratensaft damit binden. Mit Salz und Pfeffer abschmecken.
8. Die Gans portionieren, auf Tellern anrichten und mit der Sauce überziehen. Nach Belieben mit Dörrpflaumen, Kirschen, Ingwerscheiben und Fenchelkraut garnieren.

GESOTTENES MILCHLAMM MIT REIS UND ZWEI SAUCEN

Zutaten für 6 Portionen

Für die Saucen:
1 Hand voll Bärlauch
125 g Qimiq
125 g Sauerrahm
125 g Cremejoghurt
60 g Ziegenfrischkäse
Zitronensaft
Salz · 1 Spritzer Tabasco
2 TL Senf
2 TL Krenpaste
1 TL Currypulver
1 Prise Kristallzucker

Für das Milchlamm:
1 l Geflügelfond
3 TL Maisstärke
(oder Pfeilwurzelmehl)
100 g Ingwer
3 Knoblauchzehen
60 ml Sojasauce
1 Spritzer Tabasco
1 kg Milchlammschlegel
(geputzt)
einige Minzeblätter
Bärlauch und Brunnenkresse
zum Garnieren

Für den Reis:
500 g Basmatireis

1. Für die Saucen den Bärlauch kurz in kochendem Wasser blanchieren, in ein Sieb abgießen und eiskalt abschrecken. Den Bärlauch abtropfen lassen und mit dem Stabmixer fein pürieren.

2. Qimiq mit Sauerrahm und Joghurt unter ständigem Rühren leicht erhitzen. Die Masse halbieren. Unter die eine Hälfte das Bärlauchpüree und den Ziegenfrischkäse rühren. Mit Zitronensaft, Salz und Tabasco abschmecken.

3. Die andere Hälfte der Joghurtmasse mit Senf, Krenpaste und Curry verrühren. Mit Zucker und Salz abschmecken. Die Saucen kühl stellen.

4. Den Geflügelfond aufkochen. Die Maisstärke oder das Pfeilwurzelmehl mit wenig Wasser anrühren und den Fond damit binden. Den Ingwer und den Knoblauch schälen und fein hacken. Mit Sojasauce und Tabasco unter die kochende Suppe rühren.

5. Das Lammfleisch dünnblättrig schneiden. Die Minze in Streifen schneiden. Das Fleisch und die Minze in die kochende Suppe streuen. Den Topf zudecken, vom Herd nehmen und das Fleisch in der Suppe etwa 15 Minuten ziehen lassen (es sollte dabei innen rosa bleiben).

6. Inzwischen den Reis in einem Sieb unter fließendem Wasser waschen, bis das Wasser klar abläuft. Den Reis mit der doppelten Menge Wasser in einen Topf geben und zugedeckt bei kleinster Hitze dünsten oder – noch besser – in einem Reisdämpfer (erhältlich in Asia-Läden) garen.

7. Das Lammragout in eine vorgewärmte Schüssel füllen. Mit Bärlauch und Brunnenkresse bestreut servieren. Die Saucen sowie den gedämpften Basmatireis als Beilagen separat dazu reichen.

GEBACKENES KANINCHEN MIT KOHLRABISALAT

Zutaten für 4 Portionen

600 g Kaninchenrücken
1 Stück Ingwer (1 cm)
1 Schuss Schlagobers
abgeriebene Schale von
1 unbehandelten Limette
Pfeffer aus der Mühle
1 Prise Kreuzkümmelpulver
2 Eier · Salz
Mehl und Weißbrotbrösel
zum Panieren
Öl zum Ausbacken
3 Kohlrabi · 4 EL Sauerrahm
2 EL Qimiq · Saft von ½ Zitrone

1. Vom Kaninchenfleisch die Haut abziehen. Das dünne Ende vom Fleisch wegschneiden, sodass es halbwegs gleich dick ist. Den Ingwer schälen und fein reiben.
2. Das Fleisch mit Schlagobers begießen, mit Limettenschale, Ingwer, grob gemahlenem Pfeffer und Kreuzkümmel vermischen. Im Kühlschrank mindestens 30 Minuten marinieren.
3. Die Eier verquirlen. Das Fleisch mit Salz würzen, in Mehl, Eiern und Bröseln panieren. Das Öl erhitzen und das Fleisch darin goldbraun ausbacken.
4. Für den Salat die Kohlrabi schälen und grob reiben. Mit Sauerrahm, Qimiq, Zitronensaft, Salz und Pfeffer gut vermischen und nach Belieben mit Kresse bestreuen.

KANINCHEN MIT PARADEISERPAPRIKA

Zutaten für 4 Portionen

Für das Kaninchen:
4 Kaninchenkeulen (à ca. 200 g)
½ EL edelsüßes Paprikapulver
Salz · 5 EL Olivenöl
Cayennepfeffer · Erdnussöl
1 Spritzer Himbeeressig
(oder Balsamicoessig)
ca. 40 g gesalzene Erdnüsse
1 TL Sesamöl · ½ TL Currypulver
1 EL Honig

Für die Paradeiserpaprika:
2 rote Paprikaschoten · Olivenöl
3 Knoblauchzehen
10 Paradeiser · 2 EL Kristallzucker
Cayennepfeffer · Salz

1. Die Kaninchenkeulen auslösen und das Fleisch in Stücke schneiden. Mit Paprika, Salz, Olivenöl und einigen Prisen Cayennepfeffer vermischen. Das Fleisch in wenig Erdnussöl anbraten und mit Essig aromatisieren.
2. Die Erdnüsse in einer Pfanne im Sesamöl anrösten, den Curry dazugeben, kurz mitrösten und die Nüsse aus der Pfanne nehmen. Den Honig in der Pfanne erhitzen, die Nüsse wieder dazugeben und im Honig glasieren. Die Kaninchenstücke damit vermischen.
3. Für die Paradeiserpaprika die Paprikaschoten halbieren, entkernen, waschen und in Spalten schneiden, in reichlich Olivenöl andünsten. Den Knoblauch in der Schale andrücken, dazugeben und die Paprika weich dünsten.
4. Die Paradeiser kreuzweise einritzen, überbrühen, häuten, halbieren, entkernen und in Spalten schneiden. Die Paprika aus dem Öl heben und mit den Paradeiserspalten mischen. Mit Zucker, Cayennepfeffer und Salz würzen.
5. Das Kaninchen mit Paradeiserpaprika anrichten und nach Belieben mit Minze bestreut servieren.

LAMMKEULE MIT PARADEISER-BOHNEN-RAGOUT

ZUTATEN FÜR 4 PORTIONEN

150 g Käferbohnen
1 Stück Schinkenschwarte
1 gut abgehangene Lammkeule (1,8–2 kg; ohne Stelze)
5 EL gehackte Oliven
1 EL gehackter Rosmarin
½ EL gehackter Salbei
einige Blättchen Ysop
12 Knoblauchzehen
7 EL Olivenöl
Salz · Pfeffer aus der Mühle
¼ l trockener Weißwein
6 Fleischparadeiser (oder 250 g Cocktailtomaten)
Olivenöl zum Beträufeln

1. Die Bohnen in einen Topf geben, mit kaltem Wasser bedecken und zugedeckt über Nacht einweichen.
2. Die Schinkenschwarte zu den Bohnen in den Topf geben und die Bohnen mit dem Einweichwasser zum Kochen bringen. Etwa 1 Stunde garen, bis sie fast weich sind. Die Bohnen in ein Sieb abgießen und abtropfen lassen. Den Backofen auf 220 °C vorheizen.
3. Von der Lammkeule den großen Knochen auslösen. Oliven, Rosmarin, Salbei und Ysop in einen Mörser geben. Drei Knoblauchzehen schälen und dazupressen. Alles mit 5 EL Olivenöl zu einer Paste verreiben und die Innenseite der Lammkeule damit bestreichen.
4. Die Keule mit Küchengarn umwickeln. Drei Knoblauchzehen schälen und durch die Presse drücken. Die Keule außen mit etwas Salz und Pfeffer, dem Knoblauch sowie dem restlichen Olivenöl einreiben.
5. Die Lammkeule mit dem restlichen ungeschälten Knoblauch in einen Schmortopf legen und im vorgeheizten Backofen anbraten. Nach etwa 30 Minuten die Backofentemperatur auf 190 °C reduzieren und den Wein dazugießen. Die Lammkeule immer wieder mit dem Bratensaft begießen.
6. Die Paradeiser waschen und vierteln, dabei die Stielansätze entfernen. Nach insgesamt 45 Minuten Garzeit die vorgekochten Bohnen und vorbereiteten Paradeiserviertel zum Fleisch geben. Alles noch weitere 15 Minuten garen, dann den Backofen ausschalten und die Lammkeule noch 30 Minuten im Ofen ruhen lassen.
7. Die Lammkeule aus dem Schmortopf heben und in dünne Scheiben schneiden. Auf Tellern anrichten, mit etwas Olivenöl beträufeln und mit dem Paradeiser-Bohnen-Ragout servieren.

LAMMRÜCKEN MIT GEDÄMPFTEM BOLOGNESER SALAT

ZUTATEN FÜR 6 PORTIONEN

1 Lammrücken
(ca. 2 ½ kg; am Knochen)
Salz · Pfeffer aus der Mühle
ca. 100 ml Olivenöl
4 Paradeiser
6 Knoblauchzehen
50 g Rosinen
60 ml Himbeeressig
½ l Rotwein
2 EL Pilzsojasauce
1 EL gemischte, gehackte Kräuter
(Basilikum, Minze, Thymian,
Oregano)

Für den Salat:
1½ Köpfe Bologneser Salat
2 Knoblauchzehen
30 g Butter
½ TL Kristallzucker
Salz · Pfeffer aus der Mühle

1. Die Haut des Lammrückens links und rechts des Rückgrats leicht einschneiden und die Fettschicht kreuzweise einritzen. Das Fleisch mit Salz und Pfeffer würzen, mit 2 EL Olivenöl einreiben und 30 Minuten ziehen lassen.
2. Den Backofen auf 220 °C vorheizen. In einem Bräter 6 EL Olivenöl erhitzen und das Fleisch auf beiden Seiten des Rückens darin kräftig anbraten. Das Fleisch aus dem Bräter heben.
3. Die Paradeiser waschen und halbieren, dabei die Stielansätze entfernen. Paradeiser, ungeschälten Knoblauch und Rosinen in den Topf geben, den Lammrücken darauf setzen. Essig und Wein dazugießen. Das Fleisch im vorgeheizten Backofen etwa 25 Minuten garen. Dann den Backofen ausschalten und den Lammrücken noch etwa 10 Minuten im Ofen ruhen lassen.
4. Für den Salat die Salatköpfe waschen und vierteln bzw. halbieren. Den Knoblauch schälen und fein hacken. In einer großen Pfanne die Butter mit dem Zucker und dem Knoblauch erhitzen. Den Salat dazugeben, mit Salz und Pfeffer würzen und 50 ml Wasser dazugießen. Den Salat zugedeckt etwa 4 Minuten dämpfen.
5. Den Lammrücken aus dem Bräter heben und das Fleisch vom Rückenknochen lösen. Währenddessen die Sauce etwas einkochen.
6. Die Sauce durch ein Sieb streichen. 1 kleinen Schuss Olivenöl und die Pilzsojasauce dazugeben und alles mit dem Stabmixer schaumig aufschlagen. Die Kräuter unterrühren.
7. Den Salat auf Teller verteilen. Das Lammfleisch darauf anrichten und mit der Sauce überziehen.

LAMMRAGOUT MIT CURRY

ZUTATEN FÜR 6 PORTIONEN

1 kg ausgelöste Lammstelze
1 Karotte
1 Knoblauchknolle
2 ½ Zwiebeln
1 Lorbeerblatt
2 Wacholderbeeren
1 Gewürznelke
Salz · 5 EL Butter
3 Knoblauchzehen
Mehl zum Bestäuben
125 ml Essiggurkenmarinade
60 ml Balsamicoessig
⅛ l würziger Weißwein (z. B. Traminer)
2 EL Currypulver
Cayennepfeffer
125 g Schlagobers
50 g Blauschimmelkäse
2 EL gemischte, gehackte Kräuter (z. B. Basilikum, Liebstöckel, Minze, Petersilie, Kerbel)

1. Das Lammfleisch in einem Topf mit 2 l kaltem Wasser bedecken. Die Karotte putzen, die ungeschälte Knoblauchknolle halbieren. Die halbe geschälte Zwiebel, die Karotte, die halbierte Knoblauchknolle, das Lorbeerblatt, die Wacholderbeeren sowie die Nelke dazugeben. Mäßig salzen, zum Kochen bringen und das Fleisch darin garen. Durch ein Sieb abgießen, dabei ½ l Kochfond auffangen.
2. Die restlichen Zwiebeln schälen, in kleine Würfel schneiden und in der Butter goldgelb anschwitzen. Die Knoblauchzehen schälen, durch die Presse drücken und unterrühren, mit etwas Mehl bestäuben, mit Essiggurkenmarinade und Essig ablöschen.
3. Den Wein und den aufgefangenen Fond dazugießen. Curry, Cayennepfeffer und Schlagobers unterrühren und die Sauce etwa 10 Minuten köcheln lassen. Den Blauschimmelkäse dazugeben und die Sauce mit dem Stabmixer schaumig aufschlagen.
4. Die Karotte aus dem Kochfond klein schneiden, mit dem Fleisch und den Kräutern unter die Sauce rühren.
5. Das Lammragout nach Belieben mit Weißbrot oder Polenta servieren.

LAMMRAGOUT »VIEL ZU EINFACH«

ZUTATEN FÜR 6 PORTIONEN

1 kg Lammschulter
Salz · Pfeffer aus der Mühle
Olivenöl zum Braten
4 Schalotten
6 getrocknete Tomaten
4 getrocknete Marillen
½ Vanilleschote
1 Msp. Safranpulver
1 EL Currypulver
½ TL ganzer Kreuzkümmel
2 EL Honig · Cayennepfeffer
⅛ l Süßwein · 1 EL Sojasauce
Maisstärke zum Binden

1. Das Fleisch in 4 cm große Würfel schneiden, mit Salz und Pfeffer würzen. Portionsweise im Olivenöl anbraten.
2. Die Schalotten schälen und wie die Tomaten und Marillen in Streifen schneiden und zum Fleisch geben. Die Vanilleschote der Länge nach aufschneiden. Vanilleschote, Safran, Curry, Kreuzkümmel, Honig und Cayennepfeffer mit dem Fleisch verrühren. Den Süßwein, 1 Schuss Wasser und die Sojasauce einrühren und alles 1 Stunde köcheln lassen. Dabei so viel Flüssigkeit hinzufügen, dass das Fleisch gerade bedeckt ist.
3. Etwas Maisstärke mit wenig Wasser anrühren und das Ragout damit binden. Das Lammragout nach Belieben mit Reis, Couscous oder Hartweizennudeln servieren.

KALBSWADLGULASCH MIT TOPFENNUDELN UND PAPRIKAGEMÜSE

ZUTATEN FÜR 4 PORTIONEN

Für das Gulasch:
3 Zwiebeln
2 EL Maiskeimöl
(oder Kalbsnierenfett)
1–2 TL Kristallzucker
1 EL Essig
5–7 EL edelsüßes Paprikapulver
2 Kalbswaden
(insgesamt ca. 800 g)
1 Prise Cayennepfeffer
1 Lorbeerblatt · Salz
1 unbehandelte Limette
Maisstärke zum Binden
1 rote Paprikaschote
Olivenöl zum Frittieren

Für die Topfennudeln:
1 unbehandelte Limette
5 EL Topfen (20 % Fettgehalt)
1 Eidotter
einige Minzeblätter
Salz · Pfeffer aus der Mühle
250 g Nudelteig (siehe Seite 130)
3–4 EL Butter
1 EL gehackte Kräuter
(z. B. Petersilie oder Kerbel)

1. Für das Gulasch die Zwiebeln schälen und in kleine Würfel schneiden. Das Öl oder Nierenfett in einem Topf erhitzen und die Zwiebeln darin goldgelb anschwitzen. Den Zucker dazugeben, mit Essig ablöschen und 1 l Wasser dazugießen. Das Paprikapulver mit einem Schneebesen unterrühren.

2. Das Fleisch in 5 cm große Würfel schneiden und in die Paprikasauce geben. Mit Cayennepfeffer, Lorbeerblatt und Salz würzen und alles zugedeckt 1 bis 1 1/4 Stunden köcheln lassen.

3. Die Limette waschen und abtrocknen, die Schale fein abreiben und das Gulasch damit abschmecken. Etwas Maisstärke mit wenig Wasser anrühren und zum Binden unter den kochenden Gulaschsaft rühren.

4. Die Paprika halbieren, entkernen, waschen und in Würfel schneiden. Das Olivenöl stark erhitzen und die Paprikastücke darin frittieren, bis sie weich sind.

5. Für die Topfennudeln die Limette waschen, abtrocknen und die Schale fein abreiben. Den Topfen mit dem Eidotter, der Limettenschale, der Minze sowie etwas Salz und Pfeffer gut vermischen.

6. Den Nudelteig dünn ausrollen und in 5 x 15 cm große Stücke schneiden. Die Topfenmasse mit einem Spritzbeutel auf die Teigstücke setzen. Den Teig über die Längskante falten und die Ränder gut zusammendrücken.

7. Reichlich Wasser zum Kochen bringen, salzen und die Nudeln darin etwa 3 Minuten gar ziehen lassen. Die Butter zerlassen und die Kräuter dazugeben. Die Topfennudeln aus dem Wasser heben und in der Kräuterbutter schwenken.

8. Das Gulasch mit den Topfennudeln anrichten und mit dem frittierten Paprikagemüse bestreuen.

EINGEWECKTE KALBSBRUST MIT MORCHELMUS

Zutaten für 4 Portionen

Für die Kalbsbrust:
1 kg Kalbsbrust
Erdnussöl
je 2 Lorbeer- und Salbeiblätter
1 Zweig Rosmarin
1 Hand voll gemischte Kräuter (z. B. Salbei, Rosmarin, Kerbel, Liebstöckel, Basilikum)
Pfeffer aus der Mühle

Für die Morcheln und das Morchelmus:
50 g getrocknete Morcheln
4 Blatt Gelatine
500 g Schlagobers · Salz
160 g Qimiq
6–10 Bärlauchblätter
Erdnussöl

Für den Spargel-Spinat-Salat:
250 g fingerdicker Spargel
Salz · Kristallzucker
150 g kleine Spinatblätter
Saft von 1/2 Zitrone
2 EL weißer Balsamicoessig
4 EL Erdnussöl

1. Das Fleisch in zwei Stücke schneiden und in einen Topf geben. Mit so viel Erdnussöl begießen, dass es bedeckt ist, nach Belieben 2 EL Gänsefett dazugeben. Die Lorbeer- und Salbeiblätter sowie den Rosmarin dazugeben. Zum Kochen bringen und bei mäßiger Hitze und halb zugedeckt etwa 1 1/2 Stunden köcheln lassen. Zur Garprobe das Fleisch mit der Fleischgabel anstechen: Es muss sich weich anfühlen, sollte aber nicht zerfallen. Das Fleisch aus dem Topf heben und abkühlen lassen.

2. Die Kräuter waschen, trockenschütteln und fein hacken. Das Fleisch mit den Kräutern und grob gemahlenem Pfeffer einreiben, in Frischhaltefolie wickeln und im Kühlschrank mindestens 12 Stunden durchziehen lassen.

3. Für das Morchelmus die Morcheln in 1/4 l Wasser aufkochen und im Sud erkalten lassen. Nochmals aufkochen, abkühlen lassen und durch ein Sieb gießen. Dabei den Fond auffangen und dann auf 40 ml einkochen.

4. Die Gelatine in kaltem Wasser einweichen. Das Schlagobers mit 1 Prise Salz steif schlagen. Qimiq erhitzen, bis es flüssig ist. Die Gelatine ausdrücken und im warmen Morchelfond auflösen. Qimiq unterrühren und das Obers unterheben.

5. Eine Terrinenform mit Frischhaltefolie und Bärlauchblättern auslegen (oder 6 bis 10 Soufflèförmchen mit je einem Bärlauchblatt auslegen). Die Masse in die Form füllen, glatt streichen und kühl stellen, bis sie stockt.

6. Den Spargel schälen und die holzigen Enden entfernen. Die Spargelstangen in Wasser mit Salz und Zucker garen. Herausheben, abtropfen lassen und in etwa 4 cm lange Stücke schneiden. Den Spinat verlesen, waschen und trockenschleudern. Die Spargelstücke und den Spinat mit Zitronensaft, Essig, Erdnussöl und Salz marinieren.

7. Die Morcheln klein schneiden, mit Erdnussöl und Salz marinieren. Das Fleisch in dünne Scheiben schneiden. Das Morchelmus scheibenweise aus der Form schneiden und mit dem Fleisch anrichten. Mit den Morcheln garnieren, den Spargel-Spinat-Salat als Beilage dazu servieren.

KALBSRAGOUT MIT LIMETTEN UND PAPAYAS

ZUTATEN FÜR 8 PORTIONEN

1 ½ kg Kalbsschulter
300 g Zwiebeln
2 EL Sonnenblumenöl
2 EL Kristallzucker
1 Schuss Essig · 3 EL Sojasauce
½ l ungesüßte Kokosmilch
4 EL edelsüßes Paprikapulver
2 Lorbeerblätter
Salz · Pfeffer aus der Mühle
Cayennepfeffer
Maisstärke zum Binden
2 Papayas
2 unbehandelte Limetten

1. Das Fleisch in walnussgroße Stücke schneiden. Die Zwiebeln schälen und in kleine Würfel schneiden. Das Sonnenblumenöl erhitzen und die Zwiebeln darin anschwitzen. Den Zucker, den Essig und die Sojasauce dazugeben, ¾ l Wasser und Kokosmilch dazugießen. Paprika, Lorbeerblätter, Salz, Pfeffer und Cayennepfeffer unterrühren. Das Fleisch dazugeben und etwa 1 Stunde köcheln.
2. Etwas Maisstärke mit wenig Wasser anrühren und den Saft des Ragouts damit leicht binden.
3. Die Papayas schälen, entkernen, in Würfel schneiden und unterheben. Die Limetten waschen und abtrocknen, die Schale fein abreiben und unterrühren. Das Kalbsragout mit Salz, Pfeffer und Cayennepfeffer abschmecken.

KALBSSTELZE MIT FENCHEL

ZUTATEN FÜR 4 PORTIONEN

1 hintere Kalbsstelze
(ca. 2 ½ kg; 1 Woche abgehangen)
Salz · gestoßener weißer Pfeffer
geriebene Muskatnuss
⅛ l Erdnussöl
1 Zweig Rosmarin
einige Salbeiblätter
⅛ l Süßwein
(z. B. weißer Portwein)
⅛ l Kalbsfond
(oder Geflügelfond)
1 Fenchelknolle
2 große speckige Erdäpfel

1. Den Backofen auf 250 °C vorheizen. Das Fleisch mit Salz, Pfeffer und Muskatnuss einreiben. In eine ofenfeste Form setzen und mit dem Erdnussöl begießen. Rosmarin und Salbei dazugeben und das Fleisch im vorgeheizten Backofen etwa 20 Minuten garen. Den Wein und den Kalbs- oder Geflügelfond dazugießen und die Hitze auf 200 °C reduzieren.
2. Den Fenchel putzen, die Erdäpfel schälen und beides halbieren. Nach etwa 1 Stunde zur Stelze geben.
3. Die Stelze während des Bratens immer wieder mit Bratensaft begießen, eventuell etwas Wasser dazugeben.
Die Garzeit richtet sich nach der Fleischqualität und der Zeit, die das Fleisch abhängen konnte – sie beträgt üblicherweise zwischen 2 ½ und 3 ½ Stunden. Die Stelze ist gar, wenn sich das Fleisch am dünneren Ende leicht vom Knochen lösen lässt.
4. Die Stelze und das Gemüse aus dem Topf nehmen. Das Fleisch bei 60 °C etwas ruhen lassen (es kann bei dieser Temperatur gut 1 Stunde warm gehalten werden). Den Bratensaft durch ein Sieb gießen, mit Salz und Pfeffer würzen.
5. Das Fleisch stückweise vom Knochen lösen und portionieren, mit Gemüse und Bratensaft auf Tellern anrichten.

KALBSSTELZE MIT TOPINAMBUR UND SCHWARZEM TRÜFFEL

FÜR 4 PORTIONEN

300 g Topinambur
4 Schalotten
1 hintere Kalbsstelze
(ca. 3 kg; gut abgehangen)
Salz · Pfeffer aus der Mühle
geriebene Muskatnuss
½ Vanilleschote
6 EL Erdnussöl · 2 EL Butter
2 Gewürznelken
schwarze Trüffeln
(Menge nach Budget)

1. Den Backofen auf 250 °C vorheizen. Topinambur unter fließendem Wasser gut abbürsten und je nach Größe halbieren oder vierteln. Die Schalotten schälen. Die Stelze mit Salz, Pfeffer und Muskatnuss einreiben.
2. Die Vanilleschote der Länge nach aufschneiden. In einem ausreichend großen Bräter das Erdnussöl und die Butter erhitzen, Vanilleschote, Nelken, Topinambur und Schalotten dazugeben. Die Stelze hinzufügen und im vorgeheizten Backofen etwa 30 Minuten garen.
3. Die Stelze mit ½ l Wasser aufgießen, die Backofentemperatur auf 200 °C reduzieren und das Fleisch noch weitere 3 bis 4 Stunden garen, dabei immer wieder mit Bratensaft begießen. Falls nötig, noch etwas Flüssigkeit dazugeben und nach Belieben etwas Süßwein hinzufügen. Zwischenzeitlich immer wieder den Garzustand von Topinambur und Schalotten prüfen – sie sollen zwar weich, aber nicht matschig werden. Das Gemüse aus dem Bräter heben, sobald es ausreichend gar ist, und warm stellen.
4. Die Trüffeln gründlich abbürsten und etwa 30 Minuten vor Ende der Garzeit des Bratens dazugeben.
5. Das Fleisch und die Trüffeln aus dem Bräter nehmen, den Bratensaft durch ein Sieb gießen und mit Salz abschmecken.

Tipps für das Braten der Stelze:
- *Beim Einschieben der Stelze sollte die Temperatur im Backofen 250 °C und nicht weniger betragen.*
- *Sobald das Fleisch Farbe angenommen hat, kann man den Bräter zu etwa drei Viertel zudecken – aber nicht ganz, sonst würde das Fleisch dünsten statt braten.*
- *Die Stelze ist gar, wenn sich das Fleisch leicht vom Knochen lösen lässt.*
- *Den Braten nicht zu früh aus dem Backofen nehmen; lieber etwas länger bei reduzierter Temperatur (150 °C) schmoren lassen.*
- *Das Fleisch nach dem Braten bei etwa 60 °C 30 Minuten (oder auch länger) im Backofen ruhen lassen.*

WIENER SCHNITZEL MIT PETERSILERDÄPFELN UND SALAT

ZUTATEN FÜR 4 PORTIONEN

Für die Petersilerdäpfel:
300 g fest kochende Kipfler
1 EL Butter
1–2 EL gehackte Petersilie
Salz

Für die Schnitzel:
4 Schnitzel vom Kalbsrücken (Schmetterlingsschnitt; ca. 1 cm dick und 150 g schwer)
Salz · Pfeffer aus der Mühle
2 Eier · Mehl und Weißbrotbrösel zum Panieren
Öl und Schweineschmalz zum Ausbacken

Für den Salat:
je 60 ml Apfelessig und Weißwein
1 EL Sojasauce
1 Spritzer Worcestersauce
Salz · ½ EL Kristallzucker
60 ml Sonnenblumenöl
gemischter Blattsalat
2 EL gemischte, gehackte Kräuter (z. B. Melisse, Basilikum, Kerbel)

1. Die Erdäpfel waschen, dämpfen und schälen.
2. Die Schnitzel leicht plattieren, mit Salz und Pfeffer würzen. Die Eier in einem tiefen Teller verquirlen, in zwei weitere Teller das Mehl und die Brösel geben. Die Schnitzel nacheinander durch Mehl, Eier und Brösel ziehen. Die Panier leicht andrücken, lose Brösel abschütteln.
3. Öl und Schmalz in einer Pfanne erhitzen und die Schnitzel darin schwimmend goldbraun ausbacken. Wichtig ist die Temperatur des Fetts: Es soll gerade so heiß sein, dass es nach dem Einlegen eines Schnitzels blubbert und brutzelt. Ist das Fett zu heiß, geht die Panier nicht auf. Die Schnitzel wenden, sobald sie auf der Unterseite Farbe angenommen haben, und fertig backen (insgesamt etwa 7 Minuten). Aus dem Backfett heben und auf Küchenpapier abtropfen lassen.
4. Das Backfett bis auf einen kleinen Rest aus der Pfanne gießen, die Butter dazugeben und erhitzen. Die Erdäpfel darin goldbraun braten. Die Petersilie dazugeben, die Erdäpfel in der Pfanne schwenken und mit Salz würzen.
5. Für den Salat Essig, Wein, Sojasauce, Worcestersauce, Salz, Zucker und Öl zu einer Marinade verrühren.
6. Den Blattsalat waschen, trockenschleudern und zerkleinern, mit den Kräutern und der Marinade vermischen.
7. Die Schnitzel mit den Erdäpfeln und dem Salat servieren, nach Belieben Preiselbeeren dazu reichen.

GERICHTE MIT Geschichte

Es war die italienische Küche, die noch lange vor den Spaghetti die alsbald »Wiener Schnitzel« genannte Kreation den Österreichern als Nationalgericht gestiftet hat. Wobei seine Urform gewiss eine andere als die aktuelle war. Ein echter Wiener würde Schnitzel niemals in Olivenöl braten, sondern in Schmalz (nach der klassischen Art), in geschmacksneutralem Pflanzenöl (nach der heute üblichen Art) oder in Butterschmalz (nach einer sehr schmackhaften Art). Butter wird nicht verwendet, denn sie verträgt nicht so viel Hitze, wie zum Schnitzelbacken nötig ist. Schnitzel werden so gebacken, dass die Panier Blasen wirft und genauso braun wie der »Hals einer Stradivari« wird.

SCHWEINSLUNGENBRATEN MIT EINGEBRANNTEN ERDÄPFELN

Zutaten für 4 Portionen

450 g speckige Erdäpfel
½ Zwiebel
5 EL Schmalz
1 EL Mehl
⅛ l Essiggurkenmarinade
400 ml Rindssuppe
(oder Geflügelfond)
Salz · Pfeffer aus der Mühle
1 Lorbeerblatt
4 Essiggurken
5 schwarze Pfefferkörner
2 EL Essig
1 TL getrockneter Majoran
600 g Schweinslungenbraten
2 EL Butter · 1 Schuss Öl
2 EL Essigkapern
1 Knoblauchzehe
⅛ l Weißwein
1 Spritzer Sojasauce
½ EL Estragonsenf

1. Die Erdäpfel schälen und in etwa ½ cm dicke Scheiben schneiden.
2. Die Zwiebel schälen und in kleine Würfel schneiden. Das Schmalz erhitzen und die Zwiebel darin goldgelb anschwitzen. Mit Mehl bestäuben und zur hellen Einbrenn rösten. Die Essiggurkenmarinade und die Rindssuppe oder den Geflügelfond dazugießen, mit Salz und Pfeffer würzen und das Lorbeerblatt dazugeben. Die Erdäpfel hinzufügen und etwa 35 Minuten weich kochen.
3. Die Essiggurken blättrig schneiden. Die Pfefferkörner im Mörser zerstoßen. Mit den Gurken, dem Essig und dem Majoran unter die Erdäpfel rühren.
4. Das Fleisch von Fett und Sehnen befreien, in doppeldaumendicke Scheiben schneiden und mit Pfeffer würzen.
5. In einer Pfanne die Butter und das Öl erhitzen und das Fleisch darin auf beiden Seiten anbraten. Die Kapern dazugeben, den Knoblauch schälen und dazupressen. Alles zugedeckt etwa 5 Minuten schmoren lassen.
6. Das Fleisch und die Kapern aus der Pfanne nehmen und warm stellen. Den Bratenfond mit dem Wein und der Sojasauce ablöschen. Den Senf mit dem Schneebesen unter die Sauce rühren. Die Sauce durch ein Sieb streichen und mit Salz und Pfeffer abschmecken.
7. Die Schweinsmedaillons mit den Kapern, der Sauce und den eingebrannten Erdäpfeln anrichten.

Eingebrannte Erdäpfel und alle anderen Ragoutgerichte, die zum Anlegen neigen, bereitet man am besten in einem weiten, emaillierten Topf zu. In einem hohen Topf ist die Garzeit wesentlich länger und daher auch die Gefahr des Anbrennens größer.

SCHWEINSRIPPERLN MIT INGWER UND RETTICHSALAT

Zutaten für 4 Portionen

Für die Schweinsripperln:
2 Knoblauchzehen
1 Stück Ingwer (6 cm)
1 TL ganzer Kümmel
Salz · Pfeffer aus der Mühle
¼ l Olivenöl
2 EL Honig · 4 Salbeiblätter
einige Lavendelblüten
2 Zwiebeln · 3 Karotten
1,6 kg Schweinsripperln
8 mittelgroße speckige Erdäpfel

Für den Salat:
800 g schwarzer Rettich · Salz
gemischte Kräuter (z. B. Petersilie, Schnittlauch oder Liebstöckel)
4 EL Schlagobers
1 EL Honig
1 Schuss Essiggurkenmarinade

1. Den Backofen auf 200 °C vorheizen. Den Knoblauch schälen und in einen großen Schmortopf pressen (der Topf sollte so groß sein, dass die Ripperln darin nebeneinander Platz haben). Den Ingwer schälen und blättrig schneiden. Mit dem Kümmel, je 1 TL Salz und grob gemahlenem Pfeffer, dem Olivenöl, dem Honig, dem Salbei und den Lavendelblüten in den Schmortopf geben und vermischen. Die Zwiebeln schälen und halbieren, die Karotten schälen.
2. Die Ripperln in der Würzmischung wenden und so viel Wasser dazugießen, dass es zwei Finger breit im Topf steht. Die Zwiebeln und die Karotten dazugeben. Alles im vorgeheizten Backofen offen etwa 1 Stunde schmoren.
3. Die Erdäpfel schälen und halbieren, zum Fleisch geben und noch etwa 30 Minuten mitschmoren. Nach insgesamt 2 Stunden Garzeit sollten Ripperln und Kartoffeln gar sein.
4. Für den Salat den Rettich gründlich waschen, fein reiben und mit Salz bestreut etwa 30 Minuten ziehen lassen. Die Kräuter waschen, trockenschütteln und fein hacken. Den Rettich ausdrücken. Schlagobers, Honig, Essiggurkenmarinade und Kräuter mit dem Rettich vermischen.
5. Die Ripperln am besten im Schmortopf auf den Tisch bringen. Das Fleisch portionsweise auf Tellern anrichten und mit der Sauce überziehen. Den Salat dazu servieren.

Man kann die Sauce noch schmackhafter machen, indem man kurz vor Ende der Garzeit einen kräftigen Schuss dunkles Bier zu den Ripperln gießt.

KRAUTAUFLAUF
MIT KALBFLEISCH UND MARONI

Zutaten für 4 Portionen

1 kleiner Kopf Weißkraut
1 Semmel
Schlagobers
10 Maroni
1 kleine Zwiebel
3 Knoblauchzehen
80 g Butter
400 g faschierte Kalbsschulter
2 Eier
125 g Joghurt (3,8 % Fettgehalt)
Salz · Pfeffer aus der Mühle
getrockneter Majoran
einige Safranfäden
Butter für die Form

1. Den Backofen auf 200 °C vorheizen. Das Kraut am Strunk auf eine Fleischgabel stecken, in kochendes Wasser tauchen und die äußeren Blätter vom Krautkopf lösen. So weiterverfahren, bis alle großen Blätter abgelöst sind. Die Krautblätter so lange überbrühen, bis sie biegsam werden. Dann kalt abschrecken und auf einem Küchentuch abtropfen lassen.
2. Die Semmel in grobe Würfel schneiden und mit so viel Schlagobers begießen, dass sie gut durchfeuchtet werden.
3. Die Maroni einschneiden, kochen oder braten, schälen und klein schneiden. Die Zwiebel und den Knoblauch schälen und in kleine Würfel schneiden. In einer Pfanne 2 EL Butter erhitzen, die Zwiebel, den Knoblauch und die Maroni darin anschwitzen.
4. Das Fleisch mit der Zwiebelmischung, den Semmelwürfeln, den Eiern und dem Joghurt vermischen. Die Fleischmasse mit Salz, Pfeffer, Majoran und Safran abschmecken.
5. Eine Auflaufform einfetten und den Boden mit Krautblättern auslegen. Die Fleischmasse und die Krautblätter schichtweise einlegen, mit einer Lage Kraut abschließen.
6. Die restliche Butter erhitzen und über das Kraut träufeln, nach Belieben Speckwürfel darüber streuen. Den Krautauflauf im vorgeheizten Backofen etwa 20 Minuten garen.

Maroni lassen sich oft schwer schälen. Man kann sich die Arbeit bei diesem Gericht erleichtern, wenn man vorgekochte und geschälte Maroni (aus dem Glas, aus der Dose oder vakuumverpackt) verwendet.

PIKANTER RINDSLUNGENBRATEN

ZUTATEN FÜR 4 PORTIONEN

Für die Kräuterbutter:
½ Zwiebel
½ Bund gemischte Kräuter
(z. B. Petersilie, Dill, Estragon, Liebstöckel, Thymian, Rosmarin)
1 TL Essigkapern
1 unbehandelte Zitrone
125 g Butter · 1 Knoblauchzehe
1 Msp. grob zerstoßener Pfeffer
1 Msp. edelsüßes Paprikapulver
½ TL Sardellenpaste
1 EL Senf
½ EL Worcestersauce
1 Schuss Cognac
2 EL Sauerrahm
1 EL Schlagobers
1 EL Crème fraîche

Für den Rindslungenbraten:
1 kg Rindslungenbraten
(am besten das Filet-Mittelstück)
Pfeffer aus der Mühle
2 EL Butter · 2 EL Öl

1. Den Backofen auf 220 °C vorheizen. Für die Kräuterbutter die Zwiebel schälen und in kleine Würfel schneiden. Die Kräuter waschen und trockenschütteln, die Blätter von den Stielen zupfen und fein hacken. Die Kapern ebenfalls fein hacken. Die Zitrone waschen und abtrocknen, die Schale fein abreiben.

2. Die Butter schaumig rühren. Den Knoblauch schälen und dazupressen. Die Zwiebelwürfel, die Kräuter, die Kapern, die abgeriebene Zitronenschale, den Pfeffer, das Paprikapulver, die Sardellenpaste, den Senf, die Worcestersauce, den Cognac, den Sauerrahm, das Schlagobers und die Crème fraîche dazugeben und alles gut miteinander verrühren.

3. Das Fleisch mit Pfeffer würzen. Die Butter und das Öl in einem ofenfesten Topf erhitzen. Das Fleisch darin rundum anbraten und dann im vorgeheizten Backofen 20 bis 25 Minuten garen.

4. Das Fleisch aus dem Backofen nehmen und das Fett abgießen. Die Kräuterbutter in den Topf geben und das Fleisch darin wenden, sodass es rundum mit der Butter überzogen ist.

5. Das Fleisch in Scheiben schneiden, auf Tellern anrichten und mit der im Topf verbliebenen Butter beträufeln.

Diese Kräuterbutter ist fast universell einsetzbar: natürlich zur Geschmacksabrundung von Steaks, aber auch für Fische ohne ausgeprägten Eigengeschmack wie Hecht oder grünem Aal.

TAFELSPITZ MIT KÜRBISKUCHEN

ZUTATEN FÜR 4 PORTIONEN

Für den Tafelspitz:
1 große Karotte
ca. 100 g Knollensellerie
½ Zwiebel
2 Knoblauchzehen
4 Blätter Liebstöckel
1 Lorbeerblatt
10 schwarze Pfefferkörner
1 Würfel Suppenwürze
1 Tafelspitz (ca. 800 g)

Für den Kürbiskuchen:
750 g Muskatkürbis · Salz
250 g Qimiq · 3 Eidotter
Pfeffer aus der Mühle
einige Spritzer Tabasco
je 1 Prise getrockneter Thymian
und Rosmarin
2 EL Semmelbrösel
Butter für die Form

Außerdem:
Kürbiskernöl zum Beträufeln
Meersalz zum Bestreuen
Pfeffer aus der Mühle

1. Für den Tafelspitz die Karotte und den Sellerie schälen und halbieren. In einen Topf etwa 4 l Wasser füllen. Die Karotte, den Sellerie, die ungeschälte Zwiebel, den ungeschälten Knoblauch und die Gewürze dazugeben und aufkochen.

2. Das Fleisch mit kaltem Wasser waschen und in dem Gewürzsud leicht siedend etwa 2 Stunden garen. Zur Garprobe mit einer Fleischgabel in das Fleisch stechen: Der Widerstand darf nur noch gering sein, das Fleisch soll aber noch nicht zerfallen.

3. Für den Kürbiskuchen den Backofen auf 200 °C vorheizen. Den Kürbis schälen, entkernen und grob reiben. Etwa 500 g Kürbisfleisch mit Salz bestreuen, 15 Minuten ziehen lassen und dann gut ausdrücken.

4. Den geriebenen Kürbis mit Qimiq, Eidottern, Salz, Pfeffer, Tabasco, Thymian und Rosmarin verrühren. Zuletzt die Semmelbrösel unterheben.

5. Die Kürbismasse in eine gefettete Springform von 26 cm Durchmesser füllen und im vorgeheizten Backofen 20 Minuten goldbraun backen. Den Kuchen etwas abkühlen lassen, aus der Form lösen und in Stücke schneiden.

6. Den Tafelspitz in Scheiben schneiden und mit dem Kürbiskuchen anrichten. Das Fleisch mit etwas Kürbiskernöl beträufeln, mit Meersalz bestreuen und Pfeffer grob darüber mahlen.

So wird der Tafelspitz optimal: Das Fleisch am besten bereits am Vortag kochen, aus dem Fond heben und zum Abkühlen in kaltes, gesalzenes Wasser legen. Nach dem Abkühlen in ein Küchentuch schlagen und kühl lagern. Den Tafelspitz vor dem Servieren in Scheiben schneiden, in die Suppe legen und langsam darin erwärmen.

BEIRIED MIT OLIVEN-PAPRIKA-TATAR, SPINATPASTE UND EI

Zutaten für 4 Portionen

Für das Tatar:
½ rote Paprikaschote
Olivenöl
10 grüne Oliven (ohne Stein)
1 Sardellenfilet

Für die Spinatpaste:
150 g Blattspinat · Salz
je 3 EL Minze- und Petersilienblätter
3–4 Bärlauchblätter
1 EL Pignoli
3 Sardellenfilets
1 TL Essigkapern
1 Schuss Olivenöl

Für das Beiried:
4 Scheiben Beiried (à 150 g)
Pfeffer aus der Mühle
ca. 2 EL Erdnussöl
einige Bärlauchblätter · Salz

Außerdem:
5 cl Estragonessig
Salz · 6 Eier
¼ l Rindssuppe
einige Bärlauchblätter zum Garnieren

1. Für das Tatar die Paprika halbieren, entkernen, waschen und in Stücke schneiden. Etwas Olivenöl erhitzen und die Paprika darin dünsten, bis sie gerade noch bissfest sind. Die Paprikastücke aus dem Öl heben, abkühlen lassen und mit den Oliven und dem Sardellenfilet fein hacken.

2. Für die Spinatpaste den Spinat verlesen und gründlich waschen. In einem Topf Wasser zum Kochen bringen und salzen. Den Spinat mit der Minze, der Petersilie und den Bärlauchblättern darin etwa 30 Sekunden blanchieren. Aus dem Wasser heben, sofort kalt abschrecken und auf einem Küchentuch abtropfen lassen. Mit den Pignoli, den Sardellenfilets, den Kapern und dem Olivenöl zu einer feinen Paste mixen.

3. Die Beiriedscheiben mit grob gemahlenem Pfeffer und Erdnussöl einreiben. Den Fond, in dem der Spinat blanchiert wurde, aufkochen und den Bärlauch dazugeben. Die Beiriedscheiben darüber je nach Dicke 4 bis 6 Minuten dämpfen; erst danach mit Salz würzen.

4. In einem Topf etwa ½ l Wasser mit dem Essig und etwas Salz zum Kochen bringen. 4 Eier einzeln in Mokkatassen aufschlagen und in das kochende Wasser gleiten lassen. Die Eier knapp unter dem Siedepunkt 3 bis 4 Minuten pochieren.

5. Für die Sauce die Rindssuppe aufkochen. Die restlichen Eier in die Brühe aufschlagen und mit dem Stabmixer unterrühren.

6. Das Fleisch auf Tellern anrichten, jeweils etwas Spinatpaste und Oliventatar dazugeben und ein pochiertes Ei auf die Spinatpaste geben. Die Sauce rundum ziehen und alles mit in Streifen geschnittenem Bärlauch bestreuen.

RINDSKOTELETT MIT KOHLSPROSSENGRATIN

Zutaten für 4 Portionen

Für das Kotelett:
1 EL schwarze Pfefferkörner
2 kg Rindskotelett (sehr gut abgehangen)
Salz · 2 EL Öl
2–3 EL Butter
3–4 Knoblauchzehen
150 g Bauchspeck
1 Zweig Rosmarin

Für das Gratin:
Salz · 250 g Kohlsprossen
Butter für die Form
1 mehlig kochender Erdapfel
Milch · Schlagobers
50 g geriebener Bergkäse (oder Gruyère)

Für die Sauce:
5 Schalotten
5 Champignons
700 ml Blauburgunder
60 ml Balsamicoessig
3 EL Estragonessig
2 EL Kristallzucker
Maisstärke zum Binden
kalte Butter · scharfer Senf

1. Den Backofen auf 220 °C vorheizen. Die Pfefferkörner im Mörser grob zerstoßen. Das Fleisch mit Salz und Pfeffer würzen. In einem Bräter das Öl und die Butter erhitzen und das Fleisch darin rundum anbraten.

2. Den Knoblauch schälen und mit dem Bauchspeck unzerkleinert dazugeben. Den Rosmarin hinzufügen und alles im vorgeheizten Backofen etwa 45 Minuten braten, dabei immer wieder mit dem Bratensaft begießen. Die Temperatur auf 90 °C reduzieren und das Fleisch im Ofen noch 30 bis 45 Minuten durchziehen lassen.

3. Für das Gratin Wasser zum Kochen bringen und salzen. Die Kohlsprossen darin überbrühen, kalt abschrecken, abtropfen lassen und halbieren. Eine Auflaufform mit Butter einfetten und die Kohlsprossen hineingeben.

4. Den Erdapfel schälen und durch eine grobe Reibe auf die Kohlsprossen reiben. So viel Milch und Schlagobers zu gleichen Teilen dazugießen, dass die Sprossen knapp bedeckt sind. Das Gratin mit dem Käse bestreuen und im Backofen bei 250 °C Oberhitze etwa 10 Minuten goldbraun überbacken.

5. Für die Sauce die Schalotten schälen und die Champignons putzen. Beides blättrig schneiden und in einen Topf geben. Mit dem Wein, den beiden Essigsorten und dem Zucker so lange offen einkochen, bis die Flüssigkeit auf weniger als $^1/_8$ l reduziert ist. Etwas Maisstärke mit Wasser anrühren und die Sauce damit leicht binden.

6. Das Fleisch aus dem Topf heben und warm stellen. Die Sauce zu dem Bratenfond gießen und etwas Butter und Senf unterrühren, bis die Sauce eine sämige Konsistenz hat.

7. Das Fleisch tranchieren und mit der Sauce und dem Gratin anrichten. Dazu scharfen Senf servieren.

OCHSENSCHLEPP IN ERDÄPFELPÜREE

Zutaten für 6 Portionen

2 Karotten
1 Selleriestange
2 Zwiebeln
4–5 EL Olivenöl
1 Ochsenschlepp (vom Fleischhauer in Scheiben geschnitten)
1 Scheibe Hamburgerspeck
2 l Rotwein
1 TL Tomatenmark
je 1 Zweig Thymian und Rosmarin
2 Gewürznelken
8 schwarze Pfefferkörner
2 Knoblauchzehen
400 g mehlig kochende Erdäpfel
Salz · ½ TL ganzer Kümmel
60 ml Milch
ca. 100 g Butter
6 Schalotten
100 g Pilze (z. B. Steinpilze)
Pfeffer aus der Mühle
2 EL gemischte, gehackte Kräuter (z. B. Liebstöckel, Estragon, Kerbel)
60 ml Rotweinessig

1. Die Karotten schälen und in Stücke schneiden. Den Sellerie putzen, waschen und ebenfalls in Stücke schneiden. Die Zwiebeln schälen und in Ringe schneiden.

2. In einem großen Topf 3 EL Olivenöl erhitzen und den Ochsenschlepp darin mit dem Speck rundum anbraten. Das vorbereitete Gemüse dazugeben und kurz mitbraten. 1 ½ l Wein dazugießen und das Tomatenmark unterrühren. Den Wein aufkochen, den dabei entstehenden Schaum abschöpfen. Den Thymian, den Rosmarin, die Nelken, die Pfefferkörner und den ungeschälten Knoblauch zum Fleisch geben. Zugedeckt etwa 4 Stunden garen, bis sich das Fleisch von den Knochen löst.

3. Zwei Drittel der Erdäpfel schälen und in walnussgroße Stücke schneiden. Etwas Wasser in einem Topf zum Kochen bringen und salzen. Den Kümmel hinzufügen und die Erdäpfelstücke darin bissfest garen. In ein Sieb abgießen und kurz abtropfen lassen.

4. Die Milch erhitzen. Die Erdäpfel noch warm durch die Presse drücken, mit warmer Milch, 1 bis 2 EL Butter und dem restlichen Olivenöl zu einem Püree verrühren.

5. Eine Schalotte schälen und in kleine Würfel schneiden. Die Pilze putzen, klein schneiden und mit den Schalottenwürfeln in 1 EL Butter anschwitzen. Mit Salz und Pfeffer würzen und mit den gehackten Kräutern vermischen.

6. Den Ochsenschlepp in ein Sieb abgießen und etwas abkühlen lassen. Den Sud auffangen und entfetten. Das Ochsenschleppfleisch vom Knochen lösen. Den Backofen auf 250 °C vorheizen.

7. In eine gebutterte Pfanne sechs Metallringe setzen. Die restlichen Erdäpfel schälen, in sehr dünne Scheiben schneiden und in die Ringe legen. Die Hälfte des Erdäpfelpürees darauf geben, das Fleisch auf das Püree legen, das Pilzragout darauf verteilen und mit dem restlichen Püree bedecken. Im vorgeheizten Backofen 15 Minuten goldbraun backen.

8. Die restlichen Schalotten schälen, in kleine Würfel schneiden und in 1 EL Butter anschwitzen. Den Essig und den restlichen Wein dazugießen. Den Ochsenschleppsud dazugießen und stark einkochen lassen. Mit Salz und Pfeffer abschmecken. Den Ochsenschlepp aus den Formen lösen, auf Teller heben und mit der Sauce servieren.

HIRSCHSTELZE MIT SERVIETTENKNÖDEL

Zutaten für 8 Portionen

Für die Hirschstelze:
2 Hirschstelzen (à 400 g)
Olivenöl
2 TL schwarze Pfefferkörner
6 Wacholderbeeren
3 Knoblauchzehen
2 Scheiben Hamburgerspeck (ca. 2 mm dick)
½ l Rotwein
⅛ l Johannisbeerlikör (Cassis)
1 kleines Bund Bohnenkraut
Maisstärke zum Binden · Salz
Pfeffer aus der Mühle

Für den Knödel:
1 Sandwichbrot (700 g)
1 EL Butter · 250 g Mehl
50 g Weizengrieß
1 l Milch · 3 Eier
3 Eidotter · Salz
1 Prise geriebene Muskatnuss

1. Die Stelzen von Fett und Sehnen befreien, mit Olivenöl einstreichen und über Nacht marinieren lassen.
2. Den Backofen auf 220 °C vorheizen. Die Pfefferkörner im Mörser zerdrücken. In einem schweren Bräter ein wenig Olivenöl erhitzen. Das Fleisch hineinlegen. Die Wacholderbeeren, den ungeschälten Knoblauch, die zerdrückten Pfefferkörner und den Speck dazugeben. Das Fleisch offen im vorgeheizten Backofen 1 Stunde garen.
3. Den Wein und den Likör dazugießen. Das Bohnenkraut waschen, trockenschütteln, dazugeben und alles weitere 30 Minuten garen.
4. Die Hitze auf 200 °C reduzieren. Nach 1 ¾ Stunden Garzeit den Deckel auf den Bräter legen. Nach insgesamt 3 ½ Stunden Garzeit sollten die Stelzen gar sein, das Fleisch sollte sich leicht vom Knochen lösen. Bei 60 °C noch mindestens 30 Minuten, besser mehrere Stunden im Backofen nachziehen lassen.
5. Für den Knödel vom Sandwichbrot die Rinde abreiben. Das Brot in 1 cm große Würfel schneiden und unter Zugabe der Butter im Backofen bei 200 °C leicht anrösten und etwas abkühlen lassen. Das Mehl und den Grieß dazugeben.
6. Die Milch mit den Eiern, den Dottern, Salz und Muskatnuss verquirlen. Über das Brot gießen und durchmischen, sodass das Brot gut durchfeuchtet ist.
7. Zwei Servietten gut befeuchten und die Brotmasse straff in die Servietten wickeln. Die Enden zusammendrehen, mit Küchengarn an den Enden und in der Mitte binden.
8. Wasser zum Kochen bringen und salzen, den Knödel darin halb zugedeckt leise köchelnd etwa 20 Minuten garen.
9. Das Fleisch aus dem Topf heben und warm stellen, den Fond durch ein Sieb gießen und erhitzen. Etwas Maisstärke mit Wasser anrühren und zum Binden in den Fond einkochen. Mit Salz und Pfeffer abschmecken.
10. Das Fleisch von den Knochen lösen, auf Teller geben und leicht salzen. Den Knödel in Scheiben schneiden und mit der Sauce neben dem Fleisch anrichten. Dazu passt Preiselbeerkonfitüre, Quittenkompott oder Apfelmus.

HIRSCHBRATEN MIT QUITTEN, KÜRBIS UND GRIESSKNÖDELN

ZUTATEN FÜR 6 PORTIONEN

Für den Hirschbraten:
2 Quitten
1 Spalte Kürbis
(ca. 300 g; entkernt)
6 Schalotten
4 Knoblauchzehen
1 EL getrocknete Kräuter
(z. B. Majoran, Rosmarin, Beifuß)
1/8 l Erdnussöl
2 1/2 kg Hirschschlegel
(von der Schale)
Pfeffer aus der Mühle · Salz
40 g Schweineschmalz
2 l kräftiger Rotwein
1/8 l Kräuterlikör (z. B. Pernod)
60 ml Balsamicoessig
5 Wacholderbeeren
2 EL kalte Butter

Für die Knödel:
1/4 l Milch · Salz
100 g Weizengrieß · 1 Ei
150 g Hamburgerspeck
(am Stück)

1. Den Backofen auf 200 °C vorheizen. Die Quitten abreiben und in Viertel schneiden. Den ungeschälten Kürbis, die ungeschälten Schalotten und den ungeschälten Knoblauch mit den Quitten in einen ofenfesten Topf geben. Mit den getrockneten Kräutern bestreuen, mit dem Erdnussöl begießen und im vorgeheizten Backofen etwa 30 Minuten schmoren.

2. Das Fleisch von Fett und Sehnen befreien, mit grob gemahlenem Pfeffer großzügig einreiben und mäßig mit Salz würzen. Das Schmalz erhitzen und den Hirschschlegel darin rundum anbraten.

3. Die Backofentemperatur auf 220 °C erhöhen. Das Fleisch auf das Schmorgemüse legen. Wein, Likör und Essig dazugießen und die Wacholderbeeren hinzufügen. Das Fleisch im Backofen etwa 45 Minuten garen. Sobald das Fleisch etwa halb durch ist (die ideale Kerntemperatur beträgt dabei 50 °C) die Backofentemperatur auf 60 °C reduzieren und das Fleisch noch etwa 15 Minuten im Ofen ziehen lassen.

4. Das Fleisch und das Gemüse aus dem Topf heben. Saft kräftig einkochen. Die kalte Butter untermixen – die Sauce sollte eine leicht sämige Konsistenz haben.

5. Für die Knödel die Milch mit 1 Prise Salz aufkochen, den Grieß dazugeben und unter ständigem Rühren zu fester Konsistenz köcheln lassen. Die Grießmasse abkühlen lassen und das Ei unterrühren.

6. Aus dem Grießknödelteig 12 kleine Knödel formen. Wasser zum Kochen bringen, salzen und den Speck hineingeben. Die Grießknödel darin knapp unter dem Siedepunkt etwa 5 Minuten gar ziehen lassen.

7. Den Kürbis und die Quitten aus dem Topf nehmen und mit einem Löffel zerteilen bzw. das Kürbisfleisch von der Schale schaben.

8. Den Hirschschlegel in Scheiben schneiden. Mit Quitten, Kürbis, Schalotten und Knoblauch auf Tellern anrichten und mit der Sauce überziehen. Die Grießknödel als Beilage dazu servieren.

HIRSCHRAGOUT MIT OBERSPOLENTA

ZUTATEN FÜR 8 PORTIONEN

Für das Hirschragout:
2 1/2 kg Hirschschlegel
4 EL Schweineschmalz
Salz · Pfeffer aus der Mühle
2 Karotten
1/4 Sellerieknolle
3 Zwiebeln
30 g Ingwer
je 125 g Preisel- und Schwarzbeeren
5 EL Kristallzucker
150 g Hamburgerspeck (am Stück)
2 l kräftiger Rotwein
10 g Bitterschokolade
3 Wacholderbeeren
10 Korianderkörner
1 TL ganzer Kümmel
1 Schuss Kräuterlikör (z. B. Benectine oder Chartreuse)
4 Knoblauchzehen
2–3 EL kalte Butter

Für die Polenta:
1/4 l Milch
500 g Schlagobers
250 g Maisgrieß · Salz
Pfeffer aus der Mühle
1 Prise geriebene Muskatnuss

1. Das Fleisch vom Knochen lösen und in 4 cm große Würfel schneiden. Das Schmalz erhitzen und das Fleisch darin anbraten. Die Fleischwürfel mit Salz und Pfeffer würzen und zugedeckt garen, bis der austretende Fleischsaft verdunstet ist.

2. Die Karotten und den Sellerie schälen, beides in Würfel schneiden. Die Zwiebeln schälen und in Spalten schneiden. Den Ingwer ungeschält blättrig schneiden.

3. Das Gemüse, den Ingwer, die Preisel- und Schwarzbeeren, den Zucker und den Speck zum Fleisch geben, nach Belieben noch etwa 125 g Rotweintrebern hinzufügen. Den Wein dazugießen, die Bitterschokolade, die Wacholderbeeren, die Korianderkörner, den Kümmel sowie den Likör und nach Belieben 1 TL getrockneten Gebirgswermut unterrühren. Den Knoblauch schälen und dazupressen. Umrühren und das Ragout zugedeckt 2 Stunden köcheln lassen.

4. Das Fleisch mit dem Schaumlöffel aus dem Topf heben, die Sauce durch ein Sieb gießen und erneut erhitzen. Zum Binden der Sauce die Butter unterrühren und nach Belieben etwas mit wenig Wein angerührte Maisstärke einkochen. Die Sauce mit Salz und Pfeffer abschmecken und das Fleisch zurück in die Sauce geben.

5. Für die Oberspolenta Milch und Schlagobers in einem Topf mischen und zum Kochen bringen. Den Maisgrieß einrühren und die Polenta bei kleiner Hitze unter ständigem Rühren einige Minuten köcheln lassen. Mit Salz, Pfeffer und Muskatnuss abschmecken.

6. Das Hirschragout mit der Oberspolenta anrichten.

HASENRÜCKEN UND HASENPFEFFER IN GEBIRGSWERMUT-SAUCE

ZUTATEN FÜR 4 PORTIONEN

1 Wildhasenkeule (mit Knochen)
6 Knoblauchknollen
4 Karotten
½ Schalotte
je 3 EL Preisel- und Schwarzbeeren
1 Schinkenschwarte
5 g Ingwer
10 g Bitterschokolade
1 Gewürznelke
5 g getrocknete Steinpilze
1 Prise getrockneter Gebirgswermut
je 1 Zweig Majoran und Thymian
1 Stiel Minze
5 Wacholderbeeren
2 l Rotwein · ¼ l Hasenblut
2–3 EL kalte Butter
Salz · Pfeffer aus der Mühle
Filets von 1 Wildhasenrücken
1–2 EL Olivenöl

1. Das Hasenfleisch vom Knochen lösen und in große Würfel schneiden. Die Knoblauchknollen halbieren. Die Karotten und die Schalotte schälen und beides in kleine Würfel schneiden.

2. Das Fleisch mit Knoblauch, Karotten, Schalotten, Preisel- und Schwarzbeeren, Schinkenschwarte, Ingwer, Bitterschokolade, Nelke, Steinpilzen, Gebirgswermut, Kräuterzweigen und Wacholderbeeren in einen ausreichend großen Topf geben und mit dem Wein übergießen. Das Fleisch 2 Tage in der Beize ziehen lassen.

3. Dann das Fleisch mit der Beizmarinade und den Gewürzzutaten 1 Stunde kochen. Das Fleisch aus dem Fond heben und den Fond auf die Hälfte der ursprünglichen Menge einkochen. Durch ein Sieb gießen und erneut erhitzen. Das Hasenblut unterrühren und den Fond damit binden. Die Butter unterschlagen, bis die Sauce eine leicht sämige Konsistenz hat. Mit Salz und Pfeffer abschmecken und die Hasenkeulenstücke in die Sauce geben.

4. Die Hasenrückenfilets mit Salz und Pfeffer würzen. Das Olivenöl erhitzen und die Hasenfilets darin braten – sie sollten dabei innen rosa bleiben.

5. Den Hasenpfeffer und die Hasenrückenfilets anrichten und die Gebirgswermut-Sauce darüber geben.

Früher wurde Hasenpfeffer stets mit Blut gebunden. Wenn kein Hasenblut verfügbar war, nahm man eben Schweineblut. Wobei jedwede Sorte die Sauce nicht nur dicker macht, sondern auch wesentlich gehaltvoller an Kalorien und Cholesterin. Im Sinne einer zeitgemäßen Ernährung wird man sich vom Blut gern verabschieden und die Sauce mit Maisstärke oder Kartoffelmehl binden.

REHRÜCKEN MIT SELLERIEPÜREE UND BEERENSAUCE

ZUTATEN FÜR 4 PORTIONEN

Für den Rehrücken:
¼ Sellerieknolle
1 Karotte
3 EL Butter
1 kg Rehknochen (vom Fleischhauer in kleine Stücke schneiden lassen)
2 EL Kristallzucker
½ Knoblauchknolle
50 g Bauchspeck
1 l Blauburgunder
je 50 g Schwarz- und Preiselbeeren
1 Prise getrockneter Gebirgswermut
1 kräftiger Schuss Kräuterlikör (z. B. Benedictine oder Chartreuse)
10 g Bitterschokolade
1 EL gehackter Ingwer
3 Wacholderbeeren
½ TL ganzer Kümmel
1 Rehrücken (etwa 2 kg)
Salz · Pfeffer aus der Mühle
je 3 EL Öl und Butter zum Braten

Für das Selleriepüree:
1 Sellerieknolle
1 mehlig kochender Erdapfel
Milch · Schlagobers
Salz · Pfeffer aus der Mühle

1. Den Sellerie und die Karotte schälen und in Stücke schneiden. In einem Bräter 2 EL Butter erhitzen, die Knochen und das Gemüse darin anschwitzen. Den Zucker, die ungeschälte Knoblauchknolle, den Speck und nach Belieben ein Stück Schinkenschwarte dazugeben und mit anschwitzen.
2. Den Wein, die Beeren, den Gebirgswermut, den Likör, die Bitterschokolade, den Ingwer, die Wacholderbeeren, den Kümmel und nach Belieben 50 g Rotweintrebern dazugeben und alles offen etwa 3 Stunden köcheln lassen. Die dabei verdampfende Flüssigkeit immer wieder durch Zugabe von Wasser auffüllen.
3. Den Fond durch ein Sieb gießen und so lange kochen, bis die Flüssigkeit auf etwa ¼ l reduziert ist. 1 EL kalte Butter einrühren und die Sauce nach Belieben mit etwas in Wasser angerührter Maisstärke binden.
4. Die Filets vom Rehrücken auslösen. Jedes Rehfilet in vier Stücke schneiden und mit Salz und Pfeffer würzen. Das Öl und die Butter erhitzen und die Rehfilets darin auf beiden Seiten insgesamt etwa 8 Minuten braten.
5. Das Fleisch aus der Pfanne nehmen und das Bratfett abgießen. Die Beerensauce in die Pfanne gießen und das Fleisch in der Sauce noch einige Minuten ziehen lassen.
6. Für das Selleriepüree Sellerie und Erdapfel schälen und in walnussgroße Stücke schneiden. In einen Topf geben und so viel Milch und Schlagobers zu gleichen Teilen dazugießen, dass das Gemüse gerade bedeckt ist. Mit Salz und Pfeffer würzen und das Gemüse weich garen.
7. Einen Teil der Flüssigkeit in ein Gefäß abgießen und das Gemüse mit dem Stabmixer pürieren. So viel von der Kochflüssigkeit mit dem Schneebesen unterrühren, bis das Püree eine sämige Konsistenz hat. Mit Salz und Pfeffer abschmecken.
8. Die Rehfilets auf dem Selleriepüree anrichten, nach Belieben Preiselbeerkonfitüre oder Sanddornkompott dazu servieren.

BLUTWURSTTASCHERLN MIT GERSTELKRAUT UND BIERESSIG

ZUTATEN FÜR 4 PORTIONEN

Für das Kraut:
1 kleine Zwiebel
1 Knoblauchzehe
1 EL Schweineschmalz
1 TL Kristallzucker
1/8 l Weißwein (z. B. Riesling)
1/4 l Rindssuppe
(oder Selchsuppe)
3 EL Rollgerste
1 Lorbeerblatt
1 Gewürznelke
5 schwarze Pfefferkörner
1 TL ganzer Kümmel
500 g Sauerkraut
1 speckiger Erdapfel
Salz · Pfeffer aus der Mühle

Für die Tascherln:
400 g Nudelteig (siehe Seite 130)
400 g Blutwurst · Salz

Für den Bieressig:
1/8 l Balsamicoessig
60 ml dunkles Bier

Außerdem:
Kürbiskernöl zum Beträufeln
Schnittlauchröllchen und
gehacktes Liebstöckel
zum Garnieren

1. Für das Gerstelkraut die Zwiebel und den Knoblauch schälen. Die Zwiebel in kleine Würfel, den Knoblauch blättrig schneiden.

2. Das Schmalz in einem Topf erhitzen, Zwiebel und Knoblauch darin mit dem Zucker goldgelb anschwitzen, den Wein und die Suppe dazugießen (ersatzweise kann man auch Wasser verwenden, das mit der entsprechenden Menge Suppenwürze aromatisiert wurde). Die Rollgerste einrühren und 15 Minuten köcheln lassen.

3. Die Gewürze in ein Mulltuch binden. Das Sauerkraut und die Gewürze zu der Gerste geben und alles weitere 30 Minuten köcheln lassen.

4. Den Erdapfel schälen, fein reiben und unterrühren. Das Gerstelkraut mit Salz und Pfeffer abschmecken.

5. Den Nudelteig dünn zu einem Rechteck ausrollen. Die Blutwurst in fingerdicke Scheiben schneiden. Die Hälfte des Teigs in gleichmäßigen Abständen mit Blutwurst belegen, die andere Teighälfte darüber schlagen. Mit einem passenden Ausstecher runde Tascherln ausstechen, dabei einen 1 bis 2 cm großen Rand lassen. Die Teigränder fest andrücken.

6. Etwa 1 l Wasser oder nach Belieben Selchsuppe zum Kochen bringen und salzen. Die Blutwursttascherln darin knapp unter dem Siedepunkt etwa 5 Minuten gar ziehen lassen.

7. Für den Bieressig den Essig mit dem dunklen Bier vermischen.

8. Das Gerstelkraut auf Teller verteilen und die Blutwursttascherln darauf anrichten. Mit dem Bieressig und etwas Kürbiskernöl beträufeln und mit Schnittlauch und Liebstöckel bestreut servieren.

BOHNENEINTOPF MIT SELCHFLEISCH

Zutaten für 4 Portionen

180 g getrocknete Bohnen (z. B. Käferbohnen oder große weiße Bohnen)
500 g Selchfleisch
3 große Zwiebeln
6 Knoblauchzehen
5 Paradeiser
2 Selleriestangen
1 getrocknete Chilischote
1/8 l Olivenöl · 1 Lorbeerblatt
getrocknetes Bohnenkraut
50 g Salami (in dicken Scheiben)
ca. 1/2 l Rindssuppe
100 g Steinpilze
Salz · Pfeffer aus der Mühle
1 Schuss Sherryessig
1–2 TL gehackter Majoran

1. Die Bohnen mit kaltem Wasser übergießen und über Nacht einweichen.

2. Das Selchfleisch nach Belieben in Streifen, Scheiben oder Würfel schneiden. Die Zwiebeln schälen und grob schneiden. Den Knoblauch schälen und blättrig schneiden. Die Paradeiser waschen und vierteln, dabei die Stielansätze entfernen. Den Sellerie putzen, waschen und klein schneiden. Die Chilischote sehr fein hacken.

3. Die Bohnen in ein Sieb abgießen. Das Olivenöl erhitzen und das Selchfleisch mit dem Knoblauch darin anschwitzen. Bohnen, Zwiebeln, Paradeiser, Sellerie, Chili, Lorbeerblatt, Bohnenkraut und Salami dazugeben. So viel Rindssuppe angießen, dass die Flüssigkeit doppelt so hoch wie die festen Zutaten im Topf steht. Den Eintopf zugedeckt etwa 1 Stunde bei kleiner Hitze köcheln lassen.

4. Die Pilze putzen, blättrig schneiden und dazugeben. Den Eintopf mit Salz, Pfeffer und Essig abschmecken und mit Majoran bestreut servieren.

GEFÜLLTE ERDÄPFELKNÖDEL MIT RETTICH- ODER SPARGELSALAT

Zutaten für 4 Portionen

Für die Knödel:
je 150 g gekochtes Rind- und Selchfleisch
1 Zwiebel · 2 EL Butter
1–2 TL gehackter Majoran
500 g mehlig kochende Erdäpfel
160 g Mehl · 1 Ei
2 EL zerlassene Butter
1 Prise geriebene Muskatnuss
Salz · Pfeffer aus der Mühle
braune Butter (oder Schweinsbratensaft) zum Beträufeln
gehacktes Liebstöckel zum Bestreuen

Für den Rettichsalat:
2 schwarze Rettiche (oder Bierrettich)
Salz
1 Schuss weißer Balsamicoessig
2 EL Sauerrahm

Für den Spargelsalat:
1 Bund Spargel
Salz · Kristallzucker
1 Ei · 1 kleiner Schuss Apfelessig
3–4 EL Erdnussöl
3 EL gehackte Kräuter (z. B. Kresse, Basilikum, Oregano, Kerbel)

1. Für die Knödel das Fleisch in kleine Stücke schneiden. Die Zwiebel schälen und in kleine Würfel schneiden. Die Butter erhitzen, das Fleisch und die Zwiebel darin anschwitzen. Den Majoran unterrühren, nach Belieben einige gehackte Grammeln dazugeben. Die Fleischmasse abkühlen lassen.

2. Die Erdäpfel in der Schale kochen, schälen und noch warm durch die Presse drücken. Mit Mehl, Ei, zerlassener Butter, Muskatnuss, Salz und Pfeffer zu einem Teig verkneten. Den Teig zu einer Rolle von etwa 5 cm Durchmesser formen, in 5 mm dicke Scheiben schneiden und diese in der hohlen Hand ein wenig flach drücken. Jeweils mit etwas Fleischmasse belegen, den Teig über die Fülle schlagen und zu Knödeln formen.

3. Die Knödel in gesalzenem Wasser knapp unter dem Siedepunkt etwa 8 Minuten köcheln lassen, nach Belieben eine Speckschwarte mitkochen.

4. Für den Rettichsalat die Rettiche schälen, fein reiben, salzen und etwa 15 Minuten ziehen lassen. Die Flüssigkeit abgießen, den Rettich ausdrücken und mit dem Essig und dem Sauerrahm vermischen.

5. Für den Spargelsalat den Spargel schälen und die holzigen Enden entfernen. Wasser zum Kochen bringen, je 1 Prise Salz und Zucker dazugeben und den Spargel darin garen. Mit dem Schaumlöffel herausheben, kalt abschrecken und in 4 cm lange Stücke schneiden.

6. Das Ei 7 Minuten hart kochen, schälen und reiben. Vom Spargelkochwasser $1/8$ l abmessen und mit dem geriebenen Ei, dem Apfelessig, dem Erdnussöl, 1 TL Zucker und den Kräutern zu einer Marinade verrühren. Den Spargel mit der Marinade vermischen.

7. Die Knödel mit brauner Butter oder – noch besser – mit Schweinsbratensaft beträufeln, mit Liebstöckel bestreuen und mit dem Spargel- oder Rettichsalat servieren.

Süße Schmankerln und Mehlspeisen

TOPFEN-JOGHURT-CREME MIT ERDBEER-HOLLER-SORBET

ZUTATEN FÜR 4 PORTIONEN

Für die Creme:
2 Blatt Gelatine
300 g Topfen (20 % Fettgehalt)
120 g Sauerrahm
60 g Magerjoghurt
60 ml Zitronensaft
75 g Staubzucker
375 g Schlagobers
30 ml Zitronenlimonade

Für das Sorbet:
250 g Erdbeeren
1/8 l Hollersirup
Saft von 1 Zitrone
Staubzucker
1/2 TL Vanillezucker

Zum Garnieren:
100 g Kirschen
kandierte Zitronenscheiben
Minzeblätter

1. Für die Creme die Gelatine in kaltem Wasser einweichen. Den Topfen mit dem Sauerrahm, dem Joghurt, dem Zitronensaft und dem Zucker glatt rühren.
2. Das Schlagobers halbsteif schlagen.
3. Die Zitronenlimonade leicht erhitzen. Die Gelatine gut ausdrücken und in der Limonade auflösen. Mit dem Schlagobers unter die Topfencreme mischen. Die Creme in Tassen oder in eine Schüssel füllen und kühl stellen.
4. Für das Sorbet die Erdbeeren waschen und putzen. Mit dem Hollersirup, dem Zitronensaft, etwas Staubzucker (je nach Süße der Erdbeeren), Vanillezucker und nach Belieben Kartoffelstärke (siehe Tipp) pürieren. Die Masse in der Eismaschine zu Sorbet rühren.
5. Die Kirschen waschen und trockentupfen. Die Topfen-Joghurt-Creme auf Teller stürzen oder mithilfe eines Esslöffels Nocken abstechen und auf Teller setzen. Von dem Erdbeer-Holler-Sorbet ebenfalls mithilfe eines Esslöffels Nocken abstechen und daneben anrichten.
6. Die Topfen-Joghurt-Creme mit den kandierten Zitronenscheiben, den Kirschen und den Minzeblättern garnieren.

Wenn das Sorbet besonders cremig werden soll, 1 EL Kartoffelstärke (Trimolin; nicht zu verwechseln mit Kartoffelstärkemehl) dazugeben. Kartoffelstärke ist im Zuckerbäckerbedarf erhältlich, eventuell auch bei Ihrem Konditor. Sie können das Dessert auch mit Erdbeeren dekorieren, die Sie zuvor in etwas Kristallzucker und Zitronensaft mariniert haben.

GRAPEFRUITGELEE MIT MARSALASCHAUM

ZUTATEN FÜR 4 PORTIONEN

Für das Gelee:
2 rosa Grapefruits
50 g gehackte Pistazien
¼ l Grapefruitsaft
4 EL Prosecco
5 g Tortengelee (Tortenguss)

Für den Schaum:
4 EL Marsala (ital. Dessertwein)
1 Eidotter
1 EL Vanillezucker

1. Die Grapefruits so schälen, dass auch die weiße Haut mit entfernt wird. Die Fruchtfilets zwischen den Trennhäuten herausschneiden, auf Gläser oder Dessertschälchen verteilen und mit den Pistazien bestreuen.
2. Den Grapefruitsaft durch ein Sieb gießen und aufkochen. Den Prosecco und das Tortengelee dazugeben, kurz aufkochen und über die Fruchtfilets gießen. Kühl stellen.
3. Für den Marsalaschaum den Marsala mit Eidotter und Vanillezucker in einer Schüssel im heißen Wasserbad schaumig aufschlagen.
4. Das Grapefruitgelee mit dem Marsalaschaum anrichten. Nach Belieben mit Minzeblättern garnieren.

HIMBEERSTICH MIT ZITRUSSAUCE

ZUTATEN FÜR 6 PORTIONEN

Für den Stich:
1 Vanilleschote
250 g Crème fraîche
100 g Qimiq
3 Eier
40 g Staubzucker
½ TL Vanillepuddingpulver
abgeriebene Schale von
1 unbehandelten Zitrone
500 g Himbeeren

Für die Sauce:
¼ l Zitrusfrüchtesaft
(am besten eine Mischung aus
Orangen- und Limettensaft)
1 EL Honig
Pfeilwurzelmehl zum Binden
je 1 EL gehackte Minze und
gehacktes Basilikum

1. Für den Stich den Backofen auf 200 °C vorheizen. Die Vanilleschote längs aufschneiden und mit einem spitzen Messer das Mark herauskratzen. Die Crème fraîche mit Qimiq, Eiern, Staubzucker, Vanillemark, Vanillepuddingpulver und Zitronenschale mit dem Stabmixer pürieren.
2. Die Himbeeren verlesen und auf sechs Förmchen von 10 cm Durchmesser und etwa 4 cm Höhe verteilen. Die Crème-fraîche-Masse darauf geben.
3. In eine Auflaufform oder ein tiefes Backblech etwa zwei Finger breit kochend heißes Wasser gießen. Förmchen in das Wasserbad stellen (das Wasser sollte bis knapp unter den Rand der Förmchen reichen) und den Himbeerstich im vorgeheizten Backofen etwa 20 Minuten garen, bis er leicht angezogen hat. Abkühlen lassen und kühl stellen.
4. Für die Sauce den Zitrussaft mit dem Honig aufkochen. Etwas Pfeilwurzelmehl mit wenig Wasser anrühren und den Saft damit binden. Die Sauce abkühlen lassen und die Kräuter untermischen.
5. Den Himbeerstich in den Förmchen auf Teller setzen und mit der Zitrussauce beträufeln.

DATTEL-QUITTEN-RÖSTER

ZUTATEN FÜR 4 PORTIONEN

1 Quitte
1 Schuss Erdnussöl
1 Schuss Apfelsaft
Rohzucker (oder Moscovado)
8 frische Datteln

1. Den Backofen auf 190 °C vorheizen. Die Quitte abreiben, vierteln und in einen Schmortopf geben. Mit Erdnussöl, Apfelsaft und 1 Schuss Wasser übergießen und mit Rohzucker oder Moscovado bestreuen. Im vorgeheizten Backofen etwa 1 Stunde weich schmoren.
2. Die Quittenviertel aus dem Schmortopf nehmen und das Fruchtfleisch mit einem kleinen Löffel in Stücken abstechen. Den Schmorsaft durch ein Sieb gießen.
3. Von den Datteln die Haut abziehen. Die Datteln entsteinen, vierteln und mit den Quittenstücken in den Schmortopf geben.
4. Den Schmorsaft darüber gießen und alles noch einige Minuten im Backofen schmoren.
5. Den Dattel-Quitten-Röster nach Belieben mit Vanilleeis servieren.

Dieser Röster ist auch eine hervorragende Beilage zu Wildgerichten und schmeckt sehr gut zu würzigem Käse.

KOKOSMILCH-GRIESS-KOCH MIT HIMBEEREN

ZUTATEN FÜR 6 PORTIONEN

¾ l Milch
¼ l ungesüßte Kokosmilch
Salz · 50 g Weizengrieß
4 EL Kristallzucker
1 Msp. Zimtpulver
50 g Kokosette
100 g Himbeeren

1. Die Milch mit der Kokosmilch und 1 Prise Salz aufkochen. Den Grieß unterrühren und bei kleiner Hitze etwa 10 Minuten quellen lassen (die Masse sollte noch leicht über den Löffel fließen).
2. Das Grießkoch auf Teller verteilen. Den Zucker mit dem Zimt mischen und das Grießkoch damit bestreuen. Kokosette ebenfalls darüber streuen. Die Himbeeren verlesen und das Kokosmilch-Grieß-Koch damit garnieren.

Statt Kokosette und Himbeeren für die Dekoration zu verwenden, kann man das Kokosmilch-Grieß-Koch auch ganz einfach mit Ovomaltine bestreuen.

BANANENMUS MIT MANGOPÜREE

ZUTATEN FÜR 10 PORTIONEN

3 reife, weiche Bananen
Saft von 2 Zitronen
ca. 200 ml Milch
250 g Topfen (10 % Fettgehalt)
250 g Sauerrahm
50 g Staubzucker
5 Blätter Gelatine
2–3 cl Kokoslikör
500 g Schlagobers
2 Mangos

1. Die Bananen mit dem Zitronensaft und so viel Milch im Mixer pürieren, dass ein dicker Brei entsteht. Den Topfen, den Sauerrahm und den Staubzucker mit dem Bananenpüree glatt rühren.
2. Die Gelatine in kaltem Wasser einweichen. Den Likör erhitzen, die Gelatine gut ausdrücken und darin auflösen.
3. Das Schlagobers steif schlagen. Das Bananenmus mit der aufgelösten Gelatine verrühren und das Schlagobers unterheben. Das Mus kühl stellen.
4. Die Mangos schälen, das Fruchtfleisch vom Stein schneiden und pürieren.
5. Aus dem Bananenmus mithilfe eines Esslöffels Nocken abstechen und mit dem Mangopüree auf Tellern anrichten.

KAFFEEPUDDING MIT ORANGENSAUCE

ZUTATEN FÜR 10 PORTIONEN

Für den Pudding:
½ l starker Kaffee
¼ l Milch
250 g Schlagobers
50 g Kakaopulver
6 cl Amaretto (ital. Mandellikör)
2 cl Orangenlikör
(z. B. Grand Marnier)
6 Eier
8 Eidotter
300 g Kristallzucker

Für die Sauce:
½ EL Pfeilwurzelmehl
¼ l Orangensaft

1. Für den Pudding den Kaffee mit Milch, Schlagobers, Kakao, Amaretto und Orangenlikör leicht erhitzen.
2. Die Eier mit den Eidottern und 250 g Zucker in einer Schüssel im heißen Wasserbad schaumig aufschlagen. Mit dem Kaffee-Obers verrühren und 30 Minuten ruhen lassen.
3. Den Backofen auf 170 °C vorheizen. Den restlichen Zucker mit 3 EL Wasser in einer Pfanne hellbraun karamellisieren lassen.
4. Den Karamell auf zehn Espressotassen oder kleine Souffléförmchen verteilen. Die Puddingmasse in die Förmchen füllen.
5. In eine große Auflaufform oder ein tiefes Backblech etwa zwei Finger breit kochend heißes Wasser gießen. Die Förmchen in das Wasserbad stellen (das Wasser sollte bis knapp unter den Rand der Förmchen reichen) und den Pudding im vorgeheizten Backofen etwa 35 Minuten garen, bis die Masse gestockt ist. Abkühlen lassen.
6. Für die Sauce das Pfeilwurzelmehl mit wenig Orangensaft anrühren. Den restlichen Saft aufkochen und damit binden. Den Pudding in den Tassen oder Förmchen servieren oder auf Teller stürzen. Die Sauce dazu servieren.

SCHOKOMUS MIT SCHWARZBEERSAUCE

ZUTATEN FÜR 10 PORTIONEN

Für das Mus:
3 Eier
2 Eidotter
70 g Kristallzucker
110 g Vollmilch-Kuvertüre
110 g Mousse au Chocolat-Schokolade (z. B. von Lindt)
500 g Schlagobers

Für die Sauce:
200 g Schwarzbeeren
2 EL Kristallzucker

1. Die Eier mit den Eidottern und dem Zucker im heißen Wasserbad schaumig aufschlagen. Die Masse vom Wasserbad nehmen und so lange weiterschlagen, bis sie eindickt.
2. Die Kuvertüre und die Schokolade im heißen Wasserbad schmelzen lassen. So weit abkühlen lassen, dass die Masse gerade noch flüssig ist. Unter die Eiercreme rühren.
3. Das Schlagobers steif schlagen. Die Hälfte davon kräftig unter die Schokomasse rühren, den Rest locker unterziehen. Das Mus mindestens 1 Stunde kühl stellen.
4. Für die Sauce die Schwarzbeeren putzen, waschen, mit dem Zucker aufkochen und durch ein Sieb passieren.
5. Von dem Schokomus mithilfe eines Esslöffels Nocken abstechen, mit der Schwarzbeersauce auf Tellern anrichten.

WEISSES SCHOKOMUS MIT LIKÖR

ZUTATEN FÜR 8 PORTIONEN

110 g weiße Schokolade
500 g Schlagobers
3 cl Eierlikör
2 cl Orangenlikör (z. B. Grand Marnier)
1 Eidotter
1 TL Kristallzucker

1. Die Schokolade in kleine Stücke schneiden oder grob reiben. 100 g Schlagobers mit den beiden Likören aufkochen und die Schokolade darin schmelzen.
2. Den Eidotter mit dem Zucker in einer Schüssel schaumig rühren. Die Obers-Schokoladen-Mischung dazugießen und am besten mit dem Stabmixer kräftig durchrühren.
3. Die Schüssel in eine große Schüssel mit eiskaltem Wasser stellen und unter Rühren abkühlen lassen.
4. Das restliche Schlagobers steif schlagen und unter die Schokomasse rühren. Beide Massen sollten die gleiche Temperatur haben (etwa 78 °C). Das Schokomus mindestens 1 Stunde kühl stellen. Nach Belieben mit eingelegten oder frischen Früchten servieren.

Die Temperatur lässt sich am besten mit einem Zuckerthermometer messen. Man kann sie aber auch nach Gefühl und Augenschein feststellen: Einen Holzlöffel kurz in die Schokoladenmasse tauchen und auf die anhaftende Creme blasen. Fließt sie »rosenartig« auseinander, ist die Creme fertig. Zuckerbäcker sagen zu diesem Zustand auch »zur Rose gekocht«.

REISAUFLAUF MIT SCHNEEHAUBE UND HIMBEER-CHAUDEAU

ZUTATEN FÜR 8 PORTIONEN

Für den Auflauf:
50 g Langkornreis
1/8 l Milch
1 EL Butter
3 Eier
2 EL Staubzucker
2 EL Kristallzucker
Butter und Semmelbrösel für die Form

Für die Schneehaube:
2 Eiklar
100 g Kristallzucker
2 EL Kokosette

Für den Himbeer-Chaudeau:
ca. 70 g Himbeeren
2 Eidotter
30 ml Weißwein
1 cl Himbeerschnaps
10 g Vanillezucker

1. Den Reis in einem Sieb waschen, abtropfen lassen und mit der Milch und der Butter weich kochen. Den Milchreis abkühlen lassen.
2. Den Backofen auf 210 °C vorheizen. Die Eier trennen. Die Eidotter mit Staubzucker schaumig rühren und unter den Milchreis mischen. Die Eiklar mit dem Zucker zu steifem Schnee schlagen und behutsam unterheben.
3. Eine Auflaufform (ca. 29 x 18 cm) mit Butter einfetten und mit Semmelbröseln ausstreuen. Die Reismasse in die Form füllen und im vorgeheizten Backofen etwa 30 Minuten garen.
4. Für die Schneehaube die Eiklar mit dem Zucker zu steifem Schnee schlagen. Den Schnee in einen Spritzbeutel füllen und auf den gebackenen Auflauf spritzen. Mit Kokosette bestreuen und bei starker Oberhitze (250 °C) weitere 5 bis 10 Minuten backen.
5. Für den Chaudeau die Himbeeren verlesen, pürieren und durch ein Sieb streichen. 3 EL Püree mit den restlichen Zutaten in eine Schüssel geben und mit dem Schneebesen im heißen Wasserbad so lange aufschlagen, bis die Masse füllig und cremig ist.
6. Den Reisauflauf sofort mit dem Himbeer-Chaudeau servieren.

Sehr gut schmeckt der Reisauflauf auch, wenn man ihn mit weich gedünsteten Birnen oder Birnenkompott bäckt. Dafür die Hälfte der Reismasse in die Form füllen, abgetropfte Kompottbirnen oder gedünstete Birnen (in Scheiben) darauf geben und mit dem Rest der Reismasse bedecken.

RHABARBERKUCHEN

Zutaten für 1 Backblech

- 1 kg Rhabarber
- 250 g weiche Butter
- 250 g Kristallzucker
- 2 TL Vanillezucker
- Salz · 5 Eier
- 300 g Mehl
- 100 g Maisstärke
- 100 g geriebene Haselnüsse
- 1 TL Backpulver
- 80 g Staubzucker
- Saft von 1 Zitrone

1. Den Backofen auf 190 °C vorheizen. Den Rhabarber putzen, waschen und in 1 cm breite Stücke schneiden.
2. Die Butter mit Zucker, Vanillezucker und 1 Prise Salz cremig rühren. Die Eier nach und nach untermischen.
3. Das Mehl mit der Maisstärke, den Nüssen und dem Backpulver vermischen und unter die Buttermasse heben. Den Rhabarber untermischen.
4. Ein Backblech mit Backtrennpapier auslegen. Die Rhabarbermasse auf das Blech streichen und im vorgeheizten Backofen etwa 25 Minuten backen.
5. Den Staubzucker mit dem Zitronensaft glatt rühren und den noch warmen Kuchen damit überziehen.

LEBKUCHENAUFLAUF

Zutaten für 8–10 Portionen

- 90 g Butter
- 2 cl Rum
- 50 g Vollmilchschokolade (oder Kochschokolade)
- 5 Eier
- 50 g Staubzucker
- 30 g Kristallzucker
- 50 g geriebene Mandeln
- 20 g Lebkuchenbrösel
- 1 TL Lebkuchengewürz
- zerlassene Butter und Kristallzucker für die Förmchen

1. Die Butter zerlassen und den Rum dazugeben. Die Schokolade fein reiben.
2. Die Eier trennen. Die Eidotter mit dem Staubzucker schaumig rühren. Die Eiklar mit Zucker zu einem sehr steifen Schnee schlagen.
3. Die abgekühlte, flüssige Rum-Butter mit der Dottermasse verrühren und unter den Eischnee heben. Mandeln, Lebkuchenbrösel und Lebkuchengewürz behutsam unterheben (nicht mehr rühren, damit der Schnee füllig bleibt). Den Backofen auf 170 °C vorheizen.
4. Acht bis zehn Souffléförmchen mit Butter einfetten und mit Zucker ausstreuen. Die Lebkuchenmasse einfüllen. In eine große Auflaufform oder ein tiefes Backblech etwa zwei Finger breit kochend heißes Wasser gießen. Die Förmchen in das Wasserbad stellen (das Wasser soll bis knapp unter den Rand der Förmchen reichen) und den Lebkuchenauflauf im vorgeheizten Backofen etwa 30 Minuten pochieren. 10 Minuten ruhen lassen, dann stürzen.

Dazu passt Glühweinschaum: Dafür 1/4 l Glühwein mit 3 Eidottern und 1 EL Kristallzucker im heißen Wasserbad schaumig aufschlagen.

SALZBURGER NOCKERLN

Zutaten für 4 Portionen

40 ml Milch
40 g Butter
8 EL Kristallzucker
2 TL Vanillezucker
60 ml Mandelmilch
(oder Amaretto; ital. Mandellikör)
60 g Marzipanrohmasse
8 Eier
2 EL griffiges Mehl
1–2 TL abgeriebene, unbehandelte Zitronenschale
Staubzucker zum Bestäuben

1. Milch, Butter, 2 EL Zucker, Vanillezucker und Mandelmilch oder Amaretto auf zwei ovale Porzellanformen in einer Größe von etwa 30 x 15 x 4 cm verteilen. Auf dem Herd bei kleiner Hitze erwärmen, bis der Zucker leicht bräunt. Den Backofen auf 200 °C vorheizen.

2. Die Marzipanrohmasse in dünne Scheiben schneiden und in die Formen legen.

3. Die Eier trennen. Die Eiklar mit dem restlichen Zucker zu steifem Schnee schlagen. Das Mehl, die Zitronenschale und 6 Eidotter unter den Eischnee heben, dabei nur zwei- oder dreimal kräftig umrühren.

4. Aus der Nockerlnmasse mit einer Teigkarte rasch große Nockerln abstechen und in die Porzellanformen setzen. Die Nockerln im vorgeheizten Backofen etwa 15 Minuten backen.

5. Die Nockerln aus der Form stechen, auf Teller setzen und mit Staubzucker bestäuben. Sofort servieren und nach Belieben Fruchtsauce, Vanillesauce und Früchte oder Kompott dazu reichen.

Gerichte mit Geschichte

Geschätzt und geliebt mögen zahlreiche kulinarische Kompositionen werden, doch nur auf sehr wenige trifft es zu, dass ihre Köstlichkeit tatsächlich und im eigentlichen Sinn des Wortes besungen wird. Die Salzburger Nockerln sind dafür ein besonders berühmtes Beispiel. Als »süß wie die Liebe und zart wie ein Kuss« werden sie in Fred Raymonds Operettenklassiker »Saison in Salzburg« melodienreich gepriesen. Die Salzburger National-Mehlspeise »süß wie die Liebe« hinzubekommen ist dabei die kleinere Kunst. »Zart wie ein Kuss« werden die Nockerln nur dann, wenn man die restlichen Zutaten behutsam unter den Eischnee hebt und die Formen nach dem Befüllen unverzüglich in den gut vorgeheizten Backofen gibt.

APFELTÖRTCHEN MIT APFELEIS, APFELSAUCE UND APFELPRALINEN

ZUTATEN FÜR 6 PORTIONEN

Für das Apfelmus:
6 säuerlicharomatische Äpfel
1 Stück Zimtrinde
1 EL Honig
3 Gewürznelken
40 ml Zitronensaft

Für die Törtchen:
2 säuerlicharomatische Äpfel
2 EL Kristallzucker
4 cl Apfellikör
4 cl Zitronensaft (oder Limoncello; ital. Zitronenlikör)
50 g weiße Schokolade
125 g Schlagobers
1–2 EL Mandelmilch (oder Amaretto; ital. Mandellikör)

Für das Apfeleis:
100 ml Milch
¼ l naturtrüber Apfelsaft
4 Eidotter
30 g Kristallzucker
100 g Schlagobers

Für die Apfelpralinen:
50 g Bitterschokolade

Für die Apfelsauce:
Pfeilwurzelmehl (oder Maisstärke) zum Binden
⅛ l naturtrüber Apfelsaft

Zum Garnieren:
60 g Kristallzucker

1. Für das Apfelmus die Äpfel schälen, vierteln, entkernen und klein schneiden. Mit Zimt, Honig, Nelken und Zitronensaft in einen Topf geben und so viel Wasser dazugießen, dass die Äpfel bedeckt sind. Zum Kochen bringen und zugedeckt bei mittlerer Hitze weich kochen.
2. Zimt und Nelken entfernen und die Äpfel pürieren. Etwas Apfelmus in einen Eiswürfelbehälter füllen und ins Tiefkühlfach stellen (wird für die Apfelpralinen benötigt).
3. Für die Törtchen die Äpfel schälen, vierteln, entkernen und in etwa 1 cm große Würfel schneiden, die Schalen beiseite legen. Den Zucker in einer Pfanne hellbraun karamellisieren lassen. Die Äpfel dazugeben und in der Pfanne schwenken. Mit Apfellikör und Zitronensaft oder Limoncello ablöschen. 2 EL Apfelmus dazugeben und kurz köcheln lassen (die Äpfel sollten danach gut weich, aber noch nicht zerfallen sein).
4. Die Schokolade im heißen Wasserbad schmelzen und dünn auf Backtrennpapier streichen.
5. Sechs Metallringe von etwa 6 cm Durchmesser in die weiche Schokolade setzen. Schokolade abkühlen lassen.
6. Das Apfelragout in die Ringe füllen, dabei einen etwa 1 cm hohen Rand frei lassen. Das Schlagobers mit Mandelmilch oder Amaretto steif schlagen, in die Förmchen füllen und glatt streichen. Die Törtchen kühl stellen.
7. Für das Apfeleis die Milch mit dem Apfelsaft aufkochen. Die Eidotter mit dem Zucker dickcremig rühren und unter die warme Milch-Apfelsaft-Mischung rühren. Die Masse unter ständigem Rühren auf 78 °C erhitzen (»zur Rose kochen«; siehe Tipp Seite 193).
8. Das Schlagobers und 250 g Apfelmus dazugeben. Den Topf in eine Schüssel mit eiskaltem Wasser stellen und die Masse unter gelegentlichem Rühren abkühlen lassen. Die Masse in der Eismaschine zu Eis rühren.
9. Für die Apfelpralinen die Schokolade im heißen Wasserbad schmelzen. Die tiefgekühlten Apfelmus-Würfel in die Schokolade tauchen und auf einem Kuchengitter trocknen.
10. Für die Apfelsauce etwas Pfeilwurzelmehl oder Maisstärke mit wenig Wasser anrühren. Den Apfelsaft erhitzen und damit binden.

11. Zum Garnieren den Zucker mit der doppelten Menge Wasser aufkochen, bis sich der Zucker aufgelöst hat. Das Zuckerwasser abkühlen lassen, die beiseite gelegten Apfelschalen hineinlegen und 2 Stunden darin ziehen lassen. Den Backofen auf 60 °C vorheizen. Die Apfelschalen aus dem Zuckerwasser heben, auf Backtrennpapier legen und im vorgeheizten Backofen trocknen lassen.
12. Die Törtchen mit einer Palette vom Papier heben und mit Apfelsauce und Apfeleis auf Tellern anrichten. Mit Apfelpralinen und getrockneten Apfelschalen garnieren.

KÜRBISEIS MIT ZWETSCHKEN

Zutaten für 8 Portionen

Für das Eis:
400 g Muskatkürbisfleisch
2 cl Orangenlikör
(z. B. Grand Marnier)
60 g Kristallzucker
Salz · 5 Eidotter
4 EL Milch
⅛ l Apfelsaft
Saft von 1 Zitrone
4 EL Schlagobers
50 g Kartoffelstärkesirup
(aus dem Zuckerbäckerbedarf
oder vom Konditor)

Für die Zwetschken:
16 Zwetschken
50 g Butter
60 g Kristallzucker
50 g Mandelstifte
1 Vanilleschote
150 g Semmelbrösel
abgeriebene Schale von
1 unbehandelten Orange

1. Für das Eis das Kürbisfleisch in kleine Stücke schneiden. Mit dem Orangenlikör, 30 g Zucker, 1 Prise Salz sowie 1 Schuss Wasser bei kleiner Hitze köcheln lassen, bis der Kürbis weich ist. Die Masse pürieren und abkühlen lassen.
2. Die Eidotter mit dem restlichen Zucker, der Milch, dem Apfel- und dem Zitronensaft im heißen Wasserbad unter ständigem Rühren auf 78 °C erhitzen (»zur Rose kochen«; siehe Tipp Seite 193). Das Schlagobers, den Kartoffelstärkesirup, das Kürbispüree und nach Belieben 1 EL Kürbiskernöl unterrühren. Die Masse in der Eismaschine zu Eis rühren.
3. Die Zwetschken waschen, einschneiden und entsteinen. Die Butter mit dem Zucker in einer großen Pfanne erhitzen. Zwetschken, Mandelstifte und die aufgeschnittene Vanilleschote dazugeben und die Zwetschken unter gelegentlichem Rühren glacieren. Die Brösel und die Orangenschale untermischen.
4. Die Zwetschken auf Teller verteilen. Aus dem Kürbiseis mithilfe eines Esslöffels Nocken abstechen und daneben setzen. Nach Belieben mit Minzeblättern garnieren.

Zu dem Kürbiseis passt auch ein Hollerkoch (siehe Rezept Seite 201). Oder servieren Sie zu den Zwetschken mit Orangenbröseln auch einmal ein Amaretto-Obers (siehe Rezept Seite 216).

APFEL IM SCHLAFROCK

ZUTATEN FÜR 4 PORTIONEN

Für den Teig:
250 g Mehl
200 g weiche Butter
2 Eidotter
2 EL Schlagobers
2 EL Weißwein

Für die Fülle:
6 kleine, säuerliche Äpfel
½ TL Zimtpulver
2 EL Kristallzucker
2 EL Rosinen
Gewürznelken

1. Für den Teig das Mehl mit der Butter, den Eidottern, dem Schlagobers und dem Wein rasch zu einem sehr mürben Teig verkneten. Den Teig zu einer Kugel formen, in Frischhaltefolie wickeln und etwa 2 Stunden kühl stellen.
2. Für die Fülle die Äpfel schälen, vierteln und entkernen. Die Apfelviertel in Spalten schneiden und mit dem Zimt, dem Zucker und den Rosinen vermischen.
3. Den Backofen auf 180 °C vorheizen. Den Teig noch einmal durchkneten, dünn ausrollen und in 7 x 7 cm große Quadrate schneiden. Die Apfelspalten mittig darauf verteilen und den Teig darüber zusammenfalten. Die überlappenden Ecken mit Nelken feststecken. Auf ein mit Backtrennpapier ausgelegtes Backblech setzen und im vorgeheizten Backofen goldbraun backen.
4. Die Äpfel im Schlafrock ein wenig abkühlen lassen und nach Belieben mit Staubzucker bestäubt servieren.

ERDBEER-EIERLIKÖR-CREME

ZUTATEN FÜR 6 PORTIONEN

350 g vollreife Erdbeeren
150 g Sauerrahm
80 g Qimiq
4 cl Eierlikör
1 EL Kristallzucker
1 TL Vanillezucker
1 Spritzer Tabasco
Walderdbeeren zum Garnieren

1. Die Erdbeeren waschen und putzen. Mit Sauerrahm, Qimiq, Eierlikör, Zucker, Vanillezucker und Tabasco in der Küchenmaschine hochtourig zu einer feinen Creme mixen.
2. Die Creme in Gläser füllen oder auf Dessertschälchen verteilen und kühl stellen.
3. Zum Servieren die Walderdbeeren waschen, putzen und auf der Creme anrichten. Nach Belieben die Erdbeer-Eierlikör-Creme noch mit aufgeschäumter Milch und Minze- oder Melisseblättern garnieren.

APFELBLATTLN MIT HOLLERKOCH

ZUTATEN FÜR 4 PORTIONEN

Für die Apfelblattln:
2 EL Rosinen
4 EL Portwein
2 säuerliche Äpfel
200 g Blätterteigplatten
Staubzucker zum Bestäuben

Für das Hollerkoch:
2 säuerliche Äpfel
100 g Zwetschken
250 g Hollerbeeren
1 Päckchen Vanillezucker
2–3 EL Kristallzucker
(je nach Obstart)
1 Msp. Zimtpulver
4 cl Amaretto (ital. Mandellikör)

Für den Sirup:
½ unbehandelte Orange
⅛ l Apfelsaft
1 EL Honig
½ TL gehackter Ingwer

1. Für die Apfelblattln die Rosinen im Wein einige Stunden marinieren lassen.

2. Für das Hollerkoch die Äpfel schälen, vierteln und entkernen. Die Apfelviertel blättrig schneiden.

3. Die Zwetschken waschen, entsteinen und klein schneiden. Mit Hollerbeeren, Äpfeln, Vanillezucker, Zucker, Zimt und Amaretto in einem Topf aufkochen und bei kleiner Hitze etwa 30 Minuten köcheln lassen. Nach Belieben noch etwas nachsüßen.

4. Für den Sirup die Orange waschen, abtrocknen und dünn schälen. Die Schale in feine Streifen schneiden und mit dem Apfelsaft, dem Honig und dem Ingwer in einem Topf aufkochen lassen. Sirupartig einkochen lassen und den Sirup durch ein Sieb gießen.

5. Die Äpfel für die Apfelblattln schälen, vierteln und entkernen. Die Apfelviertel in etwa ½ cm dicke Spalten schneiden. Den Backofen auf 250 °C vorheizen.

6. Die Blätterteigplatten nebeneinander auslegen und bei Zimmertemperatur etwa 10 Minuten auftauen lassen. Dann aufeinander legen, dünn ausrollen und in Rechtecke schneiden. Die Apfelspalten überlappend auf die Teigstücke legen. Die marinierten Rosinen in ein Sieb abgießen und über die Äpfel streuen. Die Apfelblattln mit dem Sirup bestreichen.

7. Die Apfelblattln auf ein Backblech setzen und im vorgeheizten Backofen 10 Minuten backen. Zum Servieren mit Staubzucker bestäuben und mit dem abgekühlten Hollerkoch anrichten.

Statt Hollerkoch kann man zu den Apfelblattln auch Zwetschken- oder Quittenobers servieren: Dafür geschlagenes Obers mit Zwetschkenmarmelade oder Quittenmus verrühren und nach Belieben mit etwas Zwetschken- oder Quittenschnaps aromatisieren.

ORANGENTÖRTCHEN MIT WEISSER SCHOKOLADE

Zutaten für ca. 10 Törtchen

Für das Mus:
1 Vanilleschote
250 g Qimiq
125 g Sauerrahm
250 g weiße Schokolade

Für die Mürbteigblätter:
200 g Mehl
180 g weiche Butter
70 g Staubzucker · Salz

Für die Fülle:
5 Orangen
300 ml Orangensaft
150 g Gelierzucker (1:2)

Außerdem:
60 g Haselnüsse
Kräuterblätter
(z. B. Minze oder Melisse)

1. Für das Mus die Vanilleschote längs aufschneiden und mit einem spitzen Messer das Mark herauskratzen. Mit Qimiq, Sauerrahm und Schokolade im heißen Wasserbad so lange erwärmen, bis die Schokolade geschmolzen ist.
2. Zehn Metallringe von 8 cm Durchmesser auf eine mit Backtrennpapier belegte Kuchenplatte setzen. Die Schokoladenmasse zwei Finger breit einfüllen und kühl stellen (nach Belieben auch in das Tiefkühlfach stellen).
3. Für die Mürbteigblätter Mehl, Butter, Staubzucker und 1 Prise Salz in der Küchenmaschine rasch zu einem glatten Teig verkneten. Den Teig zu einer Kugel formen, in Frischhaltefolie wickeln und etwa 30 Minuten kühl stellen.
4. Für die Fülle die Orangen so schälen, dass auch die weiße Haut mit entfernt wird. Das Fruchtfleisch zwischen den Trennhäuten herausschneiden. Den Saft aus den Resten drücken.
5. Den gesamten Orangensaft mit dem Gelierzucker kochen, bis der Zucker aufgelöst ist. Die Orangenfilets hineinlegen und den Saft abkühlen lassen.
6. Die Haselnüsse fein hacken und in einer beschichteten Pfanne ohne Fett leicht rösten. Den Backofen auf 200 °C vorheizen.
7. Den Teig nochmals durchkneten, mit den Nüssen bestreuen und etwa 3 mm dick ausrollen. Mit einem Ausstecher von 8 cm Durchmesser für jedes Törtchen einen Teigkreis ausstechen. Auf ein mit Backtrennpapier ausgelegtes Backblech setzen und im vorgeheizten Backofen goldbraun backen.
8. Die Metallringe mit dem Schokoladenmus auf Teller setzen und mit den Orangenfilets belegen. Mit einem spitzen Messer das Mus von den Ringen lösen und die Ringe abheben. Die Törtchen mit je einem Mürbteigblatt belegen.
9. Zum Servieren die Orangentörtchen mit den Kräuterblättern dekorieren, nach Belieben mit Staubzucker bestäuben und mit Orangenfilets anrichten.

BESOFFENE KAPUZINER

Zutaten für 4 Portionen

Für die Kapuziner:
40 g geriebene Haselnüsse
4 Eier
1 TL Vanillezucker
1 Msp. Zimtpulver
100 g Kristallzucker
abgeriebene Schale von
1 unbehandelten Zitrone
40 g dunkle Schokolade
30 g Mehl
10 g griffiges Mehl
Butter und Mehl für die Form

Für den Guss:
1 Vanilleschote
je 200 ml Portwein und
Madeira (portug. Dessertwein)
100 g Honig
100 g Rosinen
2 Gewürznelken
3 cm Zimtrinde
1 Stück unbehandelte
Orangen- oder Zitronenschale

Für das Orangenobers:
250 g Schlagobers
1 EL Vanillezucker
1 unbehandelte Orange

1. Für die Kapuziner den Backofen auf 180 °C vorheizen. Die Nüsse in einer beschichteten Pfanne ohne Fett leicht rösten. Die Eier trennen. Die Eidotter mit Vanillezucker, Zimt und 50 g Zucker zu einer hellgelben Creme rühren.
2. Die Eiklar mit dem restlichen Zucker zu flaumigem Schnee schlagen. Die Zitronenschale untermischen und den Eischnee unter die Dottercreme heben.
3. Die Schokolade fein reiben. Mit beiden Mehlsorten und den gerösteten Nüssen unter die Masse heben.
4. Eine Auflaufform mit Butter einfetten und mit Mehl bestäuben. Die Masse etwa 3 cm hoch einfüllen und glatt streichen. Im vorgeheizten Backofen etwa 20 Minuten backen.
5. Für den Guss die Vanilleschote längs aufschneiden und mit einem spitzen Messer das Mark herauskratzen. Die Weine mit dem Vanillemark, dem Honig, den Rosinen, den Nelken, dem Zimt und der Zitrusschale aufkochen und ziehen lassen.
6. Die Kapuzinermasse aus dem Backofen nehmen und leicht abkühlen lassen. In Stücke schneiden und auf Teller verteilen.
7. Den Guss durch ein Sieb gießen. Zimt, Nelken und Zitrusschale entfernen. Die Flüssigkeit über die Kuchenstücke gießen, sodass diese gut getränkt sind.
8. Für das Orangenobers das Schlagobers mit dem Vanillezucker cremig schlagen. Die Orange waschen und abtrocknen. Die Schale fein abreiben und unter das Obers heben. Die besoffenen Kapuziner mit dem Orangenobers garnieren und nach Belieben mit Staubzucker bestäuben.

Wenn man die Rosinen nach dem Aufkochen des Gusses weiterverwenden will, gibt man sie am besten in einem Leinensäckchen zu den übrigen Zutaten. Zum Servieren kann man die Rosinen dann einfach über die Kapuziner streuen.

BAKLAVA

Zutaten für ca. 18 Portionen

Für den Teig:
1/8 l Sonnenblumenöl
1/8 l Milch
125 g Joghurt (3,8 % Fettgehalt)
500 g Mehl
1 Msp. Backpulver · Salz
2 EL Zitronensaft
Öl für das Backblech
ca. 150 g gemahlener Mohn
ca. 150 g geriebene Nüsse
ca. 100 g gehackte Pistazien
ca. 150 g kandierte Früchte
(z. B. Aranzini oder Zitronat)

Für den Guss:
80 g Butter
4 EL Öl
150 g Honig

1. Für den Teig das Sonnenblumenöl mit Milch, Joghurt, Mehl, Backpulver, 1 Prise Salz und Zitronensaft zu einem glatten Teig verkneten. Auf einen Teller legen, mit Frischhaltefolie abdecken und etwa 1 Stunde ruhen lassen.
2. Den Teig in 51 kleinen Portionen teilen und zu Minifladen drücken. 17 Minifladen übereinander legen und zu einem großen Fladen von etwa 24 cm Durchmesser ausrollen. Auf diese Weise zwei weitere Fladen zubereiten.
3. Den Backofen auf 200 °C vorheizen. Ein Backblech mit Öl einfetten. Einen Fladen darauf legen, mit je einem Drittel Mohn, Nüsse, Pistazien und kandierte Früchte bestreuen. Den zweiten Fladen darauf legen und erneut mit einem Drittel Mohn, Nüsse, Pistazien und Früchte bestreuen. Mit den restlichen Zutaten ebenso verfahren. Die Fladentorte in Rauten oder Quadrate schneiden.
4. Butter mit Öl erhitzen und über die Baklava-Stücke gießen. Im vorgeheizten Backofen etwa 50 Minuten backen.
5. Den Honig mit 1/8 l Wasser sirupartig einkochen. Baklava damit übergießen, auf dem Blech abkühlen lassen.

APFEL-RHABARBER-BISKUIT »SUKIYAKI«

Zutaten für 4 Portionen

Butter und Kristallzucker
für die Förmchen
2 säuerliche Äpfel
(geviertelt)
1 Stange Rhabarber
(blättrig geschnitten)
2 EL Kristallzucker
7 EL Sukiyaki-Sauce
40 g Couscous
4 EL Milch
2 Eier
1 geh. EL Mehl
1 unbehandelte Orange
(in dünnen Scheiben)

1. Den Backofen auf 200 °C vorheizen. Vier Tortelett-Förmchen von etwa 12 cm Durchmesser mit Butter einfetten und mit Zucker ausstreuen. Die Äpfel (mit der Schale nach oben) und den Rhabarber hineinlegen, mit Zucker bestreuen und mit je 1 EL Sukiyaki-Sauce beträufeln. Im vorgeheizten Backofen etwa 10 Minuten backen.
2. Den Couscous mit der kochend heißen Milch übergießen und zugedeckt einige Minuten quellen lassen.
3. Die Eier trennen. Die Eiklar mit 1 EL Zucker zu Schnee schlagen. Die Eidotter mit 3 EL Sukiyaki-Sauce und dem Mehl verrühren. Den Eischnee unter die Masse heben.
4. Den Couscous und die Biskuitmasse auf dem Obst verteilen. Die Orangenscheiben darauf legen und die Törtchen nochmals einige Minuten backen.

GEBACKENE APFELRADELN

ZUTATEN FÜR 4 PORTIONEN

3 säuerliche, festfleischige Äpfel
3 geh. EL Mehl
1/8 l Weißwein
(z. B. Gewürztraminer)
Salz · 2 Eier
1 geh. EL Kristallzucker
Mehl zum Panieren
ca. 500 g Butterschmalz

Für den Zimtzucker:
1 TL Zimtpulver
2 EL Kristallzucker

Für das Wein-Chaudeau:
2 Eidotter
1/8 l Weißwein · 2 EL Kristallzucker

1. Die Äpfel waschen und die Kerngehäuse ausstechen. Die Äpfel in dicke Scheiben schneiden.
2. Das Mehl mit dem Wein und 1 Prise Salz zu einem pastenartigen Teig verrühren. Die Eier trennen. Die Eidotter unter den Teig rühren. Die Eiklar mit dem Zucker zu Schnee schlagen und unter den Teig heben.
3. Die Apfelscheiben im Mehl wenden, überschüssiges Mehl abklopfen. Die Scheiben durch den Backteig ziehen und im Butterschmalz goldbraun backen. Herausheben und auf Küchenpapier abtropfen lassen.
4. Zimt und Zucker vermischen. Die Apfelradeln mit dem Zimtzucker bestreuen und warm halten.
5. Für das Wein-Chaudeau alle Zutaten in einer Schüssel im heißen Wasserbad bei nicht zu großer Hitze schaumig aufschlagen, dabei die Schüssel immer wieder bewegen (die Eier dürfen nicht zu schnell erwärmt werden). Sofort zu den gebackenen Apfelradeln servieren.

MILCHBROT-MARILLEN-POFESEN

ZUTATEN FÜR 4 PORTIONEN

8 Scheiben Milchbrot
(ca. 2 cm dick)
4 EL Puddingcreme
(siehe Rezept Seite 192)
2 EL Marillenmarmelade
ca. 500 g Butterschmalz
4 Eier
ca. 1/4 l Milch

BILD RECHTS

1. Vier Milchbrotscheiben jeweils auf einer Seite mit Puddingcreme, die restlichen Brotscheiben mit Marillenmarmelade bestreichen. Je ein mit Pudding bestrichenes Brot mit einem Marmeladenbrot zusammensetzen, sodass die beiden bestrichenen Seiten aufeinander liegen.
2. Das Butterschmalz in einem flachen Topf erhitzen. Die Eier in einem tiefen Teller verquirlen. Die Milch ebenfalls in einen tiefen Teller geben.
3. Die Pofesen auf jeder Seite kurz in Milch tauchen, durch die Eier ziehen und im Butterschmalz 3 bis 4 Minuten goldbraun backen, dabei einmal wenden und die Oberseite nochmals mit Butterschmalz begießen. Die Pofesen herausheben und auf Küchenpapier abtropfen lassen.

Dazu passt ein »Sturm-Chaudeau«: Ein Chaudeau wie oben zubereiten, aber statt Wein Sturm (Federweißer) und weniger Zucker verwenden.

MARILLENKNÖDEL

ZUTATEN FÜR 10 STÜCK

Für die Knödel:
60 g weiche Butter
1 Ei · Salz
abgeriebene Schale von
1 unbehandelten Zitrone
500 g Topfen (20 % Fettgehalt)
ca. 300 g Mehl
10 vollreife Marillen

Für die Brösel:
80 g Butter
100 g Semmelbrösel

1. Die Butter cremig rühren. Das Ei verquirlen und mit 1 Prise Salz und der Zitronenschale dazugeben. Den Topfen untermischen und so viel Mehl unterheben, dass es einen formbaren Teig ergibt.
2. Die Marillen waschen und entsteinen. Nach Belieben je 1 Stück Würfelzucker an die Stelle der Steine geben.
3. Den Teig etwa $^1/_2$ cm dick ausrollen. In 10 Stücke teilen, die Marillen damit umhüllen und zu Knödeln formen.
4. Für die Brösel die Butter in einer großen Pfanne erhitzen und die Brösel darin rösten.
5. Die Marillenknödel in reichlich Wasser zugedeckt knapp unter dem Siedepunkt etwa 10 Minuten gar ziehen lassen. Die Knödel herausheben, abtropfen lassen und in den gerösteten Bröseln wälzen.

HONIGKRAPFEN

ZUTATEN FÜR 25–30 STÜCK

Für die Krapfen:
30 g Germ
80 g Kristallzucker
$^1/_4$ l lauwarme Milch
500 g Mehl
2 Eidotter
80 g zerlassene Butter · Salz
Öl (oder Butterschmalz)
zum Ausbacken

Für die Honigsauce:
2 EL Butter
2 EL Mehl
$^1/_2$ TL Zimtpulver
$^1/_2$ TL Nelkenpulver
100 g Honig

1. Die Germ mit 1 EL Zucker und ein wenig lauwarmer Milch verrühren. Mit Mehl bestäuben und aufgehen lassen.
2. Dieses »Dampfl« mit dem restlichen Mehl, dem restlichen Zucker, den Eidottern, der Butter, 1 Prise Salz und der restlichen Milch zu einem Teig verarbeiten. Den Teig zugedeckt an einem warmen Ort gehen lassen, bis er sein Volumen verdoppelt hat. Mit der Hand auf den Teig klopfen, sodass der Teig zusammenfällt, und nochmals gehen lassen, bis er sein Volumen verdoppelt hat.
3. Den Teig zu kleinen Kugeln formen und nochmals gehen lassen. Dann die Kugeln mit den Händen so auseinander ziehen, dass ein dicker Rand entsteht.
4. Reichlich Öl oder Butterschmalz in einem hohen Topf erhitzen und die Krapfen darin schwimmend goldgelb ausbacken.
5. Für die Honigsauce die Butter erhitzen und das Mehl darin anschwitzen. Zimt, Nelkenpulver und 2 bis 3 EL Wasser dazugeben und aufkochen. Den Honig einrühren und die Sauce 3 bis 4 Minuten köcheln lassen.
6. Die heißen Krapfen mit der Honigsauce beträufeln.

BUCHTELN MIT POWIDL

Zutaten für 4 Portionen

Für den Powidl:
1 kg vollreife Zwetschken
200 g Dörrpflaumen
Saft von 2 Orangen
6 cl Rum
1 Vanilleschote
(längs aufgeschnitten)
200 g Kristallzucker

Für den Röster:
500 g Schwarzbeeren
200 g Kristallzucker
1 EL Vanillezucker
abgeriebene Schale von
2 unbehandelten Limetten

Für die Buchteln:
1 kg Mehl
160 g Kristallzucker · Salz
120 g Butter
2 Eier · 2 Eidotter
80 g Germ
ca. ½ l lauwarme Milch
Butter für die Form und zum
Bestreichen der Buchteln
Zimtzucker zum Bestreuen
Staubzucker zum Bestäuben

1. Für den Powidl den Backofen auf 150 °C vorheizen. Die Zwetschken waschen und entsteinen. Mit den restlichen Zutaten in einen ofenfesten Topf geben und im vorgeheizten Backofen so lange schmoren, bis die Flüssigkeit weitgehend verdampft ist. Das Mark aus der Vanilleschote kratzen und unter die Zwetschken mischen. Die Masse durch die mittlere Scheibe der Flotten Lotte drehen. Nach Belieben noch geschmolzene Bitterschokolade unter den Powidl rühren. Den Powidl kühl stellen.

2. Für den Röster die Schwarzbeeren putzen, waschen und mit Zucker und Vanillezucker verrühren. Einige Stunden stehen lassen. Dann die Beeren bei kleiner Hitze 5 Minuten köcheln lassen. Die Limettenschale unterrühren.

3. Für die Buchteln das Mehl, den Zucker, 10 g Salz, die Butter, die Eier, die Eidotter, die zerbröckelte Germ und zwei Drittel der Milch in der Küchenmaschine zu einem Teig kneten, der Blasen wirft. Dann unter Rühren so viel Milch dazugeben, dass ein flaumiger Teig entsteht, der sich ein wenig von der Schüssel löst.

4. Die Schüssel mit einem Küchentuch abdecken und den Teig an einem warmen Ort gehen lassen, bis er sein Volumen verdoppelt hat. Mit der Hand auf den Teig klopfen, sodass der Teig zusammenfällt, und nochmals gehen lassen, bis er sein Volumen verdoppelt hat.

5. Den Teig fingerdick ausrollen und in 3 x 3 cm große Quadrate schneiden. Jedes Quadrat mit 1 TL Powidl belegen, den Teig hochziehen und über dem Powidl zusammendrücken.

6. Den Backofen auf 170 °C vorheizen. Eine ofenfeste Pfanne mit Butter einfetten. Die Buchteln mit der Verschlussstelle nach unten hineinlegen. Jede Buchtel mit zerlassener Butter bestreichen und mit Zimtzucker bestreuen. Die Buchteln mit einem Küchentuch abdecken und noch etwas gehen lassen.

7. Die Buchteln im vorgeheizten Ofen etwa 45 Minuten backen. Die Buchteln mit dem Schwarzbeerröster auf Tellern anrichten und mit Staubzucker bestäuben.

Der Buchtelteig eignet sich auch bestens für herzhafte Snacks: Füllen Sie ihn zum Beispiel mit rohem Sauerkraut, Leber- oder Blutwurst.

KLETZEN-MOHN-STRUDEL

Zutaten für 12 Portionen

Für den Strudel:
250 g Kletzen · 1/4 l Weißwein
1/2 l Milch · 50 g Butter
100 g Kristallzucker
50 g Honig · 1 TL Zimtpulver
abgeriebene Schale von
1 unbehandelten Zitrone
Mark von 1 Vanilleschote
400 g gemahlener Mohn
150 g Semmelbrösel
2 Blätter Strudelteig
Butter für die Form
und zum Bestreichen

Für den Guss:
1/4 l Milch · 50 g Kristallzucker
20 g Vanillezucker · 2 Eier
2 Eidotter · 6 cl Eierlikör

1. Für den Strudel die Kletzen klein schneiden und im Wein einweichen. Die Milch mit Butter, Zucker, Honig, Zimt, Zitronenschale und dem Vanillemark aufkochen. Den Mohn und die Brösel dazugeben und die Masse kurz kochen. Die Kletzen abgießen und unterrühren.
2. Die Strudelteigblätter auf ein Küchentuch legen. Die Fülle jeweils auf die untere Hälfte verteilen. Den Teig seitlich einschlagen und zu einem Strudel rollen.
3. Eine Auflaufform mit hohem Rand mit Butter einfetten. Die Strudel hineinlegen und mit zerlassener Butter bestreichen. Den Backofen auf 200 °C vorheizen.
4. Für den Guss die Hälfte der Milch erhitzen, Zucker und Vanillezucker darin auflösen. Die restliche Milch mit den Eiern, den Eidottern und dem Likör verrühren. Die Zuckermilch unter die Eiermilch rühren und die Strudel damit begießen (die Strudel sollten gut bedeckt sein). Im vorgeheizten Backofen etwa 30 Minuten backen. Die Strudel vor dem Portionieren kurz abkühlen lassen.

ERDÄPFEL-MOHN-ROULADE

Zutaten für 8 Portionen

500 g mehlig kochende Erdäpfel
160 g griffiges Mehl
40 g zerlassene Butter
1 Ei · Salz
40 g Rosinen · 3 EL Rum
1/2 l Milch
100 g Kristallzucker · 1 EL Honig
2 EL Butter · 1 Prise Zimtpulver
1 TL Vanillezucker
400 g gemahlener Mohn
150 g geriebene Biskotten
abgeriebene Schale von
1 unbehandelten Zitrone
Butter für die Folie

1. Die Erdäpfel kochen, schälen und noch warm durch die Presse drücken. Mit Mehl, Butter, Ei und 1 Prise Salz zu einem glatten Teig verkneten und abkühlen lassen.
2. Die Rosinen hacken und mit dem Rum vermischen. Die Milch mit Zucker, Honig, Butter, Zimt und Vanillezucker aufkochen. Mohn, Biskottenbrösel, Zitronenschale und Rum-Rosinen dazugeben. So lange köcheln lassen, bis die Masse dick, aber noch streichfähig ist.
3. Den Teig dünn ausrollen, mit der Fülle bestreichen und zu einer Roulade von ca. 5 cm Durchmesser aufrollen. Die Roulade in etwa 8 cm lange Stücke schneiden. Jedes Stück in eine gefettete Lage Alufolie wickeln und die Folie an den Enden zudrehen. Die Päckchen in Wasser etwa 10 Minuten kochen. Die Rouladen aus der Folie nehmen, in Scheiben schneiden und mit Vanillesauce oder Kompott servieren.

DAMPFNUDELN MIT MOHN

Zutaten für 4–8 Portionen

Für den Teig:
500 g Mehl
100 g weiche Butter
20 g Kristallzucker · 1 Ei
abgeriebene Schale von
1 unbehandelten Zitrone
20 g Germ
¼ l lauwarme Milch · Salz
Mehl für das Backblech

Außerdem:
250 g Butter
5 EL gemahlener Mohn
1 EL Staubzucker

1. Das Mehl mit der Butter, dem Zucker, dem Ei, der Zitronenschale, der Germ, der Milch und 1 Prise Salz zu einem Teig kneten. Den Teig zugedeckt an einem warmen Ort gehen lassen (am besten in einer verschlossenen Kunststoffschüssel), bis er sein Volumen verdreifacht hat. Mit der Hand auf den Teig klopfen, sodass der Teig zusammenfällt, und nochmals gehen lassen, bis er sein Volumen erneut verdreifacht hat.
2. Den Teig zu einer Rolle von etwa 3 cm Durchmesser formen. Kleine Stücke abschneiden und mit den Händen zu fingerdicken Nudeln drehen.
3. Die Nudeln auf ein bemehltes Backblech legen, mit einem Küchentuch abdecken und den Teig nochmals etwa 45 Minuten gehen lassen (dieses letzte Aufgehen ist für die Qualität der Nudeln besonders wichtig).
4. Die Nudeln im Wasserdampf (am besten in einem Dämpftopf) 5 bis 8 Minuten garen.
5. Die Butter zerlassen und den Mohn mit dem Staubzucker vermischen. Die Dampfnudeln im Mohnzucker wälzen, auf Tellern anrichten und mit der Butter beträufeln. Nach Belieben mit Preiselbeeren, Vanilleeis oder Kompott servieren.

Statt Mohn kann man auch geriebene Walnüsse nehmen. Eine besonders leckere Abwandlung der Dampfnudeln sind Marillen-Krapferln. Dafür den Teig fingerdick ausrollen und mit einem Ausstecher von 10 cm Durchmesser Kreise ausstechen. Die Hälfte der Teigkreise mit halbierten, gedämpften Marillen belegen. Die Ränder mit Wasser bestreichen. Die belegten Teigstücke mit den restlichen Teigkreisen zusammensetzen. Zugedeckt nochmals gehen lassen, dann im Wasserdampf 10 Minuten garen. Mit Marillensauce (pürierten und passierten Marillen) servieren.

SCHWARZBEERNOCKEN

ZUTATEN FÜR 4 PORTIONEN

500 g Schwarzbeeren
200 g Mehl
Salz
ca. 200 ml Milch
2 EL Butterschmalz
Kristallzucker und Staubzucker zum Bestreuen

BILD LINKS

1. Die Schwarzbeeren putzen, waschen und mit dem Mehl und 1 Prise Salz vermischen. Unter Rühren so viel kochende Milch dazugeben, dass es eine zähe Masse ergibt.

2. Das Butterschmalz in einer großen Pfanne erhitzen. Die Schwarzbeermasse löffelweise in die Pfanne setzen und auf beiden Seiten anbraten. Dann zugedeckt bei kleiner Hitze noch einige Minuten garen.

3. Die Schwarzbeernocken mit Kristall- und Staubzucker bestreut servieren.

SCHWARZBEERSCHMARREN

ZUTATEN FÜR 4 PORTIONEN

250 g griffiges Mehl
¼ l Milch
Salz · 4 Eier
2 EL Butterschmalz
1 EL Butter
100 g Schwarzbeeren

1. Das Mehl mit der Milch und 1 Prise Salz zu einem dicken Teig verrühren. Die Eier rasch untermischen, den Teig nicht glatt rühren.

2. Butterschmalz und Butter in einer großen Pfanne erhitzen. Die Masse in die Pfanne geben und zugedeckt bei kleiner Hitze anbacken – der Teig sollte dabei am Rand hochsteigen.

3. Die Schmarrenmasse halbieren und am besten mithilfe einer Winkelpalette oder eines Tortenhebers wenden. Den Schmarren zugedeckt so lange backen, bis die Masse fast durchgegart ist. Mit zwei Gabeln in Stücke zupfen.

4. Die Schwarzbeeren putzen, waschen, abtropfen lassen und zum Schmarren geben. Den Schmarren nach Belieben mit Kristall- oder Staubzucker bestreuen und zugedeckt noch einige Minuten backen.

Nicht zu viel Masse in die Pfanne geben! Am besten gelingt der Schwarzbeerenschmarren, wenn er viel Platz zum Aufgehen hat.
Diese Rezept ist für vier Personen berechnet, wenn man den Schmarren als Dessert serviert. Als Hauptgericht werden zwei Personen davon satt.

ZITRONENPALATSCHINKEN

Zutaten für 6–8 Portionen

Für die Fülle:
1 unbehandelte Zitrone
190 g Kristallzucker
100 ml Zitronensaft
50 g Vanillepuddingpulver
5 Eiklar

Für die Zitronensauce:
50 g Kristallzucker
⅛ l Zitronensaft
1 EL kalte Butter

Für die Palatschinken:
150 g Mehl
Milch · Salz
6 Eier
Butter zum Ausbacken

Zum Garnieren:
Staubzucker
Kräuterblätter
(z. B. Zitronenmelisse oder Zitronenthymian)

1. Für die Fülle die Zitrone waschen, abtrocknen und die Schale mit dem Zestenreißer in feinen Streifen abziehen. Oder die Zitrone hauchdunn schälen und die Schalen in sehr feine Streifen schneiden. Die Zesten mit ¼ l Wasser, 120 g Zucker, dem Zitronensaft und dem Puddingpulver aufkochen. Die Eiklar mit dem restlichen Zucker im heißen Wasserbad schaumig aufschlagen und unter die Zitronenmasse heben.

2. Für die Sauce den Zucker mit 1 bis 2 EL Wasser so lange erhitzen, bis er leicht braun ist. Den Zitronensaft dazugießen und die Butter unterrühren. Die Sauce durch ein Sieb streichen.

3. Für die Palatschinken das Mehl mit ⅛ l Milch und 1 Prise Salz zu einem dicken Brei rühren. Die Eier untermischen. Unter Rühren so viel Milch dazugeben, dass es einen leicht vom Löffel fließenden, glatten Teig ergibt.

4. In einer beschichteten Pfanne 1 TL Butter erhitzen. Wenig Teig in die Pfanne geben und durch Schwenken der Pfanne gleichmäßig verteilen, die Palatschinken sollten recht dünn sein. Kurz backen, mit einem Pfannenwender wenden und noch einige Sekunden backen. Mit dem restlichen Teig ebenso verfahren. Die Palatschinken zum Warmhalten aufeinander legen.

5. Die Fülle auf den Palatschinken verteilen und die Palatschinken einrollen oder zu Dreiecken falten. Mit der Zitronensauce auf Tellern anrichten, mit Staubzucker bestäuben und mit Kräuterblättern garnieren.

Und so werden daraus köstliche Palatschinken mit Topfenfülle: Die Palatschinken hauchdünn ausbacken. Die Topfen-Joghurt-Creme von Seite 188 als Fülle auf den Palatschinken verteilen und die Palatschinken einrollen. Kalt mit der Zitronensauce servieren.

PONGAUER KIRSCHMUAS

Zutaten für 4 Portionen

300 ml Milch · Salz
300 g Mehl
100 g griffiges Mehl
200 g Butterschmalz
300 g Kirschen
4 EL Kristallzucker
1 Prise Zimtpulver

1. Die Milch mit 1 Prise Salz aufkochen. Beide Mehlsorten unterrühren.

2. Das Butterschmalz in einer schweren, großen Eisenpfanne erhitzen. Die Mehl-Milch-Masse in die Pfanne gießen. Unter häufigem Rühren 15 bis 20 Minuten rösten, bis die Masse bröselt (man nennt das »abbrennen«).

3. Die Kirschen waschen, abtropfen lassen und entsteinen. Mit dem Zucker und dem Zimt in die Pfanne geben und das Muas noch ein wenig rösten, bis die Masse glaciert aussieht.

4. Das Muas in der Pfanne servieren. Nach Belieben mit etwas Kirschschnaps beträufeln.

ZIMTKNÖDEL MIT MARILLENRÖSTER

Zutaten für 4 Portionen

Für den Röster:
1½ kg Marillen · ⅛ l Weißwein
4 cl Marillenbrand
Kristallzucker

Für die Knödel:
¼ l Milch
je 1 Prise Nelken- und Zimtpulver
Salz · 100 g Weizengrieß · 1 Ei

Außerdem:
1 l Milch zum Kochen
2 EL Kristallzucker
½ TL Zimtpulver
Staubzucker zum Bestäuben
Minzeblätter zum Garnieren

1. Die Marillen waschen, entsteinen und vierteln. Zwei Drittel der Marillen mit dem Wein und dem Marillenbrand weich kochen, Zucker je nach Süßegrad der Marillen dazugeben. Die Marillen im Mixer pürieren und das Püree durch ein Sieb streichen.

2. Die restlichen Marillen in ein Schraubglas füllen. Das heiße Marillenpüree darüber geben. Das Glas verschließen und den Marillenröster abkühlen lassen.

3. Die Milch mit Nelkenpulver, Zimt und 1 Prise Salz aufkochen. Den Grieß dazugeben und unter ständigem Rühren etwa 15 Minuten kochen. Die Masse abkühlen lassen und das Ei untermischen.

4. Aus dem Teig zwölf kleine Knödel formen. Die Milch erhitzen und die Knödel darin knapp unter dem Siedepunkt etwa 5 Minuten ziehen lassen. Die Knödel sind gar, sobald sie an die Oberfläche steigen.

5. Zucker mit Zimt mischen. Die Knödel im Zimtzucker wälzen und mit dem Marillenröster auf Tellern anrichten. Mit Staubzucker bestäuben und mit Minze garnieren.

OFENZWETSCHKEN

ZUTATEN FÜR 4 PORTIONEN

24 Zwetschken
24 geschälte Mandeln
100 g Marzipanrohmasse
3 EL Butter
1 EL Schweineschmalz
2 EL Kristallzucker
abgeriebene Schale von
2 unbehandelten Limetten
2 Vanilleschoten
250 g Schlagobers
4 cl Amaretto (ital. Mandellikör)

1. Den Backofen auf 200 °C vorheizen. Die Zwetschken waschen, einschneiden und entsteinen.

2. Die Mandeln jeweils mit etwas Marzipanrohmasse umhüllen und anstelle der Steine in die Zwetschken setzen.

3. Die Butter und das Schmalz in einer ofenfesten Pfanne erhitzen, die gerade so groß ist, dass alle Zwetschken nebeneinander Platz darin haben. Die Zwetschken mit der Öffnung nach oben in die Form setzen und mit dem Zucker und der Limettenschale bestreuen. Die Vanilleschoten längs aufschneiden und auf die Zwetschken legen.

4. Die Zwetschken zugedeckt im vorgeheizten Backofen 10 Minuten schmoren. Aus dem Backofen nehmen und abkühlen lassen.

5. Das Schlagobers steif schlagen und den Likör unterrühren. Die Zwetschken mit der Schmorflüssigkeit auf Tellern verteilen und mit dem Amaretto-Obers servieren.

PHYSALIS-RHABARBER-KOMPOTT

ZUTATEN FÜR CA. 2 1/2 LITER

800 g Physalis
400 g Rhabarber
300 g Kristallzucker
4 cl Orangenlikör
(z. B. Grand Marnier)
5 Gewürznelken
Zimtrinde
5 kleine Verbeneblätter
Rosmarinnadeln

1. Die Physalis heiß waschen. Den Rhabarber putzen, waschen und in fingerbreite Stücke schneiden.

2. In einem Topf 1 l Wasser mit dem Zucker, dem Likör und dem Rhabarber zum Kochen bringen. Die Physalis dazugeben und noch 1 Minute köcheln lassen. Das Kompott durch ein Sieb gießen und das Obst in fünf Schraubgläser (à 1/2 l Inhalt) füllen. In jedes Glas 1 Nelke, 1 kleines Stück Zimtrinde, 1 kleines Blatt Verbene und einige Rosmarinnadeln geben.

3. Die Gläser mit dem kochend heißen Sud auffüllen und verschließen. Vor dem Servieren mindestens einige Tage gekühlt ziehen lassen.

Dieses Kompott passt sehr gut zu Wildgerichten.

QUITTENKAS MIT VANILLE

ZUTATEN FÜR 4 PORTIONEN

2 kg reife Quitten
Saft von 2 Zitronen
2 Vanilleschoten
Kristallzucker zum Gelieren

1. Die Quitten abreiben und in Stücke schneiden, das Kerngehäuse, nicht aber Stiele und Blütenansätze entfernen (wegen des darin enthaltenen Pektins).

2. In einem Topf 4 l Wasser mit dem Zitronensaft aufkochen. Die Quitten darin etwa 30 Minuten weich kochen.

3. Die Quitten mit dem Schaumlöffel aus dem Topf heben und pürieren (am besten durch die mittlere Scheibe der Flotten Lotte drehen). Etwa 1/2 l Kochsud unterrühren und die Masse wiegen. Pro Kilo Quittenmasse 800 g Zucker dazugeben.

4. Die Vanilleschoten längs aufschneiden, mit einem spitzen Messer das Mark herauskratzen und unter die Quitten-Zucker-Masse rühren. Aufkochen und unter ständigem Rühren bei kleiner Hitze so lange köcheln, bis die Masse leicht rosa ist. Je länger sie geköchelt wird, desto besser – die Masse stockt nach langer Kochzeit schneller.

5. Ein Backblech mit kaltem Wasser befeuchten und die Masse fingerdick darauf streichen. Mit einem Küchentuch abdecken und an einem warmen Ort ruhen lassen, bis die Masse gestockt ist.

6. Den Quittenkas in Würfel schneiden und in einem dicht verschlossenen Behältnis (z. B. einer Dose) kühl aufbewahren. Vor dem Servieren nach Belieben in Gelierzucker wälzen (nicht in Kristallzucker, dieser würde Flüssigkeit ziehen).

Der Quittenkas passt zum Tee. Er schmeckt aber auch ganz hervorragend zu würzig-pikantem Käse wie Ziegenkäse oder zu stark gereiften Hartkäsen sowie zu Sardellen.

HOLLERSIRUP

Zutaten für 3 Liter

20 Hollerblüten
2 unbehandelte Zitronen (in Scheiben)
70 g Zitronensäure
2 kg Kristallzucker

Bild links

1. Die dicken grünen Stängel von den Hollerblüten entfernen. Hollerblüten mit Zitronenscheiben, Zitronensäure und 1 1/2 l Wasser verrühren. 48 Stunden bei Zimmertemperatur ziehen lassen.

2. Dann die Flüssigkeit durch ein Sieb gießen, mit dem Zucker verrühren und nochmals 48 Stunden ziehen lassen.

3. Den Sirup in Flaschen füllen und kühl aufbewahren.

Probieren Sie auch einmal Hollerlikör: Dafür 1 kg gerebelten Holler mit 1 l Wasser etwa 1 Stunde köcheln. Durch ein Sieb gießen und den Saft mit 500 g Kristallzucker, 3 aufgeschnittenen Vanilleschoten und 2 Gewürznelken aufkochen. Abkühlen lassen und 1/8 l Weingeist dazugeben. Durch ein Tuch in Flaschen gießen.

EIERLIKÖR MIT VANILLE

Zutaten für ca. 1 1/2 Liter

2 Vanilleschoten
3/4 l Milch
6 Eidotter
600 g Kristallzucker
1/4 l Weingeist

1. Die Vanilleschoten längs aufschneiden und mit einem spitzen Messer das Mark herauskratzen.

2. Die Milch mit Eidottern, Zucker und Vanillemark in der Küchenmaschine auf langsamen Touren etwa 30 Minuten verrühren.

3. Den Weingeist untermischen, den Eierlikör in Flaschen füllen und kühl aufbewahren.

ZIRBENSCHNAPS

Zutaten für 3 Liter

4 Zirbenzapfen
1 1/2 l Wodka · 1 1/2 l Marillenbrand
1/2 Vanilleschote · 3 Gewürznelken
4 cm Zimtrinde · 1 Sternanis

1. Die Zirbenzapfen in Stücke schneiden, sodass man sie in eine Flasche füllen kann. Mit den restlichen Zutaten in eine große Flasche oder einen Ballon füllen. Verschlossen etwa 1 Monat ziehen lassen.

2. Den Zirbenschnaps durch ein Tuch in Flaschen gießen.

Feines aus der Backstube

APFELSTRUDEL MIT SAUERRAHM

ZUTATEN FÜR 6–8 PORTIONEN

Für den Teig:
250 g Mehl
1 2 EL Öl · Salz
Öl zum Bestreichen
Mehl zum Ausrollen

Für die Fülle:
8–10 mittelgroße, säuerliche Äpfel (ca. 1 kg)
3 EL Kristallzucker
2 EL Rosinen
3 EL geriebene Nüsse
Saft von 1 Zitrone
½ TL Zimtpulver

Für die Butterbrösel:
50 g Butter
60 g Semmelbrösel

Außerdem:
ca. 100 g zerlassene Butter für die Form und zum Bestreichen
Kristallzucker zum Bestreuen
250 g Sauerrahm

1. Für den Teig Mehl, Öl und 1 Prise Salz mischen und mit etwa 60 ml Wasser verkneten, bis sich die klebrig-zähe Masse von Brett und Händen löst und ein seidenglatter Teig entsteht. Den Teig auf einen mit Öl bestrichenen Teller geben, Teig mit Öl bestreichen und mit Frischhaltefolie bedeckt bei Zimmertemperatur etwa 30 Minuten ruhen lassen.

2. Für die Fülle die Äpfel schälen, vierteln, entkernen und dickblättrig schneiden. Mit den restlichen Zutaten vermischen und 10 Minuten ruhen lassen.

3. Für die Butterbrösel die Butter in einer kleinen Pfanne erhitzen und die Semmelbrösel darin goldgelb anrösten.

4. Den Teig auf einem bemehlten Küchentuch so dünn wie möglich ausrollen. Mit den Handrücken von der Mitte beginnend papierdünn zu einem Rechteck ausziehen, die Hände dabei mit Öl benetzen. Den Backofen auf 200 °C vorheizen.

5. Ein Drittel des Teigs der Länge nach mit Butterbröseln bestreuen. Die Fülle auf die Butterbrösel geben, dabei am Teigrand etwa 10 cm frei lassen. Die frei gebliebene Fläche mit zerlassener Butter bestreichen, dicke Teigränder wegschneiden. Das Tuch auf der mit Fülle belegten Seite des Strudels aufheben und den Strudel zur freien Teigseite hin aufrollen. Die Teigenden zusammendrücken.

6. Eine für den Strudel passende Backform einfetten. Den Strudel mithilfe des Tuchs in die Form legen, mit Butter bestreichen und im vorgeheizten Backofen 35 bis 40 Minuten backen. Dabei gelegentlich mit Butter und dem austretenden Saft bestreichen.

7. Den Strudel abkühlen lassen. In Portionsstücke schneiden, mit Zucker bestreuen und mit Sauerrahm servieren.

GERICHTE MIT Geschichte

Der Strudel aus »gezogenem Teig« ist ein besonders schönes Beispiel für den wertvollen Beitrag Süd- und Osteuropas zur österreichischen Küche. Wer sich heute das Küchenleben ein wenig leichter machen will, verzichtet auf das Strudelziehen, greift zum vorgefertigten Teig aus dem Kühlregal und wird zu (fast) ebenso köstlichen Backwerken gelangen.

GUGELHUPF MIT NOUGAT

Zutaten für 1 Gugelhupf

3 Eier
250 g Schlagobers
250 g Kristallzucker
1 Päckchen Vanillezucker
250 g Mehl
½ Päckchen Backpulver
3 EL Milch
3 EL Nougatcreme (z. B. Nutella)
Butter und Mehl für die Form

1. Die Eier trennen. Die Eiklar zu steifem Schnee schlagen und bis zur Weiterverarbeitung kühl stellen. Den Backofen auf 180 °C vorheizen.

2. Das Schlagobers halbfest schlagen und unter weiterem Schlagen den Zucker und den Vanillezucker unterrühren. Die Eidotter untermischen. Das Mehl sieben, mit dem Backpulver vermischen und mit der Milch unter die Dottermasse heben.

3. Den Eischnee behutsam unter die Masse ziehen. Ein Drittel der Masse mit der Nougatcreme verrühren.

4. Eine Gugelhupfform mit Butter einfetten und mit Mehl bestäuben. Zuerst die Nougatmasse einfüllen, dann den restlichen Teig darauf geben.

5. Den Gugelhupf im vorgeheizten Backofen etwa 1 Stunde backen. Kurz in der Form abkühlen lassen, dann behutsam aus der Form stürzen und auf einem Kuchengitter vollständig abkühlen lassen.

TOPFEN-MARILLEN-STRUDEL

Zutaten für 10 Portionen

Für die Einlage:
ca. 10 Marillen
40 g Kristallzucker
50 g Mandelstifte
Maisstärke (oder Speisestärke) zum Binden

Für die Fülle:
2 Eier
1 Vanilleschote
30 g Milchbrot
100 g weiche Butter
100 g Staubzucker
40 g Schlagobers
500 g Topfen (20 % Fettgehalt)
Saft und abgeriebene Schale von 1 unbehandelten Zitrone
50 g Rosinen

Für die Hülle:
200 g Butter
4 Blätter Strudelteig
Butter für die Form und zum Bestreichen

Für das Obers:
250 g Schlagobers
1 EL Staubzucker
1 Schuss Likör oder Schnaps (z. B. Amaretto, Kaffeelikör, Williamsschnaps)

1. Für die Einlage die Marillen waschen, halbieren und entsteinen. Mit dem Zucker in einen Topf geben und bei kleiner Hitze einige Minuten garen. Mit den Mandelstiften vermischen. Etwas Mais- oder Speisestärke mit wenig Wasser anrühren und unter die Marillen mischen, um den Saft zu binden.

2. Für die Fülle die Eier trennen. Die Eiklar zu mäßig steifem Schnee schlagen und bis zur Weiterverabeitung kühl stellen. Die Vanilleschote längs aufschneiden und mit einem spitzen Messer das Mark herauskratzen. Das Milchbrot in kleine Würfel schneiden.

3. Die Eidotter mit Butter, Staubzucker, Obers, Topfen, Vanillemark sowie Zitronensaft und -schale zu einer glatten Masse verrühren.

4. Den Eischnee mit den Milchbrotwürfeln und den Rosinen unter die Topfenmasse heben. Den Backofen auf 180 °C vorheizen.

5. Für die Hülle die Butter zerlassen. Ein Blatt Strudelteig auf ein Küchentuch legen, mit Butter bestreichen. Ein zweites Teigblatt darauf legen, ebenfalls mit Butter bestreichen. Ein Viertel der Fülle auf den oberen Teil des Strudelblatts geben, sodass links und rechts 2 bis 3 cm Teig frei bleiben. Die Hälfte der Marillen darauf legen. Mit einem weiteren Viertel der Fülle bedecken und die seitlichen Teigränder über die Fülle falten. Den Strudel einrollen und mithilfe des Tuches in eine große, mit Butter gefettete Auflaufform setzen.

6. Den restlichen Teig und die restliche Fülle zu einem zweiten Strudel verarbeiten und in die Form heben. Beide Strudel mit Butter bestreichen und im vorgeheizten Backofen etwa 35 Minuten backen.

7. Das Schlagobers mit dem Staubzucker mäßig steif schlagen und mit Likör oder Schnaps aromatisieren.

8. Die Strudel ein wenig abkühlen lassen. In Portionsstücke schneiden und mit dem Obers servieren.

MOHN- UND NUSSSTRUDEL

FÜR JE 4–6 PORTIONEN

Für die Mohnfülle:
350 ml Milch · 30 g Butter
2 EL Honig · 1 TL Vanillezucker
100 g gemahlener Mohn
80 g Semmelbrösel
(oder Biskuitbrösel oder
geriebene Biskotten)
2 EL Rosinen · 1 kleiner Schuss Rum
abgeriebene Schale von
1 unbehandelten Zitrone

Für die Nussfülle:
350 ml Milch · 30 g Butter
2 EL Honig · 1 TL Vanillezucker
100 g geriebene Walnüsse
100 g Semmelbrösel
(oder Biskuitbrösel oder
geriebene Biskotten)
2 EL Rosinen · 1 kleiner Schuss Rum
abgeriebene Schale von
1 unbehandelten Zitrone

Für die Hülle und den Guss:
zerlassene Butter für die Form
und zum Bestreichen
4 Blätter Strudelteig
2 Eidotter · 2 Eier
$^1/_8$ l Milch · 125 g Schlagobers
4 cl Eierlikör · 1 EL Kristallzucker

Zum Garnieren:
2 unbehandelte Orangen
(oder Zitronen)
100 g Kristallzucker

1. Für die Mohnfülle die Milch mit der Butter, dem Honig und dem Vanillezucker aufkochen. Den Mohn und die Brösel dazugeben und die Masse etwa 3 Minuten köcheln. Die Rosinen, den Rum und die Zitronenschale unterrühren.
2. Auf diese Weise auch die Nussfülle zubereiten.
3. Zwei Auflaufformen, in die jeweils recht knapp zwei Strudel passen, mit etwas Butter einfetten. Den Backofen auf 180 °C vorheizen.
4. Ein Blatt Strudelteig auf ein Küchentuch legen und mit der Hälfte der Mohn- bzw. Nussfülle belegen. Die freien Teigflächen mit Butter bestreichen. Die seitlichen Teigränder einfalten und den Strudel einrollen. Mithilfe des Tuches in die Form heben. Die restlichen Teigblätter und die restliche Fülle ebenso verarbeiten.
5. Für den Guss alle Zutaten in einer Schüssel mischen und mit dem Stabmixer gründlich verrühren. Die Masse über die Strudel gießen und diese im vorgeheizten Backofen etwa 30 Minuten backen, bis die Gussmasse gestockt ist.
6. Zum Garnieren die Orangen oder Zitronen 5 Minuten in kaltes Wasser legen, herausheben und abtrocknen. Die Schalen mit dem Zestenreißer in feinsten Streifen abziehen oder die Früchte sehr dünn schälen und die Schalen in feine Streifen schneiden.
7. Den Zucker in einem kleinen Topf mit $^1/_8$ l Wasser zum Kochen bringen. Die Zesten darin etwa 3 Minuten köcheln und im Zuckerwasser abkühlen lassen. Herausheben und abtropfen lassen.
8. Die Strudel etwas abkühlen lassen. In Portionsstücke schneiden und mit den Zitrusschalen bestreut servieren.

Die hier beschriebenen Füllen kann man auch für die Zubereitung von Mohn- oder Nusspalatschinken bzw. Mohn- oder Nussbuchteln verwenden.

ANIS-GUGELHUPF

ZUTATEN FÜR 1 GUGELHUPF

Für den Teig:
4 Eier
4 »eischwer« Butter
4 »eischwer« Staubzucker
Salz
4 »eischwer« Mehl
1 Vanilleschote
2 TL Anissamen
Butter und Mehl für die Form

Außerdem:
ca. 100 g Marillenmarmelade
(oder Brombeergelee)
ca. 100 g weiße Schokolade

1. Den Backofen auf 180 °C vorheizen. Die Eier (mit Schale) wiegen. Die entsprechenden Mengen Butter und Staubzucker mit 1 Prise Salz cremig rühren. Die Eier verquirlen und nach und nach unter die Buttermasse mischen. Die entsprechende Menge Mehl sieben, die Vanilleschote längs aufschneiden und mit einem spitzen Messer das Mark herauskratzen. Das Mehl, das Vanillemark und die Anissamen unter die Eiercreme heben.

2. Eine Gugelhupfform mit Butter einfetten und mit Mehl bestäuben. Die Teigmasse hineinfüllen und den Gugelhupf im vorgeheizten Backofen etwa 30 Minuten backen.

3. Den Gugelhupf kurz in der Form abkühlen lassen, dann vorsichtig aus der Form auf ein Kuchengitter stürzen. Die Marillenmarmelade oder das Brombeergelee erwärmen, den Gugelhupf damit bestreichen und abkühlen lassen.

4. Die weiße Schokolade im heißen Wasserbad schmelzen und den Gugelhupf mit der Schokolade überziehen. Nach Belieben mit Kokosette oder Anissamen bestreuen.

OVOMALTINE-KUCHEN

ZUTATEN FÜR CA. 12 PORTIONEN

Für die Meringe:
50 g Kristallzucker
50 g Staubzucker
2 Eiklar (ca. 50 g)

Für den Biskuit:
6 Eier · 160 g Kristallzucker
150 g Mehl · 1 EL Kakaopulver

Für den Sirup:
4 cl Rum
4 cl Kaffee (oder Eierlikör)
100 g Kakaopulver

Für die Creme:
130 g Bitterschokolade
2 cl Eierlikör
250 g Butter
70 g Kakaopulver
70 g Ovomaltine
6 Eidotter
60 g Kristallzucker
500 g Schlagobers
Johannisbeermarmelade
zum Bestreichen

BILD LINKS

1. Für die Meringe beide Zuckersorten mit 60 ml Wasser »zum Flug« aufkochen (siehe Tipp). Die Eiklar zu Schnee schlagen und den eingekochten Zucker in den fast schon steifen Schnee einarbeiten. So lange schlagen, bis die Masse weitgehend abgekühlt ist. Den Backofen auf 150 °C vorheizen.

2. Ein Backblech mit Backtrennpapier auslegen und die Masse etwa fingerdick darauf streichen. Das Backblech in den vorgeheizten Backofen schieben, die Hitze sofort auf 50 °C reduzieren und die Meringe mehrere Stunden im Backofen lassen, bis die Masse ganz getrocknet ist.

3. Für das Biskuit den Backofen auf 180 °C vorheizen. Die Eier trennen. Die Eiklar zu steifem Schnee schlagen, die Eidotter mit dem Zucker schaumig rühren. Den Schnee abwechselnd mit Mehl und Kakao behutsam unter die Dottermasse rühren. Die Masse auf einem mit Backtrennpapier ausgelegten Backblech verstreichen und im vorgeheizten Backofen 10 Minuten backen.

4. Für den Sirup Rum, Kaffee oder Eierlikör und Kakao mit 300 ml Wasser aufkochen und abkühlen lassen.

5. Für die Creme die Bitterschokolade mit 80 ml Wasser und dem Eierlikör vorsichtig erhitzen, bis die Schokolade geschmolzen ist. Die Butter mit dem Kakao und der Ovomaltine schaumig rühren. Die Eidotter mit dem Zucker cremig rühren und unter die Kakaomasse heben. Die geschmolzene Schokolade untermischen. Das Schlagobers steif schlagen und unterheben.

6. Die Meringe und den Biskuit in je drei gleich breite Streifen schneiden. Den ersten Streifen Biskuit mit Sirup beträufeln. Die Creme darauf verstreichen und mit Meringe belegen. Diese mit Johannisbeermarmelade bestreichen. In derselben Reihenfolge auch die restlichen Zutaten aufschichten, mit Creme abschließen. Den Kuchen mindestens 6 Stunden kühl stellen.

Das Zuckerwasser soll zu einem dicken Sirup gekocht werden. Die korrekte Konsistenz prüft der Zuckerbäcker, indem er eine Drahtschlinge durch den Zuckersirup zieht und darauf bläst – es sollen zusammenhängende Blasen entstehen (fliegen; daher »zum Flug gekocht«).

BISKUITROULADE MIT ORANGENCREME

ZUTATEN FÜR 8 PORTIONEN

5 Eier
120 g Kristallzucker
Salz · 120 g Mehl
Kristallzucker für das Backblech
60 ml starker Kaffee
250 g Mascarpone
150 g Sauerrahm
8 EL Orangenmarmelade
4 EL Orangenlikör
(z. B. Grand Marnier)
weiße Schokoladenspäne
zum Garnieren

1. Die Eier mit Zucker und 1 Prise Salz in einer Schüssel im heißen Wasserbad aufschlagen, bis die Masse schön füllig ist. Die Schüssel aus dem Wasserbad nehmen und die Masse weiterschlagen, bis sie abgekühlt ist. Den Backofen auf 180 °C vorheizen.

2. Das Mehl sieben und nach und nach mit dem Kochlöffel unter die Schaummasse heben. Die Masse fingerdick auf ein mit Backtrennpapier ausgelegtes Backblech streichen und im vorgeheizten Backofen goldbraun backen.

3. Das Biskuit aus dem Backofen nehmen und auf ein mit Zucker bestreutes Backblech stürzen. Mit einem feuchten Küchentuch über das Backtrennpapier streichen und dieses behutsam vom Biskuit abziehen.

4. Das Biskuit mit kaltem Kaffee beträufeln und das Backtrennpapier wieder darauf legen. Das Biskuit zu einer Roulade formen und abkühlen lassen.

5. Den Mascarpone und den Sauerrahm mit der Orangenmarmelade verrühren und mit Orangenlikör abschmecken.

6. Das Biskuit behutsam ausrollen, das Backtrennpapier entfernen. Das Biskuit mit etwas Creme bestreichen und wieder einrollen. Die Roulade außen mit der restlichen Creme bestreichen und großzügig mit Schokoladenspänen bestreuen.

KARLSBACHER ZIMTTORTE »PÖSCHL«*

ZUTATEN FÜR 1 KUCHEN

Wir nehmen
250 g Butter,
200 g Staubzucker,
200 geriebene Schokolade
ebenso wie 6 Eier,
250 g geriebene Mandeln
und 2 TL Zimt

1. Die Butter mit dem Eigelb und Zucker wird schaumig gerührt. Geriebene Schokolade und Zimt kommt dazu.

2. Das geschlagene Eiweiß und die geriebenen Mandeln unterziehen.

3. Den Teig in eine gefettete Auflaufform zwingen und vorsichtig langsam bei etwa 180 °C backen.

** Dieses Rezept verdanken wir dem durchaus mit gutem Appetit ausgestatteten Schauspieler Hanno Pöschl (Wiedergabe im Originalton).*

SCHOKOLADEN-BRÖSELKUCHEN

ZUTATEN FÜR 2 KUCHEN

3 Eier · 1 Eidotter
120 g Butter
150 g Staubzucker
Salz · 1 TL Vanillezucker
150 g Schokolade
4 cl brauner Rum
200 g süße Brösel
(z. B. geriebene Biskotten
oder geriebener Lebkuchen)
100 g Pignoli
Butter und Mehl für die Form

1. Den Backofen auf 180 °C vorheizen. Eier und Eidotter verquirlen. Die Butter mit dem Staubzucker, 1 Prise Salz und dem Vanillezucker cremig rühren. Die Eier nach und nach untermischen, bis die Masse hell ist.
2. Die Schokolade mit dem Rum im heißen Wasserbad schmelzen, aber nicht zu stark erhitzen. Zuerst die geschmolzene Schokolade, dann die Brösel unter die Buttermasse mischen. Die Pignoli hacken und unter die Butter-Schokoladen-Masse rühren.
3. Zwei Backformen (z. B. Rehrückenformen) mit Butter einfetten und mit Mehl bestäuben. Die Masse einfüllen und im vorgeheizten Backofen etwa 40 Minuten backen.

Schmeckt mit Schlagobers (mit Rum oder Kokoslikör aromatisiert) oder auch getränkt mit dem Guss aus dem Rezept »Besoffene Kapuziner« (siehe Seite 204).

PANZLBROT VULGO MILCHBROT-SCHLEGEL

ZUTATEN FÜR 2 STRIEZEL

40 g Germ
ca. ½ l lauwarme Milch
600 g Mehl · Salz
1 Ei · 2 Eidotter
3 TL Kristallzucker
abgeriebene Schale von
2 unbehandelten Zitronen
60 g Rosinen (wahlweise auch
geriebene Schokolade oder
gemahlener Mohn)
Milch zum Bestreichen

1. Die Germ in etwas Milch auflösen. Das Mehl in eine Schüssel sieben und 1 Prise Salz dazugeben. Mit der Germ, dem Ei, den Eidottern, dem Zucker und der Zitronenschale verkneten, dabei nach und nach so viel Milch dazugeben, dass ein weicher, aber noch formbarer Teig entsteht. Mit etwas Mehl bestäuben und zugedeckt an einem warmen Ort gehen lassen, bis er sein Volumen verdoppelt hat.
2. Mit der Hand auf den Teig klopfen, sodass der Teig zusammenfällt, und flach drücken. Mit Rosinen, Schokolade oder Mohn bestreuen.
3. Den Teig in zwei Hälften teilen. Jedes Stück über die längere Seite zusammenklappen und fest andrücken. Die Striezel auf ein mit Backtrennpapier ausgelegtes Backblech setzen und zugedeckt nochmals gehen lassen. Den Backofen auf 220 °C vorheizen.
4. Jeden Striezel mit Milch bestreichen und im vorgeheizten Backofen etwa 20 Minuten goldbraun backen.

RIBISELKUCHEN

Zutaten für ca. 12 Portionen

Für den Teig:
6 Eier
6 »eischwer« Kristallzucker
4 »eischwer« weiche Butter
Salz
4 »eischwer« Mehl
1 gestr. TL Backpulver
Butter und Mehl für das Backblech

Für den Belag:
4 Eiklar
150 g Kristallzucker · Salz
1 EL fein geriebene Mandeln
1 TL Maisstärke
500 g gerebelte Ribiseln

Bild links

1. Die Eier (mit Schale) wiegen. Das Gewicht der Eier an Zucker sowie das Gewicht von 4 Eiern an Butter mit 1 Prise Salz cremig rühren.
2. Die Eier verquirlen und nach und nach unter die Buttermasse rühren, bis es eine glatte Masse ergibt.
3. Mehl im Gewicht von 4 Eiern mit dem Backpulver vermischen und unter die Butter-Ei-Masse heben (am besten zu gleichen Teilen glattes und griffiges Mehl). Den Backofen auf 180 °C vorheizen.
4. Ein Backblech mit Butter einfetten und dünn mit Mehl bestäuben. Die Teigmasse darauf streichen und im vorgeheizten Backofen etwa 20 Minuten backen.
5. Für den Belag die Eiklar mit dem Zucker und 1 Prise Salz zu einem steifen Schnee schlagen. Die Mandeln, die Maisstärke sowie die Ribiseln unterheben.
6. Den Belag auf den vorgebackenen Teig streichen, den Kuchen erneut in den Backofen schieben und bei 200 °C Oberhitze weitere 5 Minuten backen.

BEEREN-RAHMKUCHEN

Zutaten für ca. 12 Portionen

1 Portion Teig (siehe oben Rezept Ribiselkuchen)

Für den Belag:
500 g Qimiq
400 g Mascarpone
8 EL Zitronensaft
120 g Staubzucker
1 TL Vanillezucker
400 g gemischte Beeren (Wald- und Gartenbeeren)
200 g gemischte Weintrauben

1. Den Teig wie im Rezept oben zubereiten und backen. Aus dem Backofen nehmen und etwas abkühlen lassen.
2. Für den Belag Qimiq erhitzen, bis es leicht flüssig ist. Den Mascarpone, den Zitronensaft, den Staub- und den Vanillezucker unterrühren.
3. Den Belag auf den leicht abgekühlten Kuchenboden gießen und glatt streichen.
4. Die Beeren putzen, bei Bedarf waschen und trockentupfen. Die Trauben waschen, trockentupfen und halbieren. Die Beeren und die Trauben auf den Kuchen streuen. Den Beeren-Rahmkuchen vor dem Servieren kühl stellen.

Der Beeren-Rahmkuchen hält sich zugedeckt im Kühlschrank mehrere Tage und bleibt dabei schön saftig.

BRAUNER KIRSCHKUCHEN

ZUTATEN FÜR CA. 12 PORTIONEN

1,3 kg Kirschen
1 EL Maisstärke
80 g dunkle Schokolade
6 Eier · Salz
140 g weiche Butter
140 g Staubzucker
100 g Biskuitbrösel
(oder geriebene Biskotten)
100 g geriebene Mandeln
Butter und Mehl für das Backblech
Staubzucker zum Bestäuben
Minzeblätter (oder Melisseblätter)
zum Garnieren

1. Die Kirschen waschen, abtropfen lassen und entsteinen. Die Maisstärke über die Kirschen stäuben und unterrühren, um den Saft zu binden.

2. Den Backofen auf 180 °C vorheizen. Die Schokolade reiben. 2 Eier in eine Schüssel aufschlagen, die restlichen Eier trennen. Die Eidotter mit den ganzen Eiern verquirlen. Die Eiklar mit 1 Prise Salz zu steifem Schnee schlagen.

3. Die Butter mit dem Staubzucker und 1 Prise Salz cremig rühren und die verquirlten Eier untermischen. Schokolade, Brösel und Mandeln unterrühren und den Eischnee behutsam unterheben.

4. Ein Backblech mit Butter einfetten und mit Mehl bestäuben. Die Masse darauf streichen, die Kirschen darauf verteilen und den Kuchen im vorgeheizten Backofen etwa 30 Minuten backen. Abkühlen lassen, mit Staubzucker bestäuben und mit Minze oder Melisse garniert servieren.

DÖRRPFLAUMEN MIT PARISERCREME

ZUTATEN FÜR CA. 16 PORTIONEN

Für die Dörrpflaumen:
3 Vanilleschoten · 1 l Rotwein
je 6 cl Armagnac (Weinbrand),
Amaretto (ital. Mandellikör) und
Johannisbeerlikör (Cassis)
100 g brauner Zucker
1 kleines Stück Zimtrinde
abgeriebene Schale von je 2 unbehandelten Orangen und Zitronen
je 3 Gewürznelken, schwarze
Pfefferkörner und Pimentkörner
5 Fenchelsamen · 1 Zweig Rosmarin
1 TL Maisstärke
50 große Dörrpflaumen

Für die Parisercreme:
300 g dunkle Kuvertüre
500 g Schlagobers

1. Für die Dörrpflaumen die Vanilleschoten längs aufschneiden und das Mark herauskratzen. Wein, Armagnac, Amaretto und Johannisbeerlikör in einen Topf gießen. 1 bis 2 EL abnehmen und zur Seite stellen. Zucker, Vanillemark, Zimt, Orangen- und Zitronenschalen, Nelken, Pfeffer, Piment, Fenchel und Rosmarin dazugeben und alles kurz aufkochen.

2. Die Maisstärke mit der zur Seite gestellten Flüssigkeit anrühren und den Gewürzsud damit binden. Über die Dörrpflaumen gießen, in ein Einweckglas oder ein Glas mit Schraubverschluss füllen und die Pflaumen 10 Tage gekühlt ziehen lassen.

3. Für die Parisercreme die Kuvertüre mit dem Schlagobers in einem kleinen Topf oder einer Schüssel im heißen Wasserbad schmelzen, herausheben und so lange rühren, bis die Masse abgekühlt ist.

4. Die Dörrpflaumen samt Saft in kleine Schüsseln geben. Aus der Parisercreme mit einem Teelöffel kleine Nockerln abstechen und auf die Dörrpflaumen setzen.

KIRSCHSTREUSEL-SCHNITTEN

Zutaten für ca. 12 Portionen

Für den Mürbteig:
300 g Mehl
220 g kalte Butter
90 g Staubzucker
Butter für das Backblech

Für die Streusel:
150 g griffiges Mehl
120 g weiche Butter
1 EL Nougatcreme (z. B. Nutella)
1 TL Zimtpulver
1 Päckchen Vanillezucker
120 g Kristallzucker · Salz

Für den Belag:
600 g Kirschmarmelade
250 g Vollmilch-Kuvertüre

1. Das Mehl auf die Arbeitsfläche sieben, die Butter und den Zucker dazugeben und alles rasch zu einem Teig verkneten. Den Teig zu einer Kugel formen, in Frischhaltefolie wickeln und bei Zimmertemperatur etwa 30 Minuten ruhen lassen. Den Backofen auf 180 °C vorheizen.

2. Für die Streusel Mehl, Butter, Nougatcreme, Zimt, Vanillezucker, Zucker und 1 Prise Salz rasch verkneten und die Masse mit den Fingern zu Streuseln bröseln.

3. Ein Backblech dünn mit Butter einfetten. Den Mürbteig in Blechgröße ausrollen, auf das Backblech legen, mit einer Gabel mehrfach einstechen und im vorgeheizten Backofen etwa 8 Minuten backen.

4. Den Teig abkühlen lassen. Mit der Kirschmarmelade bestreichen, mit den Streuseln bestreuen und den Kuchen noch einmal bei 180 °C etwa 20 Minuten backen. Herausnehmen und abkühlen lassen.

5. Die Kuvertüre im heißen Wasserbad schmelzen. Ein Backblech von derselben Größe wie für den Streuselkuchen mit Backtrennpapier belegen und die Kuvertüre darauf streichen.

6. Den Kuchen mit der unbestrichenen Seite nach unten auf die noch nicht gestockte Kuvertüre legen. Die Kuvertüre fest werden lassen und erst dann den Kirschstreusel-Kuchen in gleichmäßige Schnitten schneiden.

Dieser Kuchen lässt sich luftdicht verschlossen etwa eine Woche aufbewahren, ohne dass er dabei merklich an Qualität verliert.

WALNUSSTORTE MIT LIKÖRGLASUR

ZUTATEN FÜR CA. 8 STÜCK

Für den Mürbteig:
100 g Mehl
70 g kalte Butter
30 g Staubzucker
Butter für die Form
getrocknete Hülsenfrüchte zum Blindbacken

Für die Nussmasse:
150 g Kristallzucker
100 g gehackte Walnüsse
1 EL Butter
4 Eier
60 g Staubzucker
40 g Vollmilch-Kuvertüre
100 g geriebene Walnüsse

Für die Glasur:
30 g Staubzucker
2 EL Walnusslikör

1. Das Mehl auf die Arbeitsfläche sieben, die Butter und den Zucker dazugeben und alles rasch zu einem Teig verkneten. Den Teig zu einer Kugel formen, in Frischhaltefolie wickeln und bei Raumtemperatur etwa 30 Minuten ruhen lassen. Den Backofen auf 200 °C vorheizen.
2. Den Boden einer Springform von 20 cm Durchmesser mit Butter einfetten. Den Mürbteig 2 mm dick ausrollen, einen Kreis von 20 cm Durchmesser ausstechen und in die Form legen. Den Teigboden mit einer Gabel mehrmals einstechen, mit Backtrennpapier bedecken und die getrockneten Hülsenfrüchte darauf geben. Im vorgeheizten Backofen etwa 10 Minuten blindbacken. Herausnehmen, Hülsenfrüchte und Backtrennpapier wieder entfernen. Die Backofentemperatur auf 180 °C reduzieren.
3. Inzwischen für die Nussmasse 50 g Kristallzucker in einer Pfanne unter ständigem Rühren hellbraun karamellisieren lassen. Die Walnüsse und die Butter unterrühren und die Nüsse im Karamell abkühlen lassen.
4. Die Eier trennen. Die Eiklar mit dem restlichen Kristallzucker zu festem Schnee schlagen und bis zur Weiterverarbeitung kühl stellen. Die Eidotter mit dem Staubzucker schaumig rühren.
5. Die Kuvertüre im heißen Wasserbad schmelzen, mit den geriebenen und den karamellisierten Nüssen unter die Dottermasse rühren. Den Eischnee unterheben.
6. Die Nussmasse auf den vorgebackenen Teigboden streichen und die Torte im vorgeheizten Backofen etwa 45 Minuten backen.
7. Für die Glasur den Staubzucker mit dem Walnusslikör verrühren und die Torte noch warm damit bestreichen.

Als Beilage passt cremig geschlagenes Schlagobers, das mit ein wenig Tannenhonig gesüßt wird.

BRATÄPFEL UND SCHOKOLADENTORTE »MAX«

ZUTATEN FÜR 8–12 STÜCK

Für die Bratäpfel:
8 mittelgroße, säuerliche Äpfel
(z. B. Elstar, Boskop, Maschansker)
150 g Nougatcreme (siehe Tipp)
2 EL Walnusskerne
2 EL Pistazien
80 g Marzipanrohmasse
Butter und Kristallzucker
für die Form
¼ l naturtrüber Apfelsaft
1 Zweig Rosmarin

Für die Torte:
10 g eingelegter Ingwer
110 g Bitterschokolade
(65–70 % Kakaoanteil)
350 g Qimiq
350 g Crème fraîche
30 g Kakaopulver
1 EL Vanillepuddingpulver
3 Eier
160 g Biskuitbrösel
(oder geriebene Biskotten)

1. Für die Bratäpfel den Backofen auf 200 °C vorheizen. Die Äpfel waschen, abtrocknen und das Kerngehäuse mit einem Apfelentkerner ausstechen. Beim Blütenansatz eine Kappe abschneiden und wieder in die Äpfel stecken, damit die untere Öffnung verschlossen ist. Nougatcreme, Walnüsse, Pistazien und Marzipanrohmasse vermischen und jeden Apfel mit etwa 1 EL dieser Nougat-Marzipan-Mischung füllen.
2. Eine große Auflaufform mit Butter einfetten und mit Zucker bestreuen. Die gefüllten Äpfel in die Form setzen, den Apfelsaft dazugießen und den Rosmarin hineinlegen. Im vorgeheizten Backofen etwa 30 Minuten garen, bis die Schale der Äpfel platzt. Die Bratäpfel herausnehmen und abkühlen lassen.
3. Für die Torte den Ingwer fein hacken und die Schokolade fein reiben. Falls ein Thermomixer zur Verfügung steht, Schokolade und Ingwer mit Qimiq, Crème fraîche, Kakao, Vanillepuddingpulver und Eiern im Thermomixer bei 70 °C auf Stufe 3 bis 4 etwa 7 Minuten mixen. Andernfalls Schokolade und Qimiq im heißen Wasserbad schmelzen und mit den genannten Zutaten aufmixen.
4. Die Brösel unterheben. Die Masse in eine beschichtete Springform von 25 cm Durchmesser streichen und im vorgeheizten Backofen etwa 25 Minuten backen, bis sie gestockt ist. Herausnehmen und mindestens 30 Minuten abkühlen lassen.
5. Die Schokoladentorte aus der Form lösen, in Stücke schneiden und mit den Bratäpfeln anrichten.

Je besser die Nougatcreme, desto besser die Bratäpfel: Nutella ist okay, Nougatcreme von Slitti, Domori oder Coppeneur wäre natürlich noch viel feiner.

ERDBEER-ORANGEN-TORTE »GELI«

Zutaten für 12 Stück

Für den Biskuit:
4 Eier
100 g Kristallzucker
20 g Vanillezucker
Salz · 90 g Mehl
30 g Maisstärke
1 TL Kakaopulver
Erdbeermarmelade
zum Bestreichen

Für die Creme:
5 Blatt Gelatine (12 g)
500 g Qimiq
4 cl Orangenlikör
(z. B. Grand Marnier)
400 g Schlagobers
50 g Kristallzucker
3/8 l Orangensaft
Mark von 1 Vanilleschote
abgeriebene Schale von
2 unbehandelten Limetten

Für Gelee und zum Garnieren:
20 g Tortengelee
(Tortenguss; kristallklar)
3/8 l Orangenlimonade
50 g Erdbeermarmelade
250 g kleine, vollreife Erdbeeren
150 g dunkle Schokolade

1. Eier, Zucker, Vanillezucker und 1 Prise Salz im heißen Wasserbad warm schlagen, herausnehmen und so lange weiterschlagen, bis die Masse abgekühlt ist. Mehl und Maisstärke vermischen und unter die Eiermasse rühren.

2. Den Backofen auf 190 °C vorheizen. Die Hälfte der Masse mit dem Kakao verrühren. Auf zwei Backtrennpapierblätter mithilfe eines Tortenrings je einen Kreis von 28 cm Durchmesser aufzeichnen.

3. Die helle und die dunkle Masse separat in einen Spritzbeutel mit großer Tülle füllen, abwechselnd Kreise auf die vorgezeichneten Flächen auftragen und im vorgeheizten Backofen 8 bis 10 Minuten backen.

4. Für die Creme die Gelatine in kaltem Wasser einweichen. Qimiq erhitzen, bis es leicht flüssig ist. Den Likör erhitzen, die Gelatine ausdrücken und darin auflösen.

5. Das Schlagobers mit dem Zucker steif schlagen. Den Orangensaft mit Qimiq, Vanillemark und aufgelöster Gelatine verrühren und unter das Obers heben.

6. Einen Biskuitboden auf einen Tortenteller legen und mit Marmelade bestreichen. Einen 5 cm hohen Tortenring darauf setzen und die Hälfte der Creme auf dem Boden verteilen. Kühlen, bis die Creme etwas angezogen hat.

7. Den zweiten Boden darauf legen und mit der restlichen Creme bestreichen. Die Limettenschale darüber streuen und die Torte kühl stellen.

8. In der Zwischenzeit das Tortengelee mit etwas Limonade anrühren. Die restliche Limonade aufkochen, die Marmelade unterrühren und alles mit dem Tortengelee binden. Leicht abkühlen lassen.

9. Die Erdbeeren waschen und trockentupfen, dabei die Blütenansätze stehen lassen. Die Hälfte des Gelees über die gekühlte Torte gießen. Die Erdbeeren durch den Rest des Gelees ziehen und auf die Torte setzen.

10. Die Schokolade im heißen Wasserbad erwärmen, bis sie streichfähig ist, und hauchdünn auf Backtrennpapier streichen. Abkühlen lassen und in Blättchen brechen.

11. Den Tortenring entfernen und die Erdbeer-Orangen-Torte rundum mit Schokoblättchen einkleiden. Nach Belieben mit Veilchenblüten garnieren.

KAROTTEN-TOPINAMBUR-TORTE »IRENE«

Zutaten für 12 Stück

- 350 g Karotten
- 250 g Topinambur
- 280 g geriebene Mandeln
- 100 g geriebene Haselnüsse
- 2 unbehandelte Zitronen
- 2 cl Orangenlikör (z. B. Grand Marnier)
- 1 TL Backpulver
- 6 Eier
- 360 g Kristallzucker
- Salz
- Butter für die Form
- 70 g Marillenmarmelade

1. Die Karotten schälen (es sollten etwa 250 g übrig bleiben). Topinambur unter fließendem Wasser gründlich abbürsten.

2. Karotten und Topinambur mittelfein reiben. In ein Küchentuch geben und gut ausdrücken – die Masse sollte ziemlich trocken sein.

3. Die Mandeln und die Haselnüsse in einer beschichteten Pfanne ohne Fett leicht rösten. Die Zitronen waschen, abtrocknen und die Schalen fein abreiben. Eine Zitrone auspressen. Den Backofen auf 180 °C vorheizen.

4. Karotten, Topinambur, Nüsse, Mandeln, Zitronenschale und -saft, Orangenlikör und Backpulver vermischen.

5. Die Eier trennen. Die Eidotter mit 180 g Zucker cremig rühren, bis die Masse hell ist, und unter die Karotten-Topinambur-Masse mischen.

6. Die Eiklar mit dem restlichen Zucker und 1 Prise Salz zu flaumigem Schnee schlagen. Den Eischnee unter die Masse heben.

7. Eine Springform von 30 cm Durchmesser mit Butter einfetten (oder eine beschichtete Form verwenden, die nicht gefettet werden muss). Die Tortenmasse hineinfüllen und die Torte im vorgeheizten Backofen etwa 50 Minuten backen.

8. Die Torte aus dem Backofen nehmen, etwa 10 Minuten abkühlen lassen und den Springformrand entfernen. Die Marmelade erhitzen und die Torte damit bestreichen.

Dieses Rezept ist eine Variation der klassischen Karottentorte, auf Topinambur kann deshalb auch verzichtet werden. Statt Marillenmarmelade passt auch Orangenmarmelade.
Die Backzeit hängt davon ab, wie saftig die Karotten sind. Am besten die Garprobe mit einem Holzstäbchen machen: Das Stäbchen in das Backwerk stecken. Wenn kein Teig mehr an ihm haften bleibt, kann man die Torte aus dem Ofen nehmen.

ANISBLATTLN

ZUTATEN FÜR CA. 30 STÜCK

1 Ei
1 »eischwer« Kristallzucker
1 »eischwer« Mehl
Salz
Butter und Mehl für das Backblech
Anissamen zum Bestreuen

1. Das Ei (mit Schale) wiegen. Mit den entsprechenden Mengen Zucker und Mehl sowie mit 1 Prise Salz gut verrühren. Die Masse etwa 30 Minuten ruhen lassen, damit sich der Zucker gut auflöst. Den Backofen auf 180 °C vorheizen.

2. Ein Backblech dünn mit Butter einfetten und mit Mehl bestäuben. Die Teigmasse löffelweise darauf setzen und zu Kreisen von etwa 3 cm Durchmesser glatt streichen. Mit Anissamen leicht bestreuen und im vorgeheizten Backofen etwa 6 Minuten goldgelb backen. Mit einer Palette vom Blech heben.

So werden aus dieser Masse Stanitzel: Plätzchen von etwa 12 cm Durchmesser auf das Backblech streichen. Wie oben beschrieben backen, aber noch warm über ein kegelförmiges Stanitzelholz zu Tüten (Stanitzeln) formen.

HASELNUSSBLATTLN

ZUTATEN FÜR CA. 40 STÜCK

30 g Haselnüsse
100 g Eiklar
100 g Nougatcreme
(z. B. Nutella)
1 TL Maisstärke
Rohzucker zum Bestreuen

1. Die Nüsse hacken und in einer beschichteten Pfanne ohne Fett leicht rösten und abkühlen lassen. Den Backofen auf 200 °C vorheizen.

2. Die Eiklar mit der Nougatcreme, der Maisstärke und den Nüssen zu einer glatten Masse verrühren.

3. Die Masse löffelweise auf eine Silikonmatte oder auf Backtrennpapier setzen und mit dem Löffelrücken zu beliebigen Formen verstreichen. Mit Zucker bestreuen und ein wenig antrocknen lassen.

4. Die Haselnussblattln im vorgeheizten Backofen etwa 5 Minuten backen. Herausnehmen und behutsam mit einer Palette von der Silikonmatte oder vom Backtrennpapier heben. Auf einem Kuchengitter abkühlen lassen.

NUSSMAKRONEN

Zutaten für ca. 40 Stück

Für die Makronenmasse:
3 Eiklar · 280 g Kristallzucker
Saft und abgeriebene Schale von
½ unbehandelten Zitrone
280 g geriebene Walnüsse
ca. 40 runde Oblaten
(4 cm Durchmesser)

Für die Creme:
100 g Koch- oder
Bitterschokolade
120 g Butter
100 g Staubzucker · 1 Ei

Für die Glasur:
250 g Kochschokolade (oder
Zartbitter-Kuvertüre)
250 g Butter

Bild links

1. Den Backofen auf 180 °C vorheizen. Für die Makronenmasse die Eiklar mit dem Zucker, dem Zitronensaft und der -schale zu sehr steifem Schnee schlagen. Die Walnüsse unterheben.

2. Die Oblaten auf ein Backblech legen und die Makronenmasse mit einem Löffel in Häufchen auf die Oblaten setzen. Im vorgeheizten Backofen etwa 15 Minuten backen, bis die Masse innen fast ganz trocken ist. Herausnehmen und abkühlen lassen.

3. Für die Creme die Schokolade im heißen Wasserbad oder im Mikrowellenherd schmelzen. Die Butter mit dem Staubzucker schaumig rühren und die Schokolade untermischen. Das Ei verquirlen und unterrühren.

4. Die Nussmakronen mit der Buttercreme bestreichen und kühl stellen, bis die Creme angezogen hat.

5. Für die Glasur die Schokolade im heißen Wasserbad schmelzen und die Butter unterrühren. Die Makronen in die Schokoladenglasur tauchen (dabei den Boden nicht eintauchen) und auf einem Kuchengitter trocknen lassen.

GETUNKTE DATTELN

Zutaten für 20 Stück

20 große Datteln
2 cl Grappa (ital.
Tresterbranntwein)
150 g Marzipanrohmasse
200 g dunkle Kuvertüre
100 g Schokoraspel

1. Die Datteln längs einschneiden, aufdrücken und die Steine entfernen.

2. Den Grappa mithilfe einer Gabel unter die Marzipanrohmasse mischen. Die Datteln auseinander drücken, mit etwas Marzipanmasse füllen und wieder zusammendrücken.

3. Die Kuvertüre im heißen Wasserbad schmelzen. Die Datteln mithilfe einer Pralinengabel in die Kuvertüre tauchen und auf Backtrennpapier abkühlen lassen. Kurz vor dem Festwerden die Datteln in den Schokoraspeln wälzen.

4. Die Datteln vor dem Servieren halbieren.

Für eine alkoholfreie Variante statt Grappa starken Kaffee unter die Marzipanrohmasse mischen.

AMARETTOKÜCHERLN

Zutaten für ca. 60 Stück

170 g gemischte kandierte Früchte (z. B. Aranzini und Zitronat)
80 g weiche Butter
80 g Staubzucker
10 g Backpulver
Salz · 3 Eier
170 g Rosinen
4 cl Amaretto (ital. Mandellikör)
Kristallzucker zum Bestreuen (oder Marillenmarmelade zum Aprikotieren)

1. Die kandierten Früchte fein hacken. Den Backofen auf 170 °C vorheizen.
2. Die Butter mit dem Staubzucker, dem Backpulver und 1 Prise Salz cremig rühren. Nach und nach die Eier untermischen. Die gehackten Früchte, die Rosinen und den Amaretto dazugeben. Die Masse in einen Spritzbeutel mit glatter Tülle (1 cm Durchmesser) füllen.
3. Die Kücherlnmasse in Alukapseln spritzen, auf ein Backblech stellen und im vorgeheizten Backofen etwa 10 Minuten backen.
4. Die Amarettokücherln mit Zucker bestreuen oder mit erwärmter Marillenmarmelade aprikotieren.

ZIMTSTERNE

Zutaten für ca. 30 Stück

Für den Teig:
100 g geriebene Haselnüsse
220 g Aranzini · 1 Eiklar
150 g Staubzucker
½ TL Zimtpulver
Butter und Mehl für das Backblech

Für die Glasur:
1 Zitrone
1 Eiklar
1 EL Staubzucker

1. Die Haselnüsse in einer beschichteten Pfanne ohne Fett leicht rösten und abkühlen lassen. Aranzini fein hacken.
2. Das Eiklar mit dem Staubzucker, den Nüssen, den Aranzini und dem Zimt gut verrühren. Die Masse bis zur Weiterverarbeitung kühl stellen.
3. Den Backofen auf 140 °C vorheizen. Ein Backblech mit Butter einfetten und mit Mehl bestäuben. Für die Glasur die Zitrone halbieren und den Saft auspressen. Mit Eiklar und Staubzucker zu einer dicken Masse verrühren.
4. Den Teig etwa ½ cm dick ausrollen. Mit einem Sternausstecher Plätzchen ausstechen und auf das Backblech setzen. Die Sterne mit der Glasur bestreichen und im vorgeheizten Backofen etwa 10 Minuten backen, bis sie sich vom Blech heben lassen.

WITWENKÜSSE

ZUTATEN FÜR CA. 40 STÜCK

- 140 g gehobelte Mandeln
- 70 g gemischte kandierte Früchte (z. B. Aranzini und Zitronat)
- 2 Eiklar
- 140 g Staubzucker
- 1 cl starker Espresso

1. Die Mandeln in einer beschichteten Pfanne ohne Fett goldgelb rösten und abkühlen lassen.
2. Die kandierten Früchte fein hacken. Den Backofen auf 180 °C vorheizen.
3. Die Eiklar mit dem Staubzucker im heißen Wasserbad steif schlagen. Die Mandeln, die kandierten Früchte und den Espresso untermischen.
4. Ein Backblech mit Backtrennpapier auslegen. Die Masse in kleinen Häufchen auf das Papier setzen und im vorgeheizten Backofen anbacken. Nach 2 Minuten die Hitze auf 60 °C reduzieren. Die Plätzchen noch so lange im Backofen lassen, bis sie getrocknet sind.

MÜSLIWÜRFEL

ZUTATEN FÜR CA. 50 STÜCK

- eckige Oblaten für die Form
- 100 g Dörrpflaumen
- 100 g gemischte kandierte Früchte (z. B. Aranzini und Zitronat)
- 100 g Walnusskerne
- 50 g dunkle Schokolade
- 1 EL Butter
- 300 g Haferflocken
- 3 EL Kristallzucker
- 2 EL Hollersirup · 2 EL Honig
- 2 EL Stärkesirup (aus dem Zuckerbäckerbedarf)

1. Eine Auflaufform (etwa 25 x 16 cm) mit den Oblaten auslegen.
2. Die Pflaumen, die kandierten Früchte und die Nüsse klein hacken. Die Schokolade fein reiben.
3. Die Butter in einer Pfanne erhitzen, die Haferflocken und den Zucker dazugeben und leicht rösten. Pflaumen, kandierte Früchte, Nüsse und Schokolade untermischen.
4. Hollersirup, Honig und Stärkesirup kochen, bis die Masse dickflüssig ist. Mit der Haferflockenmasse vermischen und sofort in die Auflaufform füllen. Die Masse kräftig pressen, dazu am besten ein Brettchen auf die Form legen und mit Gewichten beschweren. Die Masse vollständig abkühlen lassen.
5. Die Müslimasse aus der Form stürzen und mit einem scharfen Messer in Würfel schneiden.

ELISENLEBKUCHEN

ZUTATEN FÜR CA. 50 STÜCK

Für den Teig:
60 g Aranzini
250 g Kristallzucker
90 g Marzipanrohmasse
120 g geriebene Haselnüsse
40 g Kartoffelstärke (z. B. Trimolin)
170 g Eiklar
30 g Mehl
20 g Lebkuchengewürz
6 g Pottasche
1 EL Milch
ca. 50 Oblaten (5 cm Durchmesser)
halbierte Mandeln zum Belegen

Für die Glasur:
220 g Kristallzucker (oder 200 g dunkle Schokolade)

1. Die Aranzini fein hacken. Mit Zucker, Marzipanrohmasse, Haselnüssen, Kartoffelstärke und Eiklar in einem großen Topf leicht rösten. Die Masse abkühlen lassen.
2. Den Backofen auf 150 °C vorheizen. Mehl und Lebkuchengewürz vermischen und zur Masse geben.
3. Die Pottasche in der Milch auflösen und gründlich unter die Lebkuchenmasse mischen.
4. Die Oblaten auf Backbleche verteilen. Die Lebkuchenmasse löffelweise darauf setzen (sie sollte nicht über den Rand der Oblaten gehen) und mit den Mandeln belegen. Die Lebkuchen vor dem Backen etwas ruhen lassen, damit die Masse leicht antrocknet.
5. Die Lebkuchen im vorgeheizten Backofen etwa 20 Minuten trocknen. Sie sollten dabei nicht zu stark bräunen, gegebenenfalls die Hitze auf 120 °C reduzieren.
6. Für die Glasur den Zucker mit 60 ml Wasser zu einem Sirup kochen oder die Schokolade im heißen Wasserbad schmelzen. Die abgekühlten Lebkuchen mit der Zuckerglasur überziehen oder in die Schokolade tauchen.

LEBKUCHENHERZEN

ZUTATEN FÜR CA. 50 STÜCK

20 g Aranzini
2 EL Öl · 80 g Honig
2 cl Rum · 230 g Mehl
120 g Roggenmehl
220 g Rohzucker
2 Eier · 1 TL Natron
1½ g Backpulver
abgeriebene Schale von 2 unbehandelten Zitronen
5 g Lebkuchengewürz
Milch zum Bestreichen
geschälte, halbierte Mandeln zum Belegen

1. Die Aranzini fein hacken. Das Öl mit Honig und Rum in einem kleinen Topf auf etwa 40 Grad erwärmen.
2. Das Mehl und das Roggenmehl auf die Arbeitsfläche sieben. Rohzucker, Eier, Natron, Backpulver, Zitronenschale und Lebkuchengewürz dazugeben und zu einem Teig verkneten. Den Teig zu einer Kugel formen, in Frischhaltefolie wickeln und etwa 3 Wochen kühl stellen.
3. Den Backofen auf 180 °C vorheizen. Den Teig etwa 1 cm dick ausrollen. Mit einem herzförmigen Ausstecher (3 cm Durchmesser) Plätzchen ausstechen und auf ein mit Backtrennpapier ausgelegtes Backblech legen. Mit Milch bestreichen und mit Mandeln belegen.
4. Im vorgeheizten Backofen etwa 10 Minuten backen.

Die Lebkuchen bleiben in einer Blechdose aufbewahrt mehrere Monate frisch.

SCHOKOKRAPFERLN

Zutaten für ca. 50 Stück

Für den Teig:
250 g weiche Butter
150 g Staubzucker · Salz
2 Eier · 2 Eidotter
200 g Mehl · 50 g Kakaopulver

Für die Fülle:
1 Vanilleschote
125 g dunkle Schokolade
(ca. 70 % Kakaoanteil)
250 g Qimiq
2 cl Orangendestillat
(oder Orangenlikör;
z. B. Grand Marnier)

Außerdem:
weiße Schokolade
zum Verzieren

1. Den Backofen auf 180 °C vorheizen. Die Butter mit dem Staubzucker und 1 Prise Salz cremig rühren. Die Eier und die Eidotter verquirlen, nach und nach unter die Buttermasse mischen, bis sie ganz glatt ist.
2. Das Mehl und den Kakao unterrühren. Die Masse in einen Spritzbeutel mit glatter Tülle (1/2 cm Durchmesser) füllen. Auf ein mit Backtrennpapier ausgelegtes Backblech etwa 1 cm große Krapferln spritzen.
3. Die Schokokrapferln etwa 10 Minuten backen, bis sie sich leicht vom Papier abheben lassen. Herausnehmen und auf einem Kuchengitter auskühlen lassen.
4. Für die Fülle die Vanilleschote längs aufschneiden und das Mark herauskratzen. Die Schokolade grob hacken und mit Qimiq, Vanillemark sowie Orangendestillat oder -likör im heißen Wasserbad erhitzen, bis die Schokolade geschmolzen ist. Glatt rühren und abkühlen lassen.
5. Die Schokocreme in einen Spritzbeutel füllen, auf die Hälfte der gebackenen Krapferln spritzen und mit den restlichen Krapferln abdecken. Die weiße Schokolade schmelzen und die Schokokrapferln damit beträufeln.

SCHOKOLADENBRIOCHE

Zutaten für ca. 40 Scheiben

500 g Mehl
Salz · 20 g Germ
7 Eier
250 g Butter
2 EL Olivenöl
120 g Kristallzucker
Butter für die Formen
und zum Bestreichen
6 Rippen Bitterschokolade
(ca. 100 g; 60 % Kakaoanteil)

1. Das Mehl in eine Schüssel sieben und 1 Prise Salz dazugeben. Die Germ zerbröckeln, mit den Eiern, der Butter, dem Olivenöl und dem Zucker zum Mehl geben und alles in der Küchenmaschine mit den Knethaken gut 10 Minuten zu einem elastischen Teig verkneten. 12 Stunden im Kühlschrank ruhen lassen.
2. Zwei Auflaufformen (à 40 x 10 x 7,5 cm) mit Butter einfetten. Den Teig in zwei Teile teilen, jeweils 3 Rippen Bitterschokolade darin einschlagen. Den Teig in die Formen legen und mit zerlassener Butter bestreichen. Den Teig zugedeckt an einem warmen Ort gehen lassen, bis er sein Volumen etwa verdoppelt hat. Den Backofen auf 170 °C vorheizen.
3. Die Brioches im vorgeheizten Backofen etwa 40 Minuten backen. Lauwarm in Scheiben schneiden und servieren.

KOKOSBUSSERLN

ZUTATEN FÜR CA. 50 STÜCK

6 Eiklar
400 g Kristallzucker
500 g Kokosette
½–1 TL weißer Balsamicoessig
(oder Pfirsichessig)

1. Den Backofen auf 180 °C Umluft vorheizen. Die Eiklar mit dem Zucker im heißen Wasserbad steif schlagen. Die Schüssel aus dem Wasserbad nehmen und die Masse so lange weiterschlagen, bis sie nur noch etwa Körpertemperatur hat. Kokosette und Essig unterheben.

2. Ein Backblech mit Backtrennpapier auslegen. Die Busserlnmasse mit einem Esslöffel in Häufchen auf das Backpapier setzen und im vorgeheizten Backofen 15 bis 20 Minuten backen, bis die Busserln außen fest, aber innen noch weich sind.

So werden die Busserln noch feiner: Vor dem Backen ein wenig Orangen-, Zitronen- oder Ingwermarmelade auf die Masse streichen.

KOKOSSTANGERLN

Zutaten für ca. 50 Stück

Für die Stangerln:
400 g Kokosette
250 g Eidotter
250 g Kartoffelstärke
70 g Orangengelee
(oder feine Marmelade)
4 cl Rum

Für die Glasur:
dunkle Schokolade

1. Den Backofen auf 170 °C vorheizen. Kokosette mit Eidottern, Kartoffelstärke, Orangengelee oder Marmelade und Rum verrühren.
2. Die Kokosmasse fingerdick auf ein mit Backtrennpapier ausgelegtes Backblech streichen und im vorgeheizten Backofen etwa 30 Minuten backen. Herausnehmen und abkühlen lassen.
3. Die Schokolade im heißen Wasserbad schmelzen. Den Kokosblechkuchen in etwa 1 cm breite Stangen und diese in 5 cm lange Stücke schneiden. Jedes Kokosstangerl in die Schokolade tauchen, kurz abtropfen lassen und zum Trocknen auf ein Kuchengitter legen.

Besonders gut schmecken die Stangerln, wenn sie vor dem Servieren tiefgekühlt waren (rechtzeitig auftauen!).

KOKOSETTESCHNITTEN »LIESERL«

Zutaten für ca. 70 Stück

3 Eier
250 g Mehl
200 g Butter
240 g Kristallzucker
2 Msp. Backpulver
150 g Ribiselgelee (oder
passierte Ribiselmarmelade)
200 g Kokosette

1. Den Backofen auf 180 °C vorheizen. Die Eier trennen. Das Mehl auf die Arbeitsfläche sieben, Butter, Eidotter, 90 g Zucker sowie das Backpulver dazugeben und alles rasch zu einem Mürbteig verkneten.
2. Den Teig in Backblechgröße ausrollen und auf ein mit Backtrennpapier ausgelegtes Backblech heben. Im vorgeheizten Backofen etwa 10 Minuten backen, bis der Teig etwa halb durch ist. Herausnehmen und den Teig mit Ribiselgelee oder -marmelade bestreichen.
3. Die Eiklar mit dem restlichen Zucker im heißen Wasserbad cremig schlagen und Kokosette unterrühren.
Die Kokosmasse mithilfe einer angefeuchteten Palette gleichmäßig auf den Teig streichen und den Kuchen etwa weitere 10 Minuten backen, bis die Masse leicht bräunt. Herausnehmen und noch warm in etwa 3 x 5 cm große Stücke schneiden.

LINZER AUGEN

Zutaten für ca. 40 Stück

100 g geriebene Mandeln
200 g Mehl
100 g griffiges Mehl
100 g Staubzucker
2 Eidotter
1 EL Milch
200 g weiche Butter
150 g Ribiselgelee
Staubzucker zum Bestäuben

1. Die Mandeln in einer beschichteten Pfanne ohne Fett leicht rösten. Den Backofen auf 180 °C vorheizen.
2. Beide Mehlsorten mit Mandeln, Zucker, Eidottern, Milch und Butter zu einem Mürbteig verkneten. Den Teig zu einer Kugel formen, in Frischhaltefolie wickeln und etwa 20 Minuten kühl stellen.
3. Den Teig dünn ausrollen, Kreise von etwa 4 cm Durchmesser ausstechen und aus der Hälfte der Teigkreise in der Mitte ein kleines Loch ausstechen. Die Teigkreise auf ein mit Backtrennpapier belegtes Backblech legen und im vorgeheizten Backofen etwa 10 Minuten goldbraun backen. Auf einem Kuchengitter abkühlen lassen.
4. Die Teigkreise ohne Loch mit Ribiselgelee bestreichen und jeweils mit einem Plätzchen mit Loch zusammensetzen. Mit Staubzucker bestäuben.

MÜRBE INGWERKEKSE

Zutaten für ca. 40 Stück

50 g Pignoli
40 g Ingwer
100 g dunkle Schokolade
320 g Mehl
1 Ei · 220 g Butter
50 g Kristallzucker
½ TL Natron

1. Die Pignoli grob hacken. Den Ingwer schälen und sehr fein schneiden oder reiben. Die Schokolade fein reiben.
2. Das Mehl auf die Arbeitsfläche sieben, Ei, Butter, Zucker, Natron, Pignoli, Ingwer und Schokolade dazugeben und alles zu einem Teig verkneten. Den Teig zu einer Kugel formen, in Frischhaltefolie wickeln und etwa 20 Minuten kühl stellen.
3. Den Backofen auf 180 °C vorheizen. Ein Backblech mit Backtrennpapier auslegen. Den Teig etwa ½ cm dick ausrollen. Mit einem Teigrad daraus etwa 3 x 3 cm große Quadrate schneiden.
4. Die Plätzchen auf das Backblech legen und im vorgeheizten Backofen etwa 10 Minuten backen. Herausnehmen und auf einem Kuchengitter abkühlen lassen.

DIAMANTEN

ZUTATEN FÜR CA. 50 STÜCK

500 g Mehl
200 g Staubzucker
370 g weiche Butter
Salz
Kristallzucker zum Bestreuen (weiß oder bunt)

1. Das Mehl mit dem Staubzucker, der Butter und 1 Prise Salz zu einem Teig verkneten. Den Teig zu einer Kugel formen, in Frischhaltefolie wickeln und etwa 20 Minuten kühl stellen.

2. Den Teig in Stücke schneiden und auf der mit Kristallzucker bestreuten Arbeitsfläche zu fingerdicken Rollen formen. Die Teigröllchen noch einmal kühl stellen. Den Backofen auf 180 °C vorheizen.

3. Mit einem scharfen Messer etwa $^1/_2$ cm dicke Scheiben von den Rollen schneiden. Auf ein mit Backtrennpapier ausgelegtes Backblech legen und im vorgeheizten Backofen etwa 10 Minuten backen. Herausnehmen und auf einem Kuchengitter abkühlen lassen.

KOKOS-RUMKUGELN

ZUTATEN FÜR CA. 40 STÜCK

100 g weiche Butter
100 g Staubzucker
40 g Vanillezucker
150 g Orangenkuvertüre (z. B. von Valrhona)
100 g Qimiq
100 g geschälte Haselnüsse
150 g Kokosette
8 cl Rum (ca. 40 Vol. %)

1. Die Butter mit dem Staub- und dem Vanillezucker cremig rühren. Die Kuvertüre im heißen Wasserbad schmelzen und mit Qimiq unter die Buttermasse rühren.

2. Die Nüsse in einer beschichteten Pfanne ohne Fett leicht rösten. Kokosette ebenso rösten. Ein Drittel davon beiseite stellen. Nüsse, restliches Kokosette und Rum unter die Butter-Kuvertüre-Masse mischen.

3. Die Masse kühl stellen, bis sie fest und formbar ist. Von der Masse mit einem Teelöffel jeweils eine kleine Menge abstechen, zur Kugel formen und im beiseite gestellten Kokosette wälzen.

Diese Kugeln lassen sich leicht variieren: Statt Rum kann man auch Zwetschken- oder Himbeerschnaps verwenden, mit Amaretto oder Kaffeelikör steuert man den Geschmack eher in die maskuline Richtung.

PIGNOLIGEBÄCK

Zutaten für ca. 40 Stück

140 g geriebene Haselnüsse
300 g Marzipanrohmasse
2 Eiklar
140 g Staubzucker
15 g Maisstärke
Salz · 1 Msp. Natron
ca. 40 Oblaten (4 cm Durchmesser)
150 g Pignoli

Bild links

1. Die Haselnüsse in einer beschichteten Pfanne ohne Fett leicht rösten. Den Backofen auf 160 °C vorheizen.

2. Die Nüsse, die Marzipanrohmasse, die Eiklar, den Staubzucker, die Maisstärke sowie 1 Prise Salz und das Natron in der Küchenmaschine mit dem Cutter oder alternativ mit einem Hackmesser zu einer homogenen Masse verarbeiten.

3. Die Oblaten auf ein Backblech legen. Die Teigmasse portionsweise in einen Spritzbeutel mit glatter Tülle füllen in Form von Busserln oder Kipferln auf die Oblaten setzen. Mit Pignoli belegen und diese in die Masse drücken.

4. Das Pignoligebäck im vorgeheizten Backofen etwa 25 Minuten backen. Herausnehmen und auf einem Kuchengitter abkühlen lassen.

TEEKRAPFERLN

Zutaten für ca. 40 Stück

Für die Creme:
100 g weiche Butter
50 g Staubzucker
250 g Qimiq
4 cl starker Espresso
50 g Kakaopulver

Für den Teig:
200 g Mehl
80 g Kristallzucker
160 g Butter
80 g geriebene Mandeln
1 Msp. Backpulver
1 TL Vanillezucker

Zum Garnieren:
125 g Staubzucker

Bild links

1. Für die Creme die Butter mit Staubzucker, Qimiq, Espresso und Kakao zu einer glatten Creme verrühren und kühl stellen.

2. Für den Teig das Mehl auf die Arbeitsfläche sieben, den Zucker, die Butter, die Mandeln, das Backpulver und den Vanillezucker dazugeben und alles verkneten. Den Teig zu einer Kugel formen, in Frischhaltefolie wickeln und etwa 20 Minuten kühl stellen.

3. Den Backofen auf 180 °C vorheizen. Den Teig etwa 2 mm dick ausrollen und Kreise von etwa 3 cm Durchmesser ausstechen. Auf ein mit Backtrennpapier ausgelegtes Backblech setzen und im vorgeheizten Backofen 8 bis 10 Minuten backen. Herausnehmen und auf einem Kuchengitter abkühlen lassen.

4. Je zwei Plätzchen mit etwas Creme zusammensetzen. Den Staubzucker mit 1 bis 2 EL Wasser verrühren und die Krapferln mit dem Guss verzieren.

VANILLE-SCHOKO-ZWIEBACK

Zutaten für ca. 40 Stück

180 g dunkle Schokolade
1 unbehandelte Zitrone
280 g Mehl
200 g Kristallzucker
80 g Vanillezucker
1 Prise Zimtpulver · 3 Eier
140 g geriebene Mandeln
4 cl Süßwein (z. B. Beerenauslese)
Butter und Mehl für das Backblech

1. Die Schokolade fein reiben. Die Zitrone waschen, abtrocknen und die Schale fein abreiben. Den Backofen auf 180 °C vorheizen.

2. Das Mehl auf die Arbeitsfläche sieben, Schokolade, Zitronenschale, Zucker und Vanillezucker, Zimt, Eier, Mandeln und Wein dazugeben und alles zu einem Teig verkneten.

3. Ein Backblech mit Butter einfetten und mit Mehl bestäuben. Den Teig zu 3 bis 6 Striezeln formen, auf das Blech setzen und im vorgeheizten Backofen etwa 30 Minuten backen.

4. Die Striezel noch heiß in etwa 1 cm dicke Scheiben schneiden. Abkühlen und trocknen lassen.

VANILLEKIPFERLN

Zutaten für ca. 60 Stück

je 50 g geriebene Haselnüsse und Mandeln
400 g Mehl
100 g Staubzucker
1 TL Vanillezucker
320 g weiche Butter
Staubzucker und Vanillezucker zum Bestreuen

1. Die Nüsse und die Mandeln in einer beschichteten Pfanne ohne Fett leicht rösten und abkühlen lassen.

2. Das Mehl auf die Arbeitsfläche sieben. Staubzucker, Vanillezucker, Butter, Nüsse und Mandeln dazugeben und alles zu einem Mürbteig verkneten. Den Teig zu einer Kugel formen, in Frischhaltefolie wickeln und etwa 20 Minuten kühl stellen.

3. Den Backofen auf 180 °C vorheizen. Den Teig in Portionen teilen, zu daumendicken Rollen formen und diese in etwa 1 cm dicke Stücke schneiden. Mit der leicht gewölbten Hand zu spitz zulaufenden Würstchen rollen und diese zu Kipferln biegen. Die Kipferln auf ein mit Backtrennpapier ausgelegtes Backblech setzen und im vorgeheizten Backofen 8 bis 10 Minuten backen, bis sie leicht Farbe annehmen.

4. Staubzucker und Vanillezucker zu etwa gleichen Teilen mischen. Die Kipferln aus dem Backofen nehmen und sofort mit der Zuckermischung großzügig bestreuen.

HAUSFREUNDE

Zutaten für ca. 40 Stück

70 g geriebene Haselnüsse
40 g Aranzini
200 g dunkle Schokolade
1 Vanilleschote
2 Eier
70 g Kristallzucker
1 Msp. Backpulver
70 g Mehl
40 g Rosinen
4 cl Nusslikör
Butter und Mehl für das Backblech
Kokosette zum Bestreuen

1. Die Nüsse in einer beschichteten Pfanne ohne Fett leicht rösten. Die Aranzini fein hacken, die Hälfte der Schokolade fein reiben. Die Vanilleschote längs aufschneiden und das Mark mit einem spitzen Messer herauskratzen. Den Backofen auf 180 °C vorheizen.

2. Die Eier mit dem Zucker, dem Backpulver und dem Vanillemark im heißen Wasserbad cremig rühren. Das Mehl, die Nüsse, die Rosinen, die Aranzini, die geriebene Schokolade und den Nusslikör untermischen.

3. Ein Backblech mit Butter einfetten und mit Mehl bestäuben. Die Masse 1 cm dick darauf streichen und im vorgeheizten Backofen etwa 15 Minuten backen. Den Kuchen abkühlen lassen.

4. Die restliche Schokolade im heißen Wasserbad schmelzen. Den Kuchen damit bestreichen, mit Kokosette bestreuen und in Rauten schneiden.

BROWNIES MIT WALNÜSSEN

Zutaten für ca. 50 Stück

Für die Brownies:
330 g Butter
300 g Staubzucker
200 g Rohzucker
Salz · 6 Eier
270 g dunkle Schokolade
150 g Mehl
½ TL Backpulver
3 cl Eierlikör
200 g Walnusskerne

Zum Garnieren:
Kakaopulver (oder Ingwer- oder Orangenmarmelade)

1. Den Backofen auf 180 °C vorheizen. Die Butter mit dem Staubzucker, dem Rohzucker und 1 Prise Salz cremig rühren. Die Eier mit dem Stabmixer kräftig verquirlen und nach und nach unter die Buttermasse mischen.

2. Die Schokolade im heißen Wasserbad schmelzen. Mit dem Mehl, dem Backpulver und dem Eierlikör zur Butter-Ei-Masse geben und etwa 10 Minuten in der Küchenmaschine zu einem Teig verrühren.

3. Die Walnüsse grob hacken und unter den Teig heben. Den Teig gleichmäßig auf einem mit Backtrennpapier ausgelegtem Backblech (mit Rand) verteilen und im vorgeheizten Backofen etwa 35 Minuten backen.

4. Den Browniekuchen aus dem Backofen nehmen und leicht abkühlen lassen. In etwa 4 x 4 cm große Stücke schneiden und mit Kakao bestäuben oder mit Ingwer- oder Orangenmarmelade garnieren.

Register

Lexikon

Aranzini: klein gehackte kandierte Pomeranzen- bzw. Orangenschalen; Orangeat

Beiried: Roastbeefstück, Entrecôte
Beuschel: Lunge
Bierrettich: Radi
Biskotten: Löffelbiskuits
blättrig schneiden: in feine Scheiben/Streifen schneiden
Bologneser Salat: Romana Salat

Dampfl: Hefevorteig

Eierschwammerln: Pfifferlinge
einsuren: pökeln
Erdäpfel: Kartoffeln
Erdäpfel, heurige: Frühkartoffeln
Erdäpfel, speckige: fest kochende Kartoffeln

Faschieren: durch den Fleischwolf drehen
Filz: unausgeschmolzenes Fett
Fisolen: grüne Bohnen
Fleckerln: in Rechtecke geschnittenes Gemüse oder Nudeln
Fleischhauer: Metzger

Gebirgswermut: auch Magen- oder Wiegenkraut genannt. Würziges, aber sehr bitteres Kraut, vorsichtig zu dosieren
Germ: Hefe
Grammeln: Grieben
Graukäse: magerer Sauermilchkäse aus der Steiermark

Hamburgerspeck: geräucherter Speck
Hendl: junges Huhn
Holler: Holunder
Hühnerbügerl: Hühnerschenkel

Jungzwiebeln: Frühlingszwiebeln

Käferbohnen: Feuer- oder Prunkbohne (rosa-schwarz gescheckt)
Kalbshaxerl: Kalbsfuß
Karfiol: Blumenkohl
Kitz: junge Ziege
Kletzen: Dörrbirnen
Koch: Süßspeise, ähnlich wie ein Auflauf
Kohlsprossen: Rosenkohl
Kokosette: Kokosflocken
Krapfen: in Schmalz gebackenes Hefegebäck
Kren: Meerrettich
Kristallzucker: Haushaltszucker

Marille: Aprikose
Mehl, griffiges: grob gemahlenes Mehl
Milchner: Geschlechtsteile des männlichen Fischs

Nockerln: Spätzle, Klößchen

Obers: Sahne
Ochsenschlepp: Ochsenschwanz

Palatschinken: Pfannkuchen
Panier: Panade
Paradeiser: Tomate
Parasol: Schirmpilze
Pfefferoni: Peperoni
Pignoli: Pinienkerne
Powidl: Pflaumenmus

Qimiq: schnittfestes Produkt aus Obers und Gelatine (in Österreich und in der Schweiz im Supermarkt erhältlich; Vertrieb Deutschland: michael.wagner@QuimiQ.de)

Ribisel: Johannisbeeren
Rindslungenbraten: Rinderfilet
Rollgerste: feine Graupen, Perlgraupen
Rote Rübe: Rote Bete

Schabziegerklee: Bockshornklee
Schlagobers: Schlagsahne
Schopf: Kamm, Nacken vom Schwein
Schotten: aus Buttermilch hergestellter Quark; ersatzweise Ricotta oder Magerquark
Schwarzbeeren: Heidelbeeren
Schweinshaxerl: Schweinsfuß
Schweinsschopf: Schweinehals, -kamm
Selchfleisch: gepökeltes, geräuchertes Schweinefleisch
Selchsuppe: Kochwasser von Selchfleisch
Stanitzel: spitze Tüte aus Teig oder Papier
Staubzucker: Puderzucker
Sturm: Federweißer

Topfen: Quark
Trebern: beim Keltern der vermahlenen Weintrauben anfallende Rückstände. Im Weingut besorgen.

Ysop: auch Eisenkraut oder Kirchenseppli genannt. Aus dem Orient stammendes Würzkraut, dessen frische Blätter und junge Triebe fein gehackt den Speisen zugefügt werden.

Obauer

OBAUER
Restaurant·Hotel
46